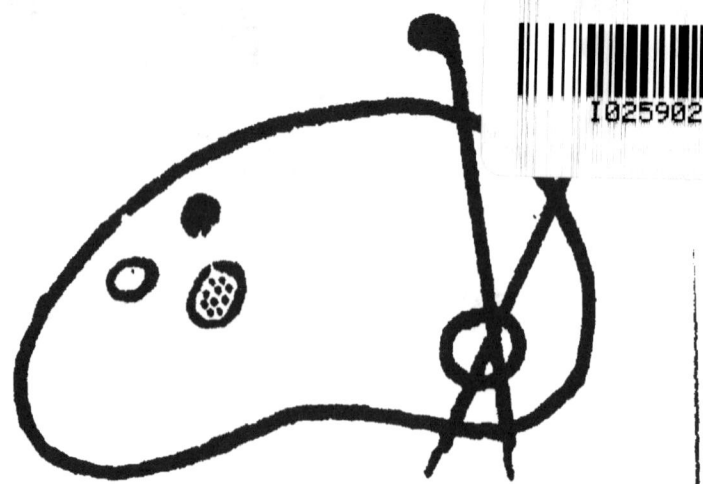

Couvertures supérieure et inférieure
en couleur

LE JOURNAL
DE LA JEUNESSE

NOUVEAU RECUEIL HEBDOMADAIRE ILLUSTRÉ

POUR LES ENFANTS DE DOUZE A QUINZE ANS

CONDITIONS DE VENTE ET D'ABONNEMENT

Un numéro comprenant 16 pages grand in-8 paraît le samedi de chaque semaine.

Prix de chaque année, brochée en 2 volumes : 20 fr.
Chaque semestre, formant un volume, se vend séparément : 10 fr.
Le cartonnage en percaline rouge, tranches dorées, se paye en sus par volume 3 fr.

Prix de l'abonnement pour Paris et les départements :
un an 20 fr. ; six mois, 10 fr.

Prix de l'abonnement pour les pays étrangers qui font partie de l'Union générale des postes : un an, 22 fr. ; six mois, 11 fr.

Les abonnements se prennent du 1er décembre et du 1er juin de chaque année.

MON JOURNAL

NOUVEAU RECUEIL HEBDOMADAIRE

ILLUSTRÉ DE NOMBREUSES GRAVURES EN COULEURS ET EN NOIR

A L'USAGE DES ENFANTS DE HUIT A DOUZE ANS

Deuxième série

MON JOURNAL, à partir du 1er octobre 1892, est devenu hebdomadaire de mensuel qu'il était, et convient à des enfants de 8 à 12 ans.

Il paraît un numéro le samedi de chaque semaine.
Prix du numéro, 15 centimes.

ABONNEMENTS :

FRANCE { Six mois. 4 fr. 50 | UNION POSTALE { Six mois 5 fr. 50
{ Un an. 8 fr. » | { Un an 10 fr. »

Prix de l'année (1re série) : brochée, 2 fr. ; cartonnée en percaline gaufrée, avec fers spéciaux à froid, 2 fr. 50.

Paris. — Imprimerie LAHURE, rue de Fleurus, 9.

LES VACANCES

DES

JEUNES BOËRS

OUVRAGES DU MÊME AUTEUR

PUBLIÉS DANS LA BIBLIOTHÈQUE ROSE ILLUSTRÉE
PAR LA LIBRAIRIE HACHETTE ET C°

Les Chasseurs de girafes. 1 vol. avec 10 gravures d'après A. de Neuville.

A fond de cale, voyage d'un jeune marin à travers les ténèbres. 1 vol. avec 12 grandes gravures.

A la mer ! 1 vol. avec 12 grandes gravures.

Bruin, ou les Chasseurs d'ours. 1 vol. avec 8 grandes gravures.

Le Chasseur de plantes. 1 vol. avec 12 grandes gravures.

Les Exilés dans la forêt. 1 vol. avec 12 grandes gravures.

Les Grimpeurs de rochers, suite du *Chasseur de plantes*. 1 vol. avec 20 grandes gravures.

Les Peuples étranges. 1 vol. avec 8 gravures.

Les Vacances des jeunes Boërs. 1 vol. avec 12 grandes gravures.

Les Veillées de chasse. 1 vol. avec 45 gravures d'après Freeman.

L'Habitation du désert, ou Aventures d'une famille perdue dans les solitudes de l'Amérique. 1 vol. avec 23 grandes gravures d'après G. Doré.

La chasse au Léviathan. 1 vol. avec 51 gravures d'après Ferdinandus et Weber.

Chaque volume, in-16 broché, 2 fr. 25 ; — cartonné en percaline rouge, tranches dorées, 3 fr. 50

3150-96. — Corbeil. Imprimerie Éd. Crété.

CAPITAINE MAYNE-REID

LES VACANCES

DES

JEUNES BOËRS

TRADUIT DE L'ANGLAIS AVEC L'AUTORISATION DE L'AUTEUR
PAR Mme H. LOREAU

OUVRAGE ILLUSTRÉ DE 12 GRANDES VIGNETTES

Nouvelle édition

PARIS
LIBRAIRIE HACHETTE ET Cie
79, BOULEVARD SAINT-GERMAIN, 79

1896
Tous droits réservés.

LES VACANCES

DES

JEUNES BOËRS

CHAPITRE I

Le camp des jeunes boërs [1].

Près du confluent de la rivière Jaune et de la rivière d'Orange, ces deux grands cours d'eau de l'Afrique méridionale, voyez-vous un groupe de jeunes chasseurs ?

Ils sont campés sur la rive gauche du fleuve, dans un bouquet de saules de Babylone, dont le feuillage argenté, s'inclinant avec grâce des deux côtés de la rivière, présente une frange qui s'étend à perte de vue.

C'est un arbre d'une beauté rare que le *salix Babylonica* ; les palmiers, ces princes des forêts, ont à peine une forme plus gracieuse. Lorsque nous le regardons en Europe, une teinte de mélancolie vient assombrir nos

---

[1]. On appelle boërs les anciens colons d'origine hollandaise qui sont établis dans la province du Cap.

pensées ; nous sommes habitués dès l'enfance à le considérer comme un emblème de tristesse ; nous l'avons nommé *saule pleureur*, et nous avons drapé les tombes de son pâle feuillage comme d'un linceul brodé d'argent.

Mais le sentiment qu'il nous inspire au milieu des karrous[1] de l'Afrique méridionale, est d'une nature bien différente ; là-bas, les sources et les rivières sont peu nombreuses, très-éloignées les unes des autres, et le saule pleureur, qui est un signe certain de la présence de l'eau, fait naître la joie au lieu d'éveiller la tristesse.

La plus franche gaieté règne en effet dans ce bivac abrité par les saules qui couvrent les bords de la rivière d'Orange, ainsi que le prouvent les éclats de rire continus qui retentissent dans l'air et que se renvoient les échos des deux rives.

« De qui donc proviennent ces éclats de rire si joyeux et si bruyants ?

— De nos jeunes chasseurs.

— Et de quels chasseurs ? »

Approchons de l'endroit où ils sont campés, nous les verrons ; il fait nuit, mais à la clarté du feu qu'ils entourent, il nous sera facile de distinguer leur visage et de décrire leur personne.

Ils sont six, la demi-douzaine est complète, et pas un des membres de cette bande joyeuse ne paraît avoir accompli sa vingtième année. Leur âge est entre dix et vingt ans ; néanmoins, il en est parmi eux deux ou trois, peut-être davantage, qui ont la prétention d'être des hommes faits.

Au premier coup d'œil, vous reconnaissez dans le nombre trois de vos anciens amis : Hans, Hendrik et Jan, nos ci-devant *bush-boys*[2].

[1]. Plaines stériles situées entre les chaînes de montagnes qui traversent de l'est à l'ouest la pointe méridionale de l'Afrique.
[2]. *Buissonniers*, enfants qui courent les buissons.

Plusieurs années se sont écoulées depuis la dernière fois que nous les avons vus; ils ont beaucoup grandi, bien qu'ils ne soient pas arrivés au terme de leur croissance; le dernier, que nous appelions autrefois le petit Jan, reçoit encore aujourd'hui cette qualification qui n'a pas cessé de lui être applicable; il faut qu'il se tienne bien droit pour qu'en le mesurant on lui trouve un mètre vingt; je crois même qu'il ne peut y arriver qu'en se mettant sur la fine pointe de ses orteils.

Hans est plus grand qu'à l'époque où nous l'avons quitté; peut-être a-t-il maigri; dans tous les cas, il est plus pâle; car il a été pendant deux ans au collége, où, se livrant à l'étude avec ardeur, il a remporté tous les premiers prix de sa classe.

Quant à Hendrik, il a complétement changé : plus grand et plus fort que son frère aîné, c'est maintenant un jeune homme; il a dix-huit ans révolus, il est droit comme un jonc, et vous remarquerez dans sa tournure et dans sa physionomie, quelque chose de martial qui n'a rien d'étonnant, car depuis l'année dernière, il est porte-drapeau dans les carabiniers du Cap; vous pouvez vous en assurer en jetant les yeux sur sa casquette d'uniforme dont le fond est brodé d'or.

Tels sont aujourd'hui les bush-boys que nous avons connus autrefois.

Mais les trois autres que nous voyons assis avec eux autour de la flamme, qui sont-ils ? Évidemment leurs camarades, car ils paraissent être ensemble dans les termes de la plus franche amitié. Comment les appelez-vous ? Je vais vous le dire en deux mots: Ce sont les trois fils de Diédrik Van Wyk.

Et ce Van Wyk, quel est-il ? — C'est un riche *Boërs*

---

1. Village hottentot, réunion de huttes, et par extension de hangars et d'étables où les boërs renferment leurs bestiaux.

qui chaque soir enferme dans ses vastes *kraals*[1] plus de trois mille têtes de gros bétail, y compris les chevaux, et cinq fois autant de chèvres et de moutons ; Diédrik Van Wyk, en résumé, passe pour être le plus riche éleveur de bestiaux de tout le village de Graaf-Reinet[1].

Il se trouve précisément que la ferme, ou pour mieux dire, le territoire de Diédrik est limitrophe de l'exploitation de notre vieille connaissance, Hendrik Von Bloom, et que les deux voisins sont des amis inséparables. Il n'est pas de jour qu'ils ne se voient au moins une fois ; chaque soir Hendrik enfourche son bidet pour aller chez Diédrik, ou celui-ci pour se rendre chez l'autre, dans le but de fumer ensemble leur énorme pipe d'écume de mer, ou de boire une petite goutte de *brandewyn*[2], distillé de leurs propres pêches.

Ce sont de vieux camarades dans toute la force du terme ; tous deux ont été militaires dans leur jeunesse, et comme tous les anciens soldats, ils aiment à parler de leurs campagnes et à retracer dans leurs causeries les batailles qu'ils ont vues.

Il est donc bien naturel, en pareille circonstance, que l'intimité la plus grande règne entre les enfants des deux voisins. D'ailleurs, outre l'affection qui rapproche les deux pères, un autre lien cimente encore l'union des deux familles : Mmes Van Wyk et Von Bloom avaient pour mère les deux sœurs, d'où il résulte que leurs enfants sont cousins issus de germains, ce qui est un degré de parenté des plus intéressants. Il est même probable qu'un jour les relations de famille des Von Bloom et des Van Wyk deviendront encore plus étroites et plus

---

1. Graaf-Reinet s'élève dans une espèce de bassin constitué par des montagnes de formes variées et de différentes hauteurs, arrosé par la rivière du Dimanche qui l'entoure presque entièrement, et situé lui-même au sud-est de la colonie du Cap. (*Note du traducteur.*)

2. Sorte d'eau-de-vie.

intéressantes ; car Hendrik a pour fille, ainsi que chacun pourra vous le dire, la charmante Gertrude aux admirables cheveux blonds, aux joues roses, et Diédrik de son côté est le père de Wilhelmine, jolie brunette aux yeux noirs et au minois piquant. Le hasard a voulu qu'il y eût trois fils dans chacune des deux familles, et bien que les filles et les garçons soient trop jeunes pour songer à se marier, le bruit court au dehors qu'à une époque plus ou moins rapprochée, les Von Bloom et les Van Wyk resserreront leur alliance par un double mariage qui ne déplaira nullement aux deux vieux camarades.

Il y a donc trois fils dans chacune des deux maisons; vous connaissez les Von Bloom, Hans, Hendrik et Jan ; permettez-moi de vous présenter les Van Wyk ; ils s'appellent Willem, Arend et Klaas.

Willem est l'aîné ; ses dix-neuf ans ne sont pas encore révolus, mais c'est un homme par la taille ; d'une corpulence qui l'a fait surnommer le gros Willem, sa force est en proportion de sa grosseur. Il est loin d'être soigné dans sa toilette : une veste de drap grossier filé chez son père, une chemise à carreaux, un pantalon de cuir d'une ampleur excessive flottent vaguement autour de sa personne et le font paraître beaucoup plus gros qu'il ne l'est en réalité. Son chapeau de feutre, à larges bords, lui couvre le front jusqu'aux yeux ; ses souliers sont trois fois trop grands pour lui, et son caractère est tout aussi facile que ses habits sont aisés. Bien qu'il soit fort comme un buffle et qu'il ait conscience de sa force, le gros Willem ne ferait pas de mal à une mouche, et par sa nature aussi bienveillante que dévouée, il s'attire l'affection de tous les gens qui le connaissent.

Chasseur de premier ordre, il porte l'un des plus gros fusils qui existent, un véritable *roer* hollandais ; il est en outre chargé d'une poire à poudre gigantesque et d'un sac rempli de balles. Un jeune homme de force ordinaire fléchirait sous un pareil fardeau, mais tout cela n'est rien pour les épaules du gros Willem.

N'oublions pas qu'Hendrik Von Bloom est également un chasseur de haut titre; je vous le dis en confidence, je ne peux pas me servir du mot jalousie, car ils s'aiment trop pour cela, mais un léger sentiment de rivalité existe entre les deux Nemrods.

Hendrik préfère la carabine, Willem un fusil pur et simple; et de longues discussions, parfois très-animées, s'élèvent fréquemment entre les deux chasseurs à propos du mérite respectif de leurs armes, toutefois sans jamais sortir des convenances, car, en dépit de son extérieur débraillé, le gros Willem n'en est pas moins un garçon de bonne compagnie.

Arend, le second fils des Van Wyk, montre dans sa personne et dans toutes ses manières beaucoup plus de soin et d'élégance que Willem.

D'une beauté mâle qui vous frappe tout d'abord, il peut rivaliser à cet égard avec Hendrik lui-même, bien qu'il n'y ait pas entre eux la plus légère ressemblance. Hendrik est blond, tandis qu'Arend a la peau brune, les yeux et les cheveux de couleur foncée. Tous les Van Wyk sont bruns; ils appartiennent à cette partie des habitants de la Hollande que l'on a quelquefois désignés sous le nom de *Hollandais noirs*. Mais cette teinte brune va bien aux traits délicats d'Arend et vous ne trouveriez pas dans toute la colonie un plus bel adolescent. On dit tout bas que c'est l'opinion de Gertrude Von Bloom; commérage de voisine, car la jolie blonde n'est encore que dans sa treizième année, et il est impossible qu'à son âge, elle ait une opinion en pareille matière.

Le costume d'Arend est élégant et lui sied à merveille; il se compose d'une veste de peau d'antilope, d'une coupe gracieuse, piquée avec soin, galamment taillades, passementée de peau de léopard; et d'un pantalon de même étoffe, orné de larges bandes de fourrure pareille aux agréments de la veste, et d'un effet des plus riches. Arend, ainsi qu'Hendrik, porte la casquette militaire, car il est également cornette dans les carabiniers du Cap; et c'est, je vous assure, un charmant officier.

Mais faisons le portrait de Klaas, le dernier des Van Wyk. Il est juste du même âge que Jan, et tout à fait de la même hauteur; quant à la circonférence, la chose est différente; Jan est, comme vous le savez, un bambin nerveux et délié; tandis que son ami Klaas est trapu et tellement gros dans sa petite taille, que la ceinture de Jan, plus que doublée, égalerait à peine son diamètre.

Tous les deux ont de petites vestes rondes, des pantalons flottants et des chapeaux à larges bords; ils vont à la même école et, malgré leur peu de ressemblance physique, ils sont tous deux fort habiles à la pipée et dans tout ce qui concerne la capture et le dénichement des oiseaux. Comme ils ne sont armés que de fusils de petit calibre, à un seul coup, leur ambition ne va point jusqu'à tuer des antilopes; mais, quelle que soit la petitesse de leur arme, et la finesse de leur plomb, j'ai pitié des perdrix et des pintades qui leur permettront d'approcher à belle portée.

Nous avons insinué dans l'une des pages précédentes qu'un sentiment d'émulation un peu vif existait entre les deux aînés de la bande, en matière de grande chasse. Une rivalité pareille, que relève un zeste de jalousie, existe depuis longtemps entre les deux piqueurs, et amène parfois entre eux un refroidissement soudain, qui, d'ordinaire, est cependant de courte durée.

Hans et Arend n'ont jamais éprouvé nul sentiment d'envie à propos de leurs cousins; Hans est bien trop philosophe pour jalouser personne; sa spécialité, d'ailleurs, est d'être naturaliste, et il n'a pas de rival parmi ses compagnons; toute la bande s'incline devant sa science et accepte, sans mot dire, l'opinion qu'il émet.

Arend, quant à lui, n'a aucune prétention; c'est le plus modeste des jeunes gens qu'on puisse voir; et cependant il est beau, élégant, brave, généreux et bien fait pour être aimé.

CHAPITRE II

Bushman et Zoulou.

J'ai dit, en commençant, que nos jeunes amis étaient campés sur le bord de la rivière d'Orange; mais dans quel but sont-ils venus s'y établir?

L'endroit où ils se trouvent est à une bien grande distance de la maison paternelle, à bien des journées de marche de la colonie du Cap. Il n'y a pas une seule ferme dans le voisinage, pas un blanc n'a pénétré jusque-là, si ce n'est parfois un de ces trafiquants aventureux qui vont troquer leurs marchandises jusqu'au centre de l'Afrique; ou bien un pasteur nomade qui a conduit son troupeau dans ces lieux à peine connus; mais le pays n'en est pas moins complétement inhabité; c'est toujours le désert.

Et dans quelle intention les Van Wyk et les Von Bloom ont-ils pénétré dans cette région déserte?

C'est tout simplement pour chasser.

Il y a longtemps que cette expédition est résolue; depuis leur grande chasse à l'éléphant, les bush-boys n'ont poursuivi aucun gibier; Hendrik et Arend sont retournés sous les drapeaux, Hans et Jan sont allés au collége, ainsi que notre ami Klaas; il n'y a que le gros Willem qui, de temps à autre, ait chassé l'antilope et différents animaux que l'on trouve encore aux environs des fermes. Mais, cette fois, l'intention de nos chasseurs est de s'éloigner des frontières de la province du Cap. Ils ne se sont pas fixé de limites, et doivent aller jusqu'où bon leur semblera, sans s'inquiéter de la distance; ils en ont la permission, et leurs familles leur ont donné tout l'équipement nécessaire pour réaliser leur projet; ils possèdent chacun un bon cheval; de plus, chacune des deux triades est suivie d'un grand chariot ou wagon, destiné au transport des objets de campement, et qui doit, en outre, servir de tente à nos amis. Les chariots, à leur tour, ont chacun leur conducteur et leur attelage composé de dix bœufs à grandes cornes; vous pouvez les voir non loin des jeunes gens, en compagnie d'une petite meute de chiens à l'air rogue, au poil rude, et qui doivent servir à chasser l'antilope; les bœufs et les chevaux sont attachés aux wagons ou à des arbres, et les chiens sont groupés autour du feu dans des attitudes variées.

Le bivac renferme encore deux singuliers individus qui méritent bien quelques lignes; ce sont en effet deux personnages importants, car sans eux les wagons seraient une chose embarrassante. Je parle des conducteurs de ces deux véhicules, et jamais automédon sur son siége armorié ne fut plus fier de son poste qu'ils ne le sont eux-mêmes de l'emploi qu'ils occupent.

Vous connaissez l'un de ces deux personnages : cette grosse tête, ces pommettes saillantes, ce nez épaté, ces narines élargies, ces petits yeux fendus obliquement, ainsi qu'on l'observe dans la race mongole, ces mèches courtes de laine frisée plantées çà et là sur cet énorme crâne, ce teint d'un jaune fuligineux, ce corps informe et trapu, d'un mètre vingt de hauteur, à peine couvert d'une chemise de flanelle rouge et d'une culotte de peau brune, tout cela vous rappelle certainement Facetanné, votre ancien favori.

C'est lui-même en effet; et bien que trois hivers aient passé sur sa tête nue depuis que nous l'avons quitté, Facetanné, le Bushman, n'offre pas le moindre changement; les touffes minuscules de sa toison parsèment toujours son crâne et son occiput; elles ne sont ni plus claires, ni moins brunes; son visage a conservé cette grimace joyeuse et bienveillante qui chez lui remplace le sourire; c'est toujours le fidèle serviteur, l'adroit charretier, l'homme de ressources qu'il était autrefois; et comme à l'époque où vous l'avez connu, c'est lui qui dirige le chariot des Von Bloom.

Quant à l'individu qui mène le wagon Van Wyk, il diffère autant de Facetanné qu'un cerf d'un ourson.

Il a d'abord un mètre quatre-vingts, c'est-à-dire qu'il est d'un tiers plus grand que le Hottentot, et cela sans souliers, car il n'en a jamais eu, mais non pas sans chaussures, puisqu'il porte des sandales.

Beaucoup plus foncé que le Bushman, il est cependant plutôt couleur de bronze que véritablement noir; ses cheveux, bien que légèrement crépus, sont plus grands que la laine de son camarade, et n'ont pas cette tendance marquée de la toison du Hottentot à *prendre racine par les deux bouts*. Le nez du Bushman est concave, celui de l'autre est convexe, on peut dire aquilin; un œil perçant et bien ouvert, des dents blanches et régulièrement rangées, des lèvres d'une épaisseur moyenne, un corps et des membres bien proportionnés, une attitude pleine de noblesse et de fierté, donnent à cet individu un air de grandeur qui contraste de la manière la plus frappante avec le tronc massif et l'aspect grotesque du Bushman.

Son costume n'est pas sans grâce; il est composé d'une petite jupe serrée à la taille et tombant à mi-cuisse,

Les jeunes Boërs et leurs serviteurs (page 10).

l'étoffe de cette jupe est singulière; ce n'est pas même un tissu, mais une frange, une draperie formée de longs poils blancs qui flottent en liberté; véritable costume de sauvage, cette draperie est constituée par la réunion d'un certain nombre de queues d'une espèce d'antilopes appelées *gnous* et qui sont suspendues tout simplement à la ceinture; une sorte de palatine du même genre couvre les épaules de cet homme, qui porte des anneaux de cuivre aux chevilles et aux poignets; un bouquet de plumes d'autruche se balance sur sa tête, et un collier de grains de verre forme le complément de sa parure; il s'appelle Congo, appartient à la nation des Cafres, et c'est lui qui est chargé de conduire le wagon des Van Wyk.

« Un Cafre, conducteur de chariot! c'est impossible, dites-vous; un guerrier dont l'âme est si haute ne peut pas descendre à un pareil office. » La chose est vraie pourtant; des Cafres, et par milliers, servent maintenant dans la province du Cap, et y remplissent des fonctions beaucoup moins relevées que celles de conducteur de chariot, qui ne sont nullement considérées comme infimes par les habitants de la colonie; on rencontre souvent les fils des plus riches boërs montés sur le siège d'un wagon et maniant le fouet de bambou avec l'adresse d'un bouvier consommé.

Il ne faut donc pas être surpris de ce que le chariot de Van Wyk est dirigé par un Cafre. C'est d'ailleurs pour fuir le joug despotique de Chaaka, monstre sanguinaire, dont la tyrannie lui était odieuse, que Congo s'était réfugié sur le territoire anglais où il fut accueilli et protégé par les colons. Il est devenu, depuis cette époque, un membre utile d'une société civilisée, bien que le souvenir de la patrie soit toujours assez puissant dans son cœur pour lui faire garder son costume national.

Qui pourrait l'en blâmer? Drapé dans son ample kaross¹ de peau de léopard, qui retombe de ses épaules comme une toge, avec sa jupe flottante de poils argentés, ses anneaux de métal, brillant à la clarté de la flamme, il présente un aspect sauvage, il est vrai, mais d'une grandeur étrange. Assurément, personne ne blâmera Congo le Zoulou de tenir à montrer sa belle taille dans un costume qui la fait si bien valoir.

Et tout le monde l'approuve en effet; du moins parmi nos jeunes boërs, tous l'admirent sans lui porter envie.

Je me trompe; il est quelqu'un, parmi ceux qu'il accompagne, dont les sentiments à son égard ne sont rien moins qu'affectueux, quelqu'un qui ne saurait écouter de sang-froid les louanges du magnifique Zoulou : c'est Facetanné le Hottentot. Nous avons dit la rivalité qui existe entre le gros Willem et Hendrik à propos de chasse, entre Klaas et le petit Jan au sujet de la pipée; mais réunissez les sentiments des quatre jeunes chasseurs, multipliez-les plusieurs fois les uns par les autres et vous n'arriverez pas à la somme d'émulation jalouse qui se manifeste sans cesse entre les fouets rivaux du Bushman et du Zoulou.

Congo et Facetanné sont les seuls serviteurs qui aient suivi les jeunes boërs. Non pas que le riche Von Bloom, qui est maintenant *landdrost*, c'est-à-dire premier magistrat du canton, et son ami Van Wyk, dont la fortune est plus grande encore, ne fussent en position de fournir à leurs fils une vingtaine de domestiques. Ils n'en ont rien fait cependant, non par économie, je vous l'assure; mais les deux vieux soldats ne sont pas hommes à dorloter des garçons et à leur prodiguer tous les raffinements du luxe.

« Ces jeunes gens veulent aller à la chasse, dirent un jour les deux amis; fort bien, mais qu'ils en aient la

---

1. Manteau des indigènes de l'Afrique australe.

peine en même temps que le plaisir. » Et là-dessus ils leur souhaitent bon voyage en leur donnant ce qui est nécessaire à l'accomplissement de leur projet, c'est-à-dire un bon cheval qui les porte, et un chariot et des bœufs qui traînent leurs provisions et les dépouilles des animaux qu'ils auront la chance de tuer.

Nos jeunes boërs, au surplus, n'ont pas besoin de domestiques ; ils savent fort bien se servir eux-mêmes. Le plus jeune d'entre eux pourrait, au besoin, dépouiller une antilope et en faire griller les côtelettes sur le feu qu'il aurait allumé. C'est à cela, d'ailleurs, que se borneront tous leurs procédés culinaires, leur estomac vigoureux n'en demande pas davantage, et leur bon appétit, aiguisé par la chasse, leur tiendra lieu des sauces les plus savoureuses que le génie des Carême ait jamais inventées.

Il y a déjà plusieurs semaines que nos jeunes gens sont partis de Graaf-Reinet ; mais bien qu'ils aient déjà beaucoup chassé, ils n'ont pas encore aperçu de gros gibier ; c'est à peine s'il leur est arrivé quelque aventure qui mérite d'être citée.

Depuis deux jours ils sont en grande discussion ; traverseront-ils la rivière, et, se dirigeant vers le nord, se mettront-ils en quête de girafes et d'éléphants, ou bien resteront-ils sur la rive méridionale, où ils se contenteront de poursuivre différentes espèces d'antilopes? Bref, après un long débat, il fut décidé qu'on franchirait la rivière d'Orange et qu'on passerait au nord du fleuve tout le reste du temps dont on pouvait disposer, c'est-à-dire la fin des vacances.

Le gros Willem avait été l'ardent promoteur de cette proposition, qui avait été chaudement soutenue par le naturaliste. Willem éprouvait un vif désir de chasser le buffle et l'éléphant, car il n'avait jamais eu l'occasion d'affronter d'une manière sérieuse ces géants de la forêt ;

et le jeune savant n'était pas moins désireux que le chasseur de pénétrer dans une région où il se trouverait en face d'une flore nouvelle.

Quelque bizarre que cela paraisse, il n'en est pas moins vrai qu'Arend opinait pour qu'on revînt à Graaf-Reinet, et, chose plus étrange encore, Hendrik, malgré sa passion pour la chasse, était du même avis.

Mais il n'est pas de phénomène que l'on n'arrive à comprendre lorsqu'on l'examine savamment et avec attention, et la conduite des deux cornettes finit par s'expliquer.

Hans Von Bloom insinua qu'une petite brune qu'on appelait Wilhelmine pouvait bien être pour quelque chose dans l'opinion de son frère; et le gros Willem qui avait l'habitude de parler sans ambages, affirma carrément que c'était sa sœur Gertrude qui attirait le bel Arend du côté de la maison.

Toujours est-il que l'affirmation de l'un et la supposition de l'autre suffirent pour empêcher Hendrik et Arend de s'opposer plus longtemps au projet du gros Willem ; et que, rougissant jusqu'aux oreilles, ils s'estimèrent bien heureux de terminer la discussion en approuvant l'itinéraire qui leur était présenté.

« En avant donc et au nord ! s'écrièrent les chasseurs; au nord, où l'on rencontre l'éléphant et la girafe ! »

C'est au moment où les jeunes boërs viennent de se rallier à ce mot d'ordre que nous les trouvons sur la rive gauche de la rivière d'Orange, en face d'un gué bien connu qu'il s'agit pour eux de franchir. Malheureusement le fleuve a grossi tout à coup, et il a fallu camper au bord de l'eau en attendant que la crue ait baissé, de manière à permettre le passage.

CHAPITRE III

Manière de traverser un gué.

Le lendemain matin nos chasseurs étaient levés au point du jour, et leur premier mouvement fut d'aller voir où en était la rivière; à leur grande satisfaction, l'eau avait baissé de plus d'un mètre, ainsi qu'il était facile de s'en convaincre par la trace qu'elle avait imprimée aux arbres de la rive.

Toutes les rivières du midi de l'Afrique, ainsi que tous les cours d'eau qui arrosent les régions tropicales, surtout lorsque le pays est montagneux, grandissent beaucoup plus rapidement que ceux de la zone tempérée. On explique ce fait par l'énorme quantité d'eau que répandent les pluies des tropiques, où elles ne tombent pas comme ici par gouttes éparses, mais où littéralement elles se versent en nappe abondante pendant plusieurs heures de suite, d'où il résulte que le sol est complétement saturé d'eau et que les fleuves sont torrentiels.

Nos orages nous en fournissent un exemple, lorsqu'en été leurs gouttes volumineuses transforment, en quelques minutes, les ornières en ruisseaux et ceux-ci en rivières.

Chez nous ces averses ne sont pas de longue durée, c'est à peine si elles se prolongent pendant une demi-heure; mais figurez-vous qu'elles puissent durer sept ou huit jours et vous comprendrez les inondations effrayantes qui se produisent sous les tropiques.

Il n'est pas moins facile de vous expliquer la cause de

prompt abaissement des rivières africaines, ce sont les nuages qui la plupart du temps les alimentent, et non pas, comme chez nous, les sources, les glaciers et les neiges; il est donc naturel que, dès l'instant où la pluie a cessé, les rivières diminuent tout à coup; ajoutez-y l'évaporation produite par un soleil brûlant, la quantité d'eau qui est naturellement absorbée par un sol desséché, et vous ne serez pas surpris de la rapidité avec laquelle diminuent les eaux gonflées de ces rivières.

Nos jeunes chasseurs trouvèrent donc à leur réveil que Gariep (c'est ainsi que les indigènes nomment la rivière d'Orange) avait baissé pendant la nuit; mais ils ne savaient pas si elle était guéable; ils avaient bien la certitude que les Hottentots, les Béchuanas, les trafiquants et les boërs nomades passaient ordinairement la rivière en cet endroit; il restait toujours à savoir quelle était la profondeur actuelle du fleuve, aujourd'hui qu'il se trouvait débordé. Aucun signe, aucun indice ne pouvait le leur apprendre; l'eau épaisse et jaune, comme il arrive en général après une crue subite, ne permettait pas qu'on pût en voir le fond; il était possible qu'elle n'eût pas plus d'un mètre, mais elle pouvait en avoir deux; le courant était rapide, et la prudence conseillait de ne pas s'engager à l'aventure.

Comment faire ? ils étaient impatients de se trouver sur l'autre rive, mais par quel moyen traverser le fleuve sans courir de dangers ?

Hendrik proposait de franchir le gué à cheval; si sa monture perdait pied, elle n'en arriverait pas moins, disait-il, sur l'autre bord en se mettant à la nage; le gros Willem, ne voulant pas en fait d'audace être battu par Hendrik appuyait cette proposition; mais Hans, qui était l'aîné de tous nos chasseurs et dont les conseils pleins de sagesse étaient généralement bien accueillis, s'opposait à ce que l'expérience fût tentée. Une fois les chevaux à la nage, la rapidité du courant pouvait les entraîner à la dérive, dans un endroit où il leur serait impossible de gravir les bords du fleuve, et cavaliers et montures seraient infailliblement perdus.

D'ailleurs, ajoutait le naturaliste, en supposant même que les chevaux pussent se rendre en nageant sur la rive opposée, la chose était impraticable aux bœufs et aux wagons, et il devenait inutile de traverser la rivière dès l'instant que ceux-ci ne pouvaient pas la franchir. Il valait mieux attendre que le fleuve eût repris le niveau qu'il avait ordinairement ; ce qui, après tout, ne les retiendrait pas plus de vingt-quatre heures à l'endroit où ils étaient campés.

Le conseil était bon ; Hendrik et le gros Willem le reconnurent ; mais celui-ci n'en désirait pas moins vivement se trouver au milieu des buffles et des girafes, et en dépit du danger, il éprouvait la tentation la plus grande de passer à l'autre bord ; Hendrik partageait cette envie, moins par amour pour la chasse que par passion pour les aventures, car s'il avait un défaut, c'était la témérité.

Comme il était évident que la traversée, même à la nage, était impossible aux bœufs qui traînaient les chariots, le gros Willem et l'audacieux Hendrik se résignèrent, bien que d'assez mauvaise grâce, à passer un jour de plus sur la rive gauche du fleuve.

Mais ils n'attendirent pas même jusqu'au soir ; une heure après, non-seulement les cavaliers et les montures, mais les wagons et les bœufs avaient passé l'eau et parcouraient la plaine qui s'étendait sur l'autre rive.

Qui avait pu motiver ce changement de résolution de la part de nos chasseurs ? Comment s'étaient-ils assurés que la rivière était assez basse pour être franchie par les bœufs ? C'est à Congo qu'ils en étaient redevables.

Tandis qu'ils se demandaient quelle pouvait être la profondeur du fleuve, le Zoulou était sur le bord de l'eau et jetait de gros cailloux dans la rivière; nos amis, supposant qu'il s'amusait, ou qu'il se livrait à quelque pratique superstitieuse, ne firent pas attention à lui et continuèrent à discuter; mais le Hottentot suivait des yeux l'opération du Cafre et témoignait par son visage attentif du profond intérêt qu'il prenait à la chose.

Bientôt un éclat de rire méprisant de Facetanné, suivi de paroles quelque peu ironiques, attirèrent les regards des jeunes gens sur le Bushman et sur le Zoulou.

« Congo? s'écriait Facetanné, pauvre fou! toi chercher à connaître la profondeur en s'y prenant de la sorte! y penses-tu, vieux craqueur! »

Le Zoulou n'accorda pas la moindre attention à cette apostrophe insultante et continua de lancer des pierres dans l'eau du fleuve. Les chasseurs, qui maintenant avaient les yeux sur lui, observèrent qu'il ne jetait pas ses cailloux avec indifférence, mais de façon à prouver qu'il agissait dans un but déterminé. Chaque fois qu'il avait jeté l'une de ces pierres, il se penchait en avant, l'oreille inclinée à la surface de l'eau, et paraissait écouter avec soin le bruit que faisait son projectile en plongeant dans la rivière. Il se relevait dès qu'il n'entendait plus rien, et lançait, mais au delà du précédent, un nouveau caillou dont il suivait la chute avec la même attention.

« Qu'est-ce que fait donc ton Zoulou ? demanda Hendrik à Willem, qui était l'un des maîtres de Congo.

— Je n'en sais rien, répondit le jeune Van Wyk; c'est probablement quelque ruse de son pays, il en a pour toutes les circonstances; mais je ne devine pas, quant à présent, quel peut être le motif de son opération. Ohé! Congo, s'écria Willem, qu'est-ce que tu fais là, mon garçon ?

— Moi trouver la profondeur de la rivière, répondit le Zoulou d'un air grave.

— Crois-tu y parvenir en t'y prenant de la sorte ? »
Le nègre fit un signe affirmatif.

« Boush ! s'écria Facetanné, dont la jalousie ne pouvait supporter l'attention qu'on accordait à son rival ; vraie sottise, vieux fou ! rien connaître, et lui rien pouvoir dire. »

Le Cafre, cette fois encore, supporta en silence les paroles du Bushman, qui néanmoins commençaient à l'irriter, et continua son opération jusqu'au moment où le dernier de ses cailloux tomba dans l'eau à peu près à un mètre de la rive opposée, c'est-à-dire à plus de cent mètres de l'endroit où il se trouvait lui-même. Se redressant alors et se tournant du côté des boërs, il leur dit avec une assurance, toutefois mêlée de respect :

« Menhir, vous pouvoir passer le gué. »

Nos amis le regardèrent avec des yeux incrédules.

« Quelle profondeur penses-tu qu'il puisse avoir ? » lui demanda l'aîné des Von Bloom.

Le Cafre posa la main sur sa hanche, voulant dire ainsi qu'il aurait de l'eau jusqu'à la ceinture.

« Boush ! s'écria Facetanné ; l'eau être deux fois plus profonde : lui vieux fou et vouloir tout noyer.

— Toi..., ce serait possible, » répondit le Zoulou avec calme, en toisant du regard le Hottentot, dont la taille peu élevée excitait son mépris.

Les chasseurs éclatèrent de rire, et Facetanné, piqué au vif, resta quelques instants sans pouvoir répondre à son rival ; mais quand il retrouva la parole : « Vieux nègre, lui dit-il, baliverne que tout ça, et bon pour les discours ; toi bien prudent, n'est-ce pas ? faire emporter les chariots et noyer tous les bœufs ; mais toi essayer le passage, puisqu'il n'est pas profond ; traverse-le d'abord, grand faiseur d'embarras. »

Facetanné croyait avoir triomphé du Zoulou ; il ne supposait pas que ce dernier osât franchir la rivière en dépit de son assurance, et il était loin de penser à l'humiliation qui l'attendait.

A peine avait-il défié son rival de traverser l'eau du fleuve, que le Zoulou descendit la berge et se trouva immédiatement au bord du gué.

Les chasseurs, devinant son intention, lui crièrent de rester sur la rive et de ne pas commettre une imprudence qui pouvait lui être fatale.

Mais le Bushman avait piqué l'amour-propre de Congo, et celui-ci n'écouta point les avertissements qui lui étaient adressés; toutefois, il ne se précipita pas dans le fleuve d'une façon irréfléchie ; mais agissant avec le calme dont il ne se départait jamais, il se baissa et prit au bord de l'eau une énorme pierre qui ne pesait pas moins de cinquante kilogrammes; puis, l'élevant au-dessus de sa tête, et la maintenant dans cette position, il s'engagea dans la rivière d'un pas ferme et hardi.

Les chasseurs, que cette manœuvre avait d'abord étonnés, comprirent bientôt dans quel but le Zoulou s'était muni de cette grosse pierre ; il voulait augmenter son propre poids, afin d'opposer plus de résistance au courant du fleuve. Le succès ne tarda pas à couronner son audace ; car, au bout de cinq minutes, il abordait sur l'autre rive, où il se trouvait sain et sauf.

Recevant les acclamations des chasseurs, auxquelles le Bushman ne mêla pas sa voix, Congo revint sur le bord où l'attendait son attelage, et où il fut salué de nouveau par les applaudissements des boërs. Les bœufs furent mis immédiatement aux wagons, les chevaux harnachés, les cavaliers se mirent en selle, et les chasseurs, les chiens, les chevaux et les bœufs, eurent bientôt franchi le fleuve et se dirigèrent vers le nord

CHAPITRE IV

De l'autre côté de la rivière d'Orange.

Jusqu'à présent, nos chasseurs n'avaient pas eu la moindre aventure qui méritât d'être relatée; mais ils n'eurent pas plus tôt laissé derrière eux la rivière d'Orange, qu'ils furent témoins d'un fait assez intéressant pour mériter qu'on le rapporte, et qui se passa précisément en face du premier endroit où ils s'arrêtèrent après avoir traversé le Gariep.

Ils avaient choisi, pour y établir leur bivac, le bord d'une mare située au milieu d'une vaste plaine où se trouvaient réunies de l'herbe et de l'eau, condition excellente pour des voyageurs, bien que toutes les deux fussent d'une qualité médiocre. Çà et là, des buissons, des massifs d'arbustes peu élevés couvraient la plaine, et, dans l'intervalle qui séparait ces massifs et ces broussailles, apparaissaient les forteresses des *termes mordax*, ou fourmis blanches, dont les dômes s'élevaient à plusieurs mètres au-dessus du sol.

Les jeunes boërs venaient de terminer leurs préparatifs d'installation et de détacher leurs bœufs, afin que ceux-ci pussent brouter l'herbe qui croissait autour de la mare, lorsqu'ils entendirent crier par le Bushman:

« Des lions, des lions! »

Tous les regards se dirigèrent du côté que désignait le Hottentot; la chose était réelle, et nos chasseurs aperçurent un gros lion à crinière noire qui traversait la plaine de l'autre côté de l'endroit où pâturaient les bœufs. Il avait découvert ces derniers en débuchant des broussailles, et après avoir fait quelques pas, il s'accroupit dans l'herbe et guetta ces animaux, comme un chat fait d'une souris, ou comme une araignée guette une mouche insouciante.

Les chasseurs avaient à peine eu le temps de faire l'observation que je viens de vous transmettre, lorsqu'un autre lion sortit du même fourré et, trottant d'un pied furtif, se dirigea du côté de celui que nous avons déjà vu ; c'était une lionne, ainsi que le prouvait l'absence de crinière, et la forme de son corps qui se rapprochait de celle du tigre ; elle était peu inférieure à son compagnon pour la taille, et n'avait ni moins de puissance, ni moins de férocité.

Lorsqu'elle fut arrivée à l'endroit où le lion était assis dans l'herbe, elle se plaça auprès de lui, et tous deux, la face tournée vers le camp des chasseurs, jetèrent sur les bêtes à cornes des regards de convoitise.

Les chevaux, les hommes et les chiens étaient en vue des lions, mais qu'importait à ces derniers. Une proie plus appétissante se trouvait en face d'eux, et ils n'attendaient qu'une occasion favorable pour la saisir ; évidemment ils comptaient bien souper d'un morceau de bœuf ou tout au moins d'un quartier de cheval.

C'était la première fois, depuis qu'ils étaient partis de Graaf-Reinet, que nos chasseurs apercevaient des lions ; ils avaient à diverses reprises découvert la piste ou entendu le rugissement du roi des animaux qui rôdait près de leur bivac ; mais c'était la première fois, nous le répétons, que Sa Majesté Léonine apparaissait à leurs regards, et la présence du monarque chevelu et de sa compagne éveilla dans le camp des jeunes boërs une émotion assez vive, qui, tranchons le mot, pouvait passer pour de la peur.

Ils tremblèrent tout d'abord pour eux-mêmes; et Facotanné et le Zoulou ne furent pas exempts d'une certaine inquiétude à l'égard de leur peau noire; toutefois cette crainte personnelle ne tarda pas à se dissiper; on pouvait affirmer que les lions n'attaqueraient pas les chasseurs; il est tellement rare que pareille chose arrive! C'était des animaux dont ils méditaient la perte; et les hommes n'avaient rien à craindre, tant que les lions trouveraient à leur portée un bœuf ou même un cheval; aussi nos jeunes chasseurs, après un instant de réflexion, recouvrèrent-ils leur sang-froid.

Mais ce n'était pas un motif pour que nos boërs permissent aux félins de dévorer l'une ou l'autre de leurs bêtes; ils se seraient trouvés dans un grand embarras si leurs attelages avaient été décimés; il fallait au plus vite aviser au moyen de protéger les bœufs et les chevaux, et construire un kraal où ces derniers pourraient être à l'abri.

Les lions étaient toujours à la même place, où ils conservaient leur attitude menaçante; il n'était pas probable, néanmoins, qu'ils vinssent attaquer les bœufs tant que ceux-ci resteraient dans le voisinage du camp. Jamais les lions n'avaient aperçu de chariots, et cet énorme objet, dont ils ignoraient l'usage, était assez redoutable à leurs yeux pour les tenir à distance; ils attendaient l'un et l'autre que les bœufs s'éloignassent de cette machine, qui leur causait une certaine inquiétude, ou que l'obscurité leur permît de se glisser auprès d'eux sans que personne ne pût les voir.

Dès qu'il fut bien avéré qu'ils n'avaient pas le projet de s'emparer immédiatement de leur proie, Hendrik et Willem, montant à cheval, se dirigèrent avec précaution vers l'endroit où paissaient les bêtes à cornes, et les ramenèrent tout doucement du côté opposé de la mare. La garde du troupeau fut confiée à Klaas et à Jan, tandis que tous les autres, y compris les deux nègres, s'armant de haches et de cognées, s'en allèrent dans un hallier voisin, d'*acacia detinens*, arbuste couvert d'énormes épines qui l'ont fait surnommer : *attends un peu*. Une demi-heure après nos amis avaient assez de broussailles pour constituer, avec le secours des wagons, un kraal fortifié où les chevaux et les bœufs furent conduits sans délai.

Nos chasseurs étaient complétement rassurés; ils tirent un grand feu de chaque côté de l'enceinte qui renfermait les bestiaux; la flamme, il est vrai, ne suffît pas toujours à éloigner les lions, mais c'était une bonne mesure, et en cas d'attaque, ils se fiaient à leurs armes.

Quant à eux personnellement, ils couchaient dans les chariots, où ils n'avaient rien à craindre; il aurait fallu qu'un lion fût terriblement affamé pour chercher à s'introduire dans le kraal où étaient maintenant les bœufs, et quelle que soit la faim dont il puisse être dévoré, jamais ce terrible animal n'attaquera un wagon, il n'y pensera même pas.

Cette besogne terminée, les chasseurs vinrent s'asseoir auprès du feu et s'occupèrent de préparer leur souper.

Il ne leur restait pas autre chose à faire cuire que de la viande boucanée[1]. Le dernier morceau de la venaison qu'ils s'étaient procurée en deçà de Gariep avait été mangé la veille, et il fallait avoir recours à la viande séchée qu'ils emportaient comme réserve. Ils avaient bien, il est vrai, du *reitbok*[2], ainsi appelé à cause de l'habitude où est cet animal de fréquenter les roseaux qui bordent les rivières.

Cette antilope, que les naturalistes appellent *eleotragus*, n'a pas plus de 80 centimètres de hauteur; ses formes

---

1. Viande coupée par tranches, séchée et fumée.
2. Antilope de roseaux.

se rapprochent beaucoup de celles du springbok¹, mais son poil est plus rude, sa robe est d'un gris cendré sur le cou, les épaules, le dos, la croupe, sur toute la partie supérieure du corps, et d'un blanc d'argent sur la poitrine et le ventre. Ses cornes, au lieu de former une lyre, comme chez le springbok, s'élèvent d'abord sur la même ligne que le front, puis elles s'incurvent à la pointe et se dirigent en avant ; elles ont à peu près 30 centimètres de longueur, sont ridées à la base, fortement annelées au milieu et lisses à leur extrémité.

Ainsi que nous l'avons dit, le reitbok se rencontre dans les bas-fonds marécageux qui se trouvent au bord des rivières, où il se nourrit des plantes qui croissent dans ces régions humides ; il en résulte que sa chair est d'une qualité médiocre, et c'est pour cela que nos chasseurs lui préféraient la viande séchée, abandonnant aux deux nègres la venaison de l'antilope de roseaux.

Hendrik et Willem auraient volontiers couru à la recherche de quelque gibier poil ou plume ; mais la présence des lions rendait la chose impossible, et nos amis, ayant coupé une baguette pour s'en servir en guise de broche, suspendirent leur viande boucanée, appelée biltong, au-dessus des charbons ardents.

Le lion et la lionne, pendant ce temps-là, conservaient la position qu'ils avaient prise dans la plaine, et attendaient avec impatience que la nuit fût arrivée.

Le gros Willem et son rival Hendrik étaient d'avis de chasser les deux félins ; mais cependant ils cédèrent aux conseils du naturaliste qui leur rappelait ces paroles de leurs pères : « N'attaquez jamais un lion à moins d'y être obligé, et laissez entre vous et lui autant d'espace que possible. » Il est très-rare qu'un lion se jette sur un

1. Antilope sauteuse.

homme sans y être provoqué, et l'avis qu'avaient reçu nos chasseurs était rempli de sagesse.

Tout à coup les regards des boërs furent attirés par un nouvel objet; deux charmants animaux s'avançaient dans la plaine; chacun était à peu près de la taille d'un âne, et leur robe était fauve. Bien qu'ils fussent vigoureusement taillés, leurs formes n'en étaient pas moins gracieuses; ils avaient la tête et la face blanches, mais rayées de quatre bandes de couleur sombre, disposées de façon à figurer la têtière d'une bride; la première de ces bandes descendait sur le front, une autre traversait les yeux et rejoignait les coins de la bouche, une troisième entourait le nez, tandis qu'une quatrième, partant de la base des oreilles et passant sous la gorge, complétait la ressemblance que ces lignes présentaient avec un licou.

Une crinière renversée, une raie noire sur le dos, une queue épaisse, également noire et tombant jusqu'à terre, se faisaient remarquer chez ces deux belles créatures; mais ce qui les caractérisait surtout, c'étaient les admirables cornes qu'elles portaient toutes les deux; ces cornes étaient droites, minces, dirigées en arrière presque horizontalement, et couvertes d'anneaux réguliers jusqu'à 8 ou 10 centimètres de la pointe, qui était aiguë comme un fleuret. D'un noir d'ébène, et polies comme de l'acier, elles n'avaient pas moins de 90 centimètres; et, chose singulière, c'était le moins grand des deux animaux, car il y avait entre eux quelque différence de taille, qui avait les cornes les plus longues.

Ainsi la femelle se trouvait mieux armée que le mâle, ce qui est complétement anomal parmi les animaux de cette famille, car les deux arrivants étaient des antilopes.

Il avait suffi d'un coup d'œil à nos amis pour distinguer leur espèce et pour reconnaître l'*oryx*, l'un des plus charmants animaux d'Afrique, l'un des mieux réussis de la création tout entière.

CHAPITRE V.

Lions et Oryx.

En apercevant les *gemsboks*, tel est le nom que les boërs ont donné à l'oryx, la première pensée de nos chasseurs fut de chercher par quel moyen ils pourraient s'emparer de l'une des deux antilopes. Quelque charmant effet que ces deux belles créatures produisissent dans la plaine, nos amis auraient mieux aimé les voir à la broche, car ils savaient par expérience que la venaison de l'oryx est la plus délicate et la plus savoureuse que l'on puisse trouver en Afrique, toutefois après celle de l'*élan*.

Nos chasseurs, disons-nous, pensaient à se procurer une tranche de venaison pour leur repas du soir ; leur dîner en serait nécessairement retardé ; mais il y avait une si grande différence entre un bifteck d'oryx et le morceau de viande séchée qu'ils avaient en perspective, que nos amis ne demandaient pas mieux que d'attendre.

Les tranches de biltong, déjà presque à moitié cuites, furent retirées du feu, et les chasseurs, quittant la broche, saisirent immédiatement leurs fusils.

Mais comment faire pour parvenir au but que se proposaient nos jeunes gens ?

Il était presque impossible de traquer les deux gemsboks ; la prudence de ces animaux est si grande qu'ils approchent rarement d'un fourré, d'un buisson quelconque où pourrait s'abriter un ennemi ; c'est la plaine découverte qui est leur séjour habituel. Rien n'est plus difficile que de les surprendre, et c'est en les forçant, au moyen d'un excellent cheval, et après une course effrénée, que les chasseurs finissent par les atteindre. Quelquefois même le cheval le plus vite ne parvient pas à les rejoindre, car tout d'abord, et pendant un ou deux milles, la course du gemsbok est aussi rapide que le vent ; un bon cavalier néanmoins, dont la monture a du fond, et qui sait la diriger, est presque toujours sûr de se rendre maître de l'oryx après un temps plus ou moins long.

Nos amis devaient-ils seller leurs chevaux et poursuivre les deux gemsboks ? Ils n'auraient pas hésité à le faire, s'ils n'avaient observé que les antilopes se dirigeaient de leur côté.

A la manière dont elles couraient alors, elles seraient bientôt arrivées auprès d'eux, et cette circonstance, qui leur évitait la peine de les forcer, était d'autant plus agréable à nos jeunes gens qu'ils avaient une faim dévorante, et qu'après avoir marché depuis le matin, leurs chevaux étaient fatigués.

Il n'y avait rien d'impossible à ce que la chose se passât comme le désiraient les chasseurs; leur kraal était caché au milieu des broussailles, la fumée seule indiquait l'endroit où il était situé, et cet indice ne devait pas effrayer les antilopes, en supposant qu'elles y fissent attention. Hendrik et le gros Willem pensaient d'ailleurs que c'était vers la mare que se dirigeaient les deux gemsboks ; mais le naturaliste détruisit cette opinion en répondant aux chasseurs *que l'oryx ne boit jamais*; c'est l'un des animaux qui ont été créés pour habiter le désert où l'eau n'existe pas; et il était probable que les deux gemsboks avaient une autre intention que de se rendre à la mare.

Quoi qu'il en soit, ils approchaient du camp des jeunes boërs et n'en étaient pas maintenant à plus d'un kilomètre; c'est à peine si les chasseurs auraient eu le temps de préparer leurs chevaux avant que les deux oryx fussent à portée de leurs balles; aussi, abandonnant le projet qu'ils avaient eu d'abord, nos amis gagnèrent en rampant, le bouquet d'arbres le plus rapproché d'eux, et s'agenouillant derrière les broussailles, ils attendirent les antilopes.

Les pauvres bêtes ne se doutaient pas du péril et continuaient d'avancer du côté du bivac; il fallait qu'elles n'eussent pas aperçu le kraal, dont la vue aurait à coup sûr éveillé leur effroi ou leur curiosité; elles marchaient avec le vent qui, sans cela, aurait pu les avertir de la présence de l'ennemi, et se rapprochaient de l'endroit où les fusils de nos chasseurs étaient braqués sur elles.

Toutefois il n'était pas de leur destinée de mourir de la main des hommes.

Tandis que nos boërs guettaient les antilopes, ils avaient détourné leurs regards de la place où les lions étaient restés; mais un mouvement que firent ceux-ci attira de nouveau sur eux l'attention des jeunes gens; les lions venaient de s'aplatir comme s'ils avaient eu l'intention de ramper dans l'herbe, et s'étaient posés de manière à voir les antilopes; ils les avaient aperçues au moment où elles débouchaient dans la plaine, et il était certain qu'ils songeaient à les attaquer au passage.

Néanmoins, si les antilopes conservaient la direction qu'elles avaient prise, les deux bêtes féroces ne parviendraient pas à les saisir de l'endroit où elles étaient placées. Il est facile au gemsbok d'échapper au lion par la fuite, car celui-ci n'est qu'un triste coureur; c'est en bondissant d'une manière imprévue qu'il s'empare de sa proie, et s'il vient à la manquer, il ne cherche pas à la poursuivre. Il fallait donc que les deux félins se rapprochassent des antilopes de façon à pouvoir les saisir dès qu'elles passeraient auprès d'eux.

Ils le savaient à merveille, et tous leurs efforts tendaient nécessairement à se rapprocher des oryx ; le lion se mit à ramper dans l'herbe en se dirigeant de manière à se placer entre le camp et les deux antilopes, qui venaient toujours du côté des chasseurs ; il se traînait sur le ventre, comme un chat qui veut s'emparer d'une perdrix, s'arrêtait derrière un buisson pour épier la proie qu'il convoitait, parcourait d'un trot léger la distance qui le séparait du buisson voisin, et se remettait à ramper au milieu des grandes herbes. Il finit par atteindre une fourmilière colossale qui se trouvait précisément sur le chemin des gemsboks ; satisfait de cette position, il s'arrêta et se coucha au pied de l'édifice, en n'avançant qu'une partie de sa tête du côté des antilopes qui ne pouvaient pas l'apercevoir ; mais du bouquet d'arbres où ils étaient cachés eux-mêmes, nos chasseurs le voyaient à merveille et ne perdaient pas un seul de ses mouvements.

Pendant ce temps-là, qu'était devenue la lionne ? Elle avait quitté l'endroit où elle se trouvait tout à l'heure ; avait-elle accompagné son époux ? Nullement ; elle suivait au contraire la direction opposée à celle qu'il avait prise ; nos jeunes amis, tous occupés du lion, avaient perdu de vue sa compagne ; mais à présent que le mâle était à son poste, ils cherchèrent des yeux la place où pouvait être la lionne, ils la virent au loin dans la plaine, s'avançant de la même manière que l'avait fait le lion : tantôt rampant dans l'herbe tantôt courant d'un buisson à l'autre, s'arrêtant derrière chacun d'eux et cherchant évidemment à couper la retraite aux antilopes, qui se trouvaient placées devant elle.

La stratégie du couple formidable était facile à comprendre ; il était certain qu'avant de se séparer, les deux lions avaient combiné leur plan d'attaque ; le mâle devait se poser en embuscade sur la voie des deux oryx et la lionne maintenir le gibier dans la direction où l'attendait son partenaire. En supposant qu'à la vue du lion, les antilopes voulussent revenir sur leurs pas, elles tomberaient alors entre les griffes de la lionne.

La chose était parfaitement calculée, et bien que cette manœuvre dût enlever à nos chasseurs la proie qu'ils convoitaient eux-mêmes, la tactique des deux félins avait tellement éveillé leur intérêt, qu'ils ne songeaient plus à autre chose qu'à suivre les péripéties du drame qui se déroulait devant eux.

Les gemsboks approchaient de la fourmilière où l'ennemi les attendait; leur allure était ferme et confiante; de temps à autre ils agitaient leur queue touffue, mais pour chasser les mouches qui s'attachaient à leurs flancs et non pas pour exprimer la crainte.

La lionne était arrivée au point qu'elle avait voulu atteindre et s'était couchée dans l'herbe, prête à recevoir les pauvres bêtes si elles venaient à rebrousser chemin.

Lorsque les antilopes ne se trouvèrent plus qu'à une faible distance de l'endroit où le lion était embusqué, celui-ci retira sa tête et la rentra sous son épaisse crinière; il était impossible aux deux gemsboks de le découvrir, lui-même ne pouvait plus les apercevoir; c'est à ses oreilles qu'il se fiait pour connaître l'instant où il pourrait saisir sa proie.

Au moment où les nobles bêtes passèrent en face de lui, à quinze ou vingt pas de sa retraite, le lion se fouetta les flancs de sa queue vibrante, allongea la tête, se détendit tout à coup, et son corps, dont la longueur parut être doublée, s'élança dans l'air comme s'il avait eu des ailes. Il franchit d'un bond la distance qui le séparait du premier des gemsboks, et retomba sur la croupe de l'animal épouvanté; d'un coup de griffe, il terrassa la pauvre bête, qui ploya sur ses jarrets, et d'un second coup, donné presque en même temps, il la coucha sur la plaine, où elle resta sans vie.

Le lion, ne s'inquiétant pas de l'autre gemsbok, saisit

entre ses mâchoires puissantes la gorge de celui qu'il avait tué et s'abreuva du sang de sa victime.

C'était le mâle qui, se trouvant le plus près de la fourmilière, avait été abattu par le lion ; la femelle, surprise en voyant bondir le terrible félin, avait redoublé de vitesse et les chasseurs supposaient qu'elle allait disparaître ; mais ce lâche abandon n'est pas dans la nature du noble oryx ; dès que la femelle se fut remise du premier moment d'effroi, elle se retourna vers l'ennemi, abaissa la tête jusqu'à terre, de façon à projeter ses longues cornes sur un plan horizontal, et se précipita vers le lion. Celui-ci, tout entier à son festin sanglant, ne se douta pas de cette manœuvre, et n'en fut averti que par deux lances acérées qui s'enfoncèrent entre ses côtes et qui ne lui permirent pas d'en savoir davantage.

Une lutte confuse dura pendant quelques instants entre le lion et l'oryx ; mais l'attitude de ces deux animaux était si étrange, leurs mouvements convulsifs tellement rapides, que les spectateurs ne purent s'expliquer la manière dont ce combat avait eu lieu. Néanmoins, les rugissements du lion avaient cessé, et les accents d'une voix plus aiguë succédaient aux râlements qui venaient de s'éteindre.

La lionne, bondissant à travers la plaine, se joignit bientôt à la mêlée ; un seul attouchement de sa griffe étendit par terre la femelle du gemsbok et mit fin au combat.

Mais est-ce un rugissement de triomphe que la lionne fait retentir sur le corps de sa victime ? Il y a quelque chose de singulier dans sa voix, quelque chose d'étrange dans ses mouvements. Pourquoi le lion ne répond-il pas à ses cris ? Il est toujours attaché au cadavre de l'oryx et paraît continuer à boire le sang de la pauvre bête ; mais il est immobile ; pas un de ses muscles ne frémit, pas un tressaillement de sa robe fauve ne paraît annoncer qu'il respire. Serait-il mort sous les coups de l'antilope ?

Le lion bondit sur l'animal (page 33).

CHAPITRE VI

Une lionne furieuse

Il y avait certainement quelque chose de mystérieux dans cette affaire : le lion conservait toujours la même attitude et restait silencieux, tandis que la lionne continuait à pousser des cris aigus, en marchant avec fureur autour des corps amoncelés. Elle n'essayait pas d'assouvir sa faim, bien que sa proie fût étendue à ses pieds. Était-ce son royal époux qui s'opposait à ce qu'elle y touchât ? réclamait-il la possession des deux gemsboks ?

Il arrive parfois qu'un vieux lion, en tyran égoïste, éloigne de lui les membres de sa famille jusqu'à ce que, s'étant repu complétement, il leur permette de se partager sa desserte. Mais dans la circonstance actuelle, il était peu probable que pareille chose arrivât ; la proie était énorme et suffisait largement aux deux lions ; d'ailleurs la lionne était bien certainement la compagne du mâle qu'ils avaient sous les yeux, et nos chasseurs, en dépit des exemples contraires que fournit la race humaine, ne pouvaient croire que le lion pût se rendre coupable d'une conduite aussi peu galante ; un animal qui, d'après M. de Buffon, est le type de la noblesse, de la générosité ! La chose était impossible.

Alors comment expliquer les allures de la lionne ? Elle continuait à rôder et à gémir autour du groupe sanglant ; elle se baissait jusqu'à terre, et touchait de ses lèvres le mufle de son époux, qu'elle paraissait embrasser ; mais elle n'obtenait pas plus de réponse par ses caresses que par ses plaintes ; et nos amis comprirent enfin que le lion était mort, ainsi que les deux antilopes.

Aussitôt qu'ils en eurent acquis la certitude, nos jeunes gens commencèrent à délibérer sur le meilleur parti qui leur restait à suivre ; ils désiraient prendre possession des deux oryx, mais il n'y avait pas moyen d'en approcher tant que la lionne resterait à côté d'eux.

Dans l'état de fureur où elle se trouvait alors, il était impossible de chercher à l'éloigner. La manière dont elle se fouettait les flancs avec sa queue, sa démarche animée, sa voix pleine de rage, ses regards féroces, tout chez elle annonçait une douleur portée jusqu'à la frénésie ; chacun de ses mouvements renfermait une menace : et nos chasseurs, bien loin de penser à l'attaquer, regagnèrent prudemment leurs wagons afin de s'y abriter dans le cas où la bête furieuse, venant à les apercevoir, se précipiterait de leur côté.

Ils espéraient d'ailleurs qu'elle s'éloignerait d'elle-même au bout de quelques instants, et qu'ils pourraient ensuite aller chercher les antilopes.

Mais les minutes s'écoulèrent sans apporter le moindre changement dans la conduite de la lionne. Elle persistait à faire le tour des cadavres et s'abstenait de toucher aux deux oryx, dont elle avait d'abord convoité la chair succulente. Ainsi que le chien qui, ne touchant point à la nourriture que renferme l'office, empêche les autres d'en approcher, elle paraissait défendre un dépôt dont elle avait la garde.

Ses rugissements, où la fureur se mêlait au désespoir, continuaient de retentir et de jeter l'épouvante parmi les bœufs et les chevaux des jeunes boërs ; les chiens eux-mêmes, tout tremblants, allèrent se cacher sous les wagons, ou vinrent se placer entre les jambes de leurs maîtres ; et pourtant la plupart de ces fidèles animaux se seraient battus vigoureusement, si les chasseurs les avaient lancés contre la lionne ; mais ceux-ci n'ignoraient pas qu'un chien, en face d'un lion furieux, n'est pas plus qu'une souris entre les griffes d'un chat, et ils se gardèrent bien d'envoyer leurs fidèles serviteurs à une mort qui aurait été certaine.

Après une assez longue attente, nos amis, voyant que la lionne ne paraissait pas disposée à quitter les oryx, ne comptèrent plus sur la venaison dont ils avaient cru faire leur souper, et rapprochèrent du feu les tranches de biltong qui étaient à moitié cuites.

Ils avaient à peine commencé leur repas, lorsqu'ils aperçurent de nouveaux arrivants qui se dirigeaient vers l'endroit où la lutte s'était passée ; quelques hyènes apparaissaient dans la plaine, cinq ou six peut-être ; et bien qu'elles se tinssent à une certaine distance des cadavres, dont la lionne ne leur permettait pas d'approcher, leurs regards faméliques disaient clairement quel était l'objet de leur convoitise.

La présence de ces bêtes hideuses changeait la situation et pouvait modifier les projets de nos chasseurs. Si la lionne permettait aux hyènes d'entamer les antilopes, il était certain qu'avant peu il n'en resterait pas une bouchée ; et bien que nos amis eussent renoncé, pour le jour même, à leur bifteck de gemsbok, ils n'en comptaient pas moins sur une tranche de venaison pour le lendemain matin. Il fallait pour cela ne pas permettre aux hyènes de tomber sur les oryx ; mais comment faire pour les en empêcher ?

Hendrik et Willem proposèrent de nouveau d'attaquer la lionne et de chasser en même temps les hyènes, qui ne manqueraient pas de s'enfuir dès qu'elles se verraient poursuivies ; mais le naturaliste, cette fois encore, s'opposa vivement à la proposition des deux chasseurs, et il eut besoin de toute son influence pour les faire renoncer à ce projet téméraire.

Peut-être même n'y serait-il pas parvenu, si une proposition, à laquelle on était loin de s'attendre, n'avait mis fin au combat.

C'était Congo, le Zoulou, qui n'offrait rien moins que d'aller se battre avec la lionne.

« Tout seul ? demandèrent les jeunes gens.

— Tout seul, répondit le Cafre.

— Tu es fou, Congo : elle te mettrait en pièces.

— N'ayez pas peur, Congo tuera la lionne et n'aura pas même une seule égratignure.

— Tu vas donc prendre un fusil ?

— Congo ne saurait pas s'en servir, répliqua le sauvage ; tout ce qu'il demande, c'est que les jeunes maîtres ne viennent pas à son aide, qu'ils ne bougent pas d'ici : Congo aurait peur si Menhir le suivait ; car la lionne est furieuse ; mais tant mieux pour Congo, elle ne s'enfuira pas.

— Et comment vas-tu faire ?

— Vous le verrez tout à l'heure. »

Nos amis étaient persuadés que le Zoulou allait s'exposer inutilement ; Facetanné lui-même aurait traité cette proposition de fanfaronnade et s'en serait moqué, s'il n'avait eu sur le cœur l'humiliation que lui avaient attirée ses railleries au sujet de la traversée du Gariep ; et malgré l'inquiétude qu'il ressentait de voir son rival faire preuve, comme chasseur, d'une habileté plus grande que la sienne, il eut la prudence de dissimuler sa jalousie. Les jeunes boërs, et surtout le naturaliste, auraient voulu dissuader Congo de tenter une pareille aventure ; mais le gros Willem était d'un avis différent ; il le connaissait mieux que les autres, et savait qu'il n'était pas homme à faire une chose aussi grave par simple forfanterie. Dès qu'il promettait de réussir, on pouvait le croire, affirmait le gros Willem.

Cette assertion, combinée avec l'intérêt qu'une semblable tentative devait nécessairement éveiller chez nos chasseurs, vainquit les derniers scrupules de Hans, et il fut permis à Congo d'aller attaquer la lionne.

CHAPITRE VII

Lutte de Congo et de la lionne.

Congo, ainsi que vous le pensez bien, était devenu le point de mire des jeunes gens, et c'est avec une émotion profonde qu'ils le regardaient faire ses préparatifs de combat ; car si le matin du même jour il avait éveillé leur intérêt quand il avait traversé la rivière, c'était bien autre chose maintenant qu'il allait se battre corps à corps avec une lionne furieuse.

Ses préparatifs ne lui prirent pas beaucoup de temps ; on le vit monter dans le chariot de Van Wyk et en sortir deux ou trois minutes après, complétement équipé.

Décrivons cet appareil de chasse, qui n'était autre chose que l'équipement d'un guerrier de la tribu des Zoulous.

Congo tenait de la main droite une demi-douzaine d'asségaïs...

Qu'est-ce que c'est qu'un asségaï ?

C'est une lance moins longue et plus légère que celles que vous avez pu voir, et dont l'emploi est tout à fait différent ; au lieu de garder l'asségaï à la main et de s'en servir pour frapper son ennemi, on le lui jette d'une assez grande distance, comme les javelines dont on faisait usage en Europe, avant que la poudre à canon fût inventée. C'est encore à présent l'arme de guerre de toutes les tribus sauvages de l'Afrique méridionale, et particulièrement des Cafres.

On ne se figure pas combien ces derniers sont adroits à se servir de cette arme dangereuse, qu'ils envoient d'une seule main à plus de quatre-vingts mètres de distance où elle frappe le but avec la force et la précision d'une balle ou d'une flèche.

Congo serrait donc entre ses doigts nerveux la hampe de six asségaïs; mais ces javelines n'étaient pas ce qu'il y avait de plus étrange dans l'équipement du Zoulou: il portait au bras gauche un objet de forme ovale ayant deux mètres de longueur sur un mètre de large; cet objet, concave à l'intérieur et naturellement convexe du côté opposé, était fait avec du cuir tendu sur un cadre de bois, et ressemblait à certains canots fabriqués avec la même matière; bref, c'était un bouclier zoulou, toutefois un peu plus grand que ceux dont les Cafres font usage pour aller au combat; malgré son énorme dimension, il n'en était pas moins d'un maniement facile, et offrait une si grande résistance, en dépit de sa légèreté, qu'une balle, un javelot ou une flèche aurait glissé sur lui comme sur une plaque d'acier.

Deux fortes courroies, fixées à l'intérieur, permettaient au Zoulou de le mouvoir suivant son bon plaisir; et appuyé par terre, il pouvait abriter l'homme le plus grand de la tribu, car il dépassait la tête de Congo, qui, vous vous en souvenez, était loin d'être un nain.

Le Zoulou s'éloigna du bivac sans prononcer un mot, il portait au bras, ainsi que nous venons de le dire, l'énorme bouclier qui lui servait de carapace, et tenait de la main gauche cinq de ses javelines, tandis que de la main droite il serrait la hampe de celle qu'il devait lancer la première.

Rien n'était changé dans la plaine; le Zoulou d'ailleurs n'en avait pas laissé le temps aux animaux qui s'y trouvaient rassemblés; à peine cinq minutes s'étaient-elles écoulées depuis le moment où il avait fait sa proposition jusqu'à celui où il s'était dirigé vers le lieu du combat. La lionne errait toujours dans le même cercle en rugissant d'une manière effroyable, et les hyènes, attentives à ses moindres mouvements, cherchaient à se rapprocher des cadavres. Mais en voyant Congo, elles s'enfuirent lâchement, et disparurent dans un hallier voisin.

La lionne, au contraire, ne sembla pas s'apercevoir de l'arrivée du chasseur; complétement absorbée par les trois cadavres qui gisaient à ses pieds, elle ne détourna pas même la tête et continua de pousser des rugissements frénétiques.

Lorsque le Zoulou ne se trouva plus qu'à vingt pas de la lionne, il s'arrêta, posa par terre la pointe de son bouclier, qu'il maintint perpendiculairement, balança un instant l'asségaï qu'il tenait dans sa main droite et le fit siffler en le lançant avec force.

Le javelot s'enfonça entre les côtes de la lionne et s'y arrêta en faisant vibrer sa hampe; la bête furieuse se replia sur elle-même, saisit le trait qui l'avait percée et le brisa d'un coup de dent, comme s'il se fût agi d'une paille.

Le fer n'en restait pas moins dans la plaie, mais la lionne n'essaya pas de l'arracher, elle venait d'apercevoir le Zoulou, et jetant dans l'air un cri de rage, elle s'élança vers son ennemi. D'un bond elle franchit les trois quarts de la distance qui le séparait d'elle, et en moins d'une seconde elle allait retomber sur les épaules du Cafre, mais celui-ci était préparé à la recevoir, et au moment où elle s'élançait de nouveau pour l'atteindre, il s'éclipsa tout à coup aux yeux des spectateurs.

Sa disparition avait été magique, et si les jeunes boërs n'avaient pas suivi tous ses mouvements, ils n'auraient jamais pu comprendre ce qu'il avait pu devenir. Mais ils savaient que sous cet énorme objet convexe, dont les bords s'appuyaient sur le sol, gisait Congo, protégé par son bouclier comme une tortue par son écaille, serrant de toute sa force les courroies qui retenaient sa carapace et la pressant contre terre.

La lionne fut encore plus surprise que ne l'étaient les spectateurs; au lieu d'atteindre l'ennemi qu'elle croyait déchirer, elle retomba sur un corps dur, qui résonna sous sa chute, et que ses griffes ne parvenaient pas à entamer; trompée dans son attente, elle fit un écart et s'arrêta pour regarder cet objet singulier qui l'alarmait; puis après l'avoir contemplé pendant quelques instants, elle exprima son dépit en grognant d'une manière significative, et s'éloigna d'un trot rapide.

Averti par le grognement de la lionne, le Cafre souleva un côté de sa carapace et vit que la bête féroce lui avait tourné le dos. Bondissant alors, il se redressa de toute sa hauteur, et tenant toujours son bouclier, lança un second asségaï à la lionne qui fuyait.

Ainsi que la première, cette javeline perça le flanc de l'animal; celui-ci ne prit pas même le temps de briser la hampe, il se retourna, et plus furieux que jamais s'élança de nouveau sur son habile adversaire; mais, comme la première fois, la lionne ne rencontra qu'une surface impénétrable. Exaspérée jusqu'à la frénésie, elle ne se retira pas, ainsi qu'elle l'avait fait tout à l'heure; mais elle frappa de ses griffes puissantes l'objet bizarre qui lui dérobait son assaillant, et s'efforça de l'arracher du sol où il paraissait avoir pris racine.

On comprend la situation périlleuse où était placé le brave Zoulou. C'en était fait de lui, pauvre Congo, si la lionne parvenait à retourner le bouclier qui l'abritait. Il ne l'ignorait pas, et se cramponnant de toute sa force aux courroies de la carapace, il appuyait de l'autre main sur le cadre qui en maintenait le cuir, et défiait ainsi tous les efforts de sa redoutable ennemie.

Lorsque la lionne eut épanché sa rage pendant quelques minutes, sans parvenir à briser l'obstacle qui la séparait de son antagoniste, elle s'éloigna une seconde fois pour se diriger vers la place où gisaient les cadavres.

Ses grognements guidèrent encore le Zoulou ; le bouclier se releva, un troisième asségaï siffla dans l'air et traversa le cou de la lionne.

Mais cette blessure n'était pas mortelle et ne servit qu'à augmenter la fureur de la bête. Se retournant une troisième fois vers le terrible ennemi qu'elle ne pouvait saisir, la lionne se précipita d'un bond tellement rapide vers le pauvre Zoulou, que c'est à peine s'il eut le temps nécessaire pour rabattre son bouclier ; une seconde de plus et il était mis en pièces, car les griffes de la lionne égratignèrent sa carapace au moment où il la couchait sur lui.

Congo parvint cependant à s'affermir sous l'abri qui le protégeait, et se retrouva sain et sauf, grâce à l'épaisseur et à la dureté de la peau de buffle qui formait son bouclier. La lionne, rugissant avec rage, essaya de nouveau de retourner la carapace du Zoulou ; elle ne put y parvenir et finit encore par renoncer à l'entreprise ; mais, cette fois, au lieu de s'éloigner, la bête furieuse se mit à marcher autour du couvercle impénétrable qui lui dérobait son adversaire et finit par se coucher à un mètre de ses bords. Le malheureux Congo était bloqué par la lionne !

Bien que celle-ci fût à plusieurs centaines de pas des jeunes boërs, ces derniers voyaient à merveille qu'elle était parfaitement résolue à ne pas quitter son poste avant d'avoir assouvi sa vengeance. Cela ne faisait pas le moindre doute, et Congo se trouvait pris dans ses propres filets.

Que deviendrait-il si la lionne persistait à soutenir le siége qu'elle avait commencé ? Soulever son bouclier pour frapper la bête furieuse, c'était de la part du Cafre, se livrer à l'ennemi ; rien n'était plus évident.

Les jeunes chasseurs crièrent à Congo de se tenir sur ses gardes ; ils craignaient que le pauvre Zoulou ne se doutât pas de la proximité de la lionne, et qu'il ne commît, sans le savoir, une imprudence qui lui aurait été fatale.

Malgré tout ce qu'elle avait de périlleux, la situation du Cafre n'en était pas moins assez bizarre, et les jeune boërs, en dépit de leur inquiétude, ne pouvaient regarder le tableau qu'elle présentait sans éprouver une certaine envie de rire.

La lionne rugissante, couchée à un mètre du bouclier, qu'elle contemplait d'un œil fixe et rempli d'éclairs, cette énorme carapace sous laquelle reposait Congo immobile et silencieux, formaient en vérité un spectacle assez étrange.

La scène se prolongeait sans que le moindre incident vînt en modifier les détails ; toujours la même fureur du côté de l'assaillant, la même impassibilité de la part de l'assiégé, les mêmes cris poussés par les chasseurs pour avertir Congo. Mais nos jeunes gens auraient pu ménager leurs poumons ; le Zoulou avait trop de finesse pour ne pas savoir où l'ennemi était placé ; les cris et le souffle puissant de la lionne suffisaient pour lui indiquer le péril et pour le mettre en garde contre une sortie imprudente.

Il y avait déjà plus d'une demi-heure que le blocus était commencé, et le terrible assiégeant ne manifestait pas la moindre intention de quitter son poste ; nos amis se décidèrent à courir sur la lionne dans l'espoir de la tuer ou tout au moins de la mettre en fuite.

Le soleil était couché, la nuit allait gagner la plaine ; qu'arrivera-t-il dans l'ombre ? Congo pouvait se fatiguer, avoir un instant d'oubli, peut-être s'endormir, et la lionne implacable pourrait alors assouvir sa vengeance.

Il fallait délivrer le Cafre de son étroite prison et ne pas perdre une minute, afin de profiter des dernières lueurs du jour.

Les chevaux furent sellés en un clin d'œil et nos amis se disposaient à les lancer vers la lionne, quand le naturaliste, dont le regard était perçant, fut frappé de la distance qui séparait maintenant la bête furieuse du bouclier qu'elle regardait toujours ; sentinelle vigilante, elle avait conservé la même attitude, et certainement elle n'avait pas reculé ; comment se faisait-il qu'il y eût entre elle et son ennemi plus d'espace qu'il n'en existait tout à l'heure !

« Mais regardez donc ! s'écria Hans, dont les yeux s'étaient détournés de l'animal, c'est le bouclier qui s'éloigne ! »

Rien n'était plus vrai ; la carapace, bien qu'elle restât fixée contre terre, glissait lentement comme si elle eût appartenu en réalité à quelque tortue gigantesque.

Les boërs retinrent leurs chevaux et attendirent avec un intérêt palpitant la scène dont ils allaient être témoins.

Quelques minutes après le bouclier s'arrêta ; il se trouvait alors à dix mètres de la lionne ; celle-ci ne paraissait pas l'avoir remarqué, ou bien, en supposant qu'elle se fût aperçue du fait, il n'avait éveillé chez elle qu'un sentiment de surprise et nullement d'inquiétude ; dans tous les cas elle était restée ferme à son poste, et ne croyait pas possible que l'ennemi lui échappât.

Peut-être n'eût-elle pas permis que la tortue s'éloignât davantage ; mais cette dernière ne chercha pas à le savoir ; elle se trouvait sans doute à la distance qui convenait à ses projets, car le bouclier se redressa tout à coup, et l'asségaï s'échappa en vibrant de la main du brave Congo.

Le nègre avait bien visé ; la lionne lui présentait la poitrine, et le fer de l'asségaï avait traversé le cœur de l'animal. Un rugissement aigu, qui s'évanouit bientôt, un râlement suprême, une dernière convulsion, et la brute puissante resta immobile dans la poussière.

Des hourras prolongés couvrirent le dernier souffle de la lionne, et les chasseurs, franchissant la plaine au galop, félicitèrent le Zoulou du merveilleux succès qu'il venait d'obtenir.

Ils s'approchèrent ensuite de l'endroit où gisaient les trois cadavres que la lionne avait défendus contre les hyènes, et où les attendait un nouveau motif de surprise. Le lion était mort, ils le savaient depuis longtemps ; les cornes acérées du gemsbok l'avaient traversé de part en part ; mais ce qu'il y avait d'étrange, c'est que les deux animaux étaient toujours réunis ; l'antilope n'avait pas pu retirer ses armes puissantes du corps de sa victime, et la malheureuse bête aurait péri fatalement, alors même que la lionne ne serait pas venue lui donner le coup mortel.

Congo et Facetanné affirmèrent à nos chasseurs que le fait n'était pas rare, et qu'il leur était arrivé plus d'une fois de retrouver le cadavre du lion et celui du gemsbok réunis de cette manière ; le vainqueur était mort de faim, retenu par l'animal où ses cornes se trouvaient engagées.

L'oryx femelle, ayant une venaison plus tendre que celle du mâle, fut immédiatement dépecée, rapportée au bivac, et, tandis que les tranches succulentes pétillaient sur la braise, les chasseurs, se rappelant tous les faits qui avaient eu lieu depuis le matin, s'abandonnèrent à la plus franche gaieté.

CHAPITRE VIII.

Causerie à propos de lions.

Nos amis, en attendant le souper, allèrent chercher le cadavre du lion et celui de la lionne, afin de les rapporter au camp. Les deux bêtes étaient lourdes, et il fallut, pour les ramener auprès du feu, leur passer autour du cou de fortes lanières de cuir, au moyen desquelles on parvint à les traîner dans l'herbe.

C'était avec l'intention de dépouiller les deux félins que nos chasseurs avaient pris la peine d'en aller chercher les cadavres; non pas que la peau du lion soit d'une bien grande valeur, mais c'était la preuve d'une victoire importante, et nos amis n'étaient pas gens à laisser de pareils trophées dans la plaine jusqu'au lendemain matin, car les hyènes n'auraient pas manqué de les détruire. On a rapporté que ces animaux ne touchaient point au lion mort : c'est une erreur profonde; l'hyène mange n'importe quoi, même la chair de sa propre espèce, qui est peut-être le morceau le plus détestable qu'on puisse trouver sur terre.

L'oryx mâle fut également ramené au bivac, cela va sans dire. De la taille et du poids d'un bel âne, il exigeait un assez grand effort de la part de nos chasseurs; mais ce fut pour Willem une occasion de montrer sa force prodigieuse. Le gros garçon, renvoyant les trois autres qui s'épuisaient à tirer l'animal, saisit d'une main la courroie dont ils se servaient pour remorquer la bête, et, marchant de son allure ordinaire, traîna l'oryx avec autant d'aisance que s'il se fût agi d'un petit chat lié au bout d'une ficelle.

Les antilopes furent découpées régulièrement, afin d'être transportées au camp prochain, où l'on s'occuperait alors d'en faire sécher la viande. On aurait pu tout de suite commencer l'opération, mais l'eau de la mare près de laquelle nos amis se trouvaient campés n'était pas bonne, et c'était une raison pour partir le lendemain.

Les belles cornes des oryx étaient d'autant plus dignes de figurer parmi les trophées de chasse de nos boërs, que celles des deux bêtes qu'ils venaient de dépouiller étaient de parfaits échantillons de l'espèce; de belles cornes bien longues, d'un noir d'ébène et admirablement annelées; aussi furent-elles déposées avec soin dans l'un des deux chariots. Les deux têtes de gemsboks, préparées le jour suivant avec beaucoup de précaution, étaient destinées également à figurer avec honneur dans la salle d'entrée de la maison des Van Wyk ou de celle des Von Bloom.

Cette tâche accomplie, nos chasseurs purent enfin s'asseoir autour du feu et songer à souper. Les côtelettes, grillées à point, furent trouvées délicieuses et, comme je l'ai dit plus haut, les jeunes boërs, enchantés des événements du jour, étaient tous de la plus belle humeur. Naturellement l'entretien roula sur les lions, et des éclats de rire joyeux se croisèrent de part et d'autre à la pensée du stratagème qui avait permis à Congo de remporter la victoire.

Chacun de nos amis, excepté Klaas et Jan, avait son mot à dire, son aventure à conter. Arend et le gros Willem avaient assisté plus d'une fois à de grandes chasses au lion; car on trouve cet animal jusque dans le voisinage de Graaf-Reinet. Hans et Hendrik l'avaient souvent rencontré pendant une expédition qu'ils avaient faite à la recherche des éléphants, et le Bushman était un vieux chasseur de toute espèce d'animaux.

Le Zoulou paraissait néanmoins en savoir plus long à cet égard que Facetanné lui-même, bien que ce dernier fût entré en fureur, si pareille chose lui avait été insinuée ; et maints récits d'un étrange intérêt tombèrent tour à tour des lèvres de Congo et de celles de son rival.

Quelques-uns de nos amis avaient entendu parler d'une manière de chasser le lion, qui est en usage parmi les Béchuanas, et même chez les Zoulous, méthode qui, du reste, est loin d'être nouvelle. Un certain nombre de chasseurs, à peu près nus, comme le sont la plupart des sauvages, vont attaquer le lion, soit dans un fourré, soit dans la plaine, et finissent par le tuer ; ils n'ont que leurs javelines pour obtenir ce résultat, et pas d'autre arme défensive qu'un faisceau de plumes d'autruche fixé au bout d'un bâton. Cet objet, qui ressemble beaucoup à un chasse-mouche, est destiné à donner le change au lion toutes les fois que ce dernier se précipite sur le chasseur ; on pique le bâton dans la terre au moment où la bête furieuse se retourne de votre côté ; celle-ci prend le bouquet de plumes pour celui qui l'attaque, et pendant qu'elle s'élance vers cette espèce de mannequin, l'assaillant en profite pour échapper à ses griffes. Ce stratagème est bien moins bon que celui de la carapace ; mais ce dernier moyen n'est employé que par les chasseurs d'une habileté particulière.

Ainsi que je l'ai fait remarquer plus haut, cette méthode n'est pas nouvelle ; tout ce qu'elle a de singulier consiste dans l'imprudence de ceux qui la pratiquent. Imaginez-vous qu'au lieu de jeter de loin leur javeline, comme vous l'avez vu faire à Congo, les chasseurs dont il s'agit la gardent à la main et s'en servent comme d'une lance, ce qui les oblige à s'approcher du lion, de manière à pouvoir le toucher ; il en résulte que dans chacune de ces rencontres, il y a toujours quelques chasseurs de tués ou de grièvement blessés.

Nos amis ne comprenaient pas comment des hommes pouvaient s'exposer avec autant d'insouciance aux coups d'un pareil animal; supposant que les sauvages eux-mêmes devaient tenir à la vie, l'un des boërs questionna Congo à cet égard et lui demanda s'il était vrai que cette manière de chasser le lion eût jamais été employée.

La réponse fut affirmative; mais le Zoulou ajouta l'explication suivante : « Les chasseurs dont vous parlez, dit-il, n'attaquent pas le lion volontairement; ce n'est pas pour s'amuser qu'ils chassent, mais bien pour obéir au chef qui les gouverne. »

Il en était ainsi dans le pays natal de Congo, où le monstre Chaaka exerçait un pouvoir absolu. Tous les sujets du despote lui appartenaient comme esclaves, et il arrivait quelquefois au tyran de faire mettre à mort un millier d'individus dans une seule matinée pour satisfaire l'un de ses caprices ou pour se créer une distraction; il en vint même à ordonner qu'on torturât quelques-uns de ces malheureux avant de les exécuter, sans doute afin de rendre la distraction plus puissante. Les horreurs que l'on raconte à propos de ces despotes africains seraient incroyables, si elles n'avaient été confirmées par des témoins qu'il est impossible de récuser; et, bien que rien au monde ne puisse justifier l'esclavage, un pareil état de choses amoindrit le dégoût que nous inspire la possession des noirs par les Américains. La traite des nègres elle-même, avec son cortége de misères et de douleurs, avec toutes les atrocités de l'entrepont, semble douce auprès des tortures que subissent les sujets d'horribles despotes tels que Chaaka, Dingaan ou Mosilikatsé.

Congo raconta aux jeunes boërs que, toutes les fois

qu'une tête de bétail avait été prise par un lion dans les troupeaux sans nombre de l'indigne Chaaka, les malheureux, à qui était confiée la garde de ces troupeaux, recevaient l'ordre d'aller chasser le lion, d'en apporter la tête au chef, et qu'ils étaient condamnés à mort, s'ils échouaient dans leur entreprise.

Ce fait expliquait suffisamment la conduite des chasseurs dont l'insouciance apparente avait surpris les jeunes boërs.

Congo ajouta qu'il avait été maintes fois obligé de prendre part à ces chasses, où la vie de plusieurs hommes était sacrifiée sans scrupule. Un jour entre autres, il n'y eut pas moins de dix chasseurs tués avant que l'on pût s'emparer de la bête féroce, car le maître impitoyable avait eu la fantaisie d'ordonner qu'on lui amenât le *lion vivant*. Il fallait, pour lui obéir, non-seulement que l'animal respirât, mais qu'il ne fût pas même blessé ! La moindre égratignure eût été une infraction aux ordres du despote, et en cas de désobéissance, tous ceux qui avaient été forcés de concourir à cette chasse devaient subir la peine de mort. Les malheureux, sachant bien que la sentence serait exécutée à la lettre se précipitèrent sur le lion qu'ils saisirent dans leurs bras nus et qu'ils parvinrent à lier, mais après que dix des leurs furent tombés victimes de leur zèle involontaire.

CHAPITRE IX

La licorne.

Après avoir causé de lions pendant assez longtemps, nos jeunes amis en vinrent à parler du gemsbok. Face-tanné pouvait à cet égard en dire plus qu'aucun autre : la région que fréquente principalement l'oryx est à l'ouest du pays des Cafres, et le Zoulou en savait beaucoup moins que le Bushman au sujet de cette magnifique antilope, dont la demeure favorite est le pays des Namaquas, situé précisément sur la côte opposée à celle de la Cafrerie.

L'oryx est une antilope du désert, qui peut vivre dans les contrées dépourvues d'eau, et qui s'engraisse des plantes éparses que l'on rencontre à la surface aride de ces terrains desséchés. C'est une noble créature, pleine d'audace, qui fait souvent fuir le lion par son attitude menaçante, ou qui le transperce de ses cornes, ainsi que nos chasseurs en avaient eu la preuve quelques instants auparavant. Lorsqu'on poursuit l'oryx, il ne cherche point un fourré ou ne s'enfuit pas du côté de l'eau, comme il arrive à beaucoup d'antilopes ; il se dirige en droite ligne vers le désert, se fiant à la rapidité de sa course pour échapper à ses ennemis ; et il est rare qu'il soit trompé dans son attente. Un cheval très-vite et qui a du fond peut seul parvenir à le forcer, à moins que la pauvre bête ne soit très-grasse, ce qui lui fait perdre haleine et permet de l'atteindre beaucoup plus facilement.

L'entretien roulant toujours sur le même sujet, fit naître à propos de l'oryx un point de discussion assez intéressant.

Quelques-uns de nos amis avaient lu dans plusieurs livres de voyage que cette antilope était la licorne fabuleuse dont on avait supposé l'existence d'après les sculptures égyptiennes ; et ils demandaient, non pas à Facetanné, comme vous pouvez bien le croire, mais au naturaliste, ce qu'on devait en penser.

Aux yeux de Hans cette supposition n'avait pas le moindre fondement ; c'était, disait-il, une illusion de quelque ancien voyageur qui avait exploré le midi de l'Afrique et dont les paroles avaient été répétées dans les écrits de plusieurs savants de cabinet. On a pensé que l'oryx avait donné lieu à cette croyance, parce qu'effectivement, lorsqu'on le regarde de côté, il paraît n'avoir qu'une seule corne, et c'est de profil que la licorne est représentée sur les monuments égyptiens ; mais cette remarque peut s'appliquer à d'autres antilopes et n'a rien de particulier à l'égard de l'oryx, dont tous les traits diffèrent de ceux de l'animal en question. Sa forme, et particulièrement la coupe de sa tête, ne ressemblent en rien aux sculptures qui nous représentent ce quadrupède fabuleux ; ses cornes, alors même qu'on les regarde de profil, n'ont aucun rapport avec celles de la licorne ; elles se dirigent en arrière, de façon à toucher parfois les côtes de l'animal, tandis que celle de la bête fabuleuse se projette en avant.

« Si jamais la licorne égyptienne a représenté un animal qui existe, ajouta notre ami Hans, et que ce soit un quadrupède africain, cela ne peut être que le gnou ; je ne parle pas du rayé, mais de l'espèce ordinaire, et je suis étonné que les naturalistes n'aient pas signalé depuis longtemps la ressemblance qu'elle présente avec le type consacré de la licorne ; même conformation de la tête et du corps, même rondeur élégante des membres, même fierté dans la courbe de l'encolure, même crinière flottante, et même queue terminée par une touffe de poils. Le gnou, il est vrai, a deux cornes, mais elles sont posées de telle sorte qu'il paraît souvent n'en avoir qu'une ; leur pointe ne s'élève pas au-dessus du niveau du crâne, et il résulte de la manière dont l'animal porte la tête, que la seconde corne disparaît en se confondant avec la teinte foncée de la figure et de la crinière ; enfin celle qu'on aperçoit, et dont fréquemment la moitié seule est apparente, se dirige en avant comme celle de la licorne.

« Les graveurs modernes nous montrent cette dernière comme étant droite ; mais dans les sculptures de l'ancienne Égypte, elle est incurvée précisément ainsi que nous le voyons chez le gnou ; et lors même qu'elle serait telle qu'on nous la représente, cela n'infirmerait pas ma théorie, car dans son jeune âge le gnou a les cornes droites, et nous pourrions supposer que les anciens l'ont choisi à cette époque.

« Néanmoins je n'envisage pas la question sous ce point de vue, poursuivit le naturaliste ; les Égyptiens connaissaient parfaitement les animaux dont ils représentaient la figure, et il n'est pas probable qu'ils aient pris, pour en graver les traits, une bête qui n'était pas encore développée. Le singulier caractère du gnou, ses habitudes étranges aussi bien que son aspect bizarre ont dû attirer l'attention de l'homme dès les temps les plus reculés, et il n'est pas étonnant que les Égyptiens l'aient représenté dans leurs bas-reliefs. S'ils ne lui ont donné qu'une seule corne, il faut l'attribuer à une observation peu attentive de l'animal ou mieux encore au peu d'habileté de l'artiste. La sculpture égyptienne est un art dans l'enfance, et la courbe particulière des cornes du gnou est difficile à saisir ; bref, je crois vous avoir prouvé que si cet animal mystérieux, dont la célébrité est venue jusqu'à nos jours, est la représentation d'un type réel, c'est le gnou qui doit être l'original de la licorne.

— Mais celle dont on parle dans la Bible, demandèrent les jeunes boërs, est-ce également une antilope ?

— Pas du tout, répondit Hans ; l'unicorne de l'Écriture sainte n'a pas le moindre rapport avec l'animal des monuments égyptiens. Lorsque Job s'écrie : « Peux-tu « mettre l'unicorne sous le joug ? Hersera-t-il la vallée « derrière toi ? Te reposeras-tu sur lui parce que sa force « est grande ? L'emploieras-tu pour labourer ton champ ? » il n'y a pas à s'y tromper, c'est le rhinocéros que désigne le poëte hébreu. »

Pour en revenir à l'oryx, notre savant ami informa ses compagnons que cet animal forme le type d'un genre d'antilopes qui renferme trois autres espèces, l'*addax*, l'*abu-harb* et l'*algazel*.

L'addax est originaire du centre de l'Afrique, qu'il habite généralement ; sa taille est celle de l'oryx du Cap, mais ses cornes, au lieu de former une ligne droite, décrivent une spirale ; elles sont plus petites chez la femelle que chez le mâle, ce qui arrive presque toujours, et ce qui est néanmoins contraire à ce que l'on remarque parmi les gemsboks, ainsi que nous l'avons fait observer dans l'un des précédents chapitres. L'addax est blanc grisâtre sur le corps, d'un brun lavé de rouge sur la tête et sur le cou, et porte une marque blanche en travers de la face. Il vit par couples isolés, ne forme jamais de hordes et habite les déserts sablonneux, que ses larges pieds fourchus lui permettent de parcourir sans enfoncer dans le sable. L'addax était connu des anciens, et Pline, qui a parlé de cet animal, le désigne sous le nom de *Strepsiceros*.

L'abu-harb (*Oryx leucoryx*) est également une antilope de grande taille, dont les cornes longues et pointues s'incurvent légèrement en arrière ; son pelage est d'un blanc de crème, marqué d'un tache brune sur le front et sur les joues, avec le cou et la gorge d'un brun rouillé. Sa forme générale est celle du gemsbok, c'est même lui qui portait le nom d'oryx chez les Grecs et les Romains, nom qui aujourd'hui est spécialement appliqué à l'oryx du Cap.

L'abu-harb est indigène du Sennaar et du Kordofan; aussi est-il au nombre des animaux qui sont représentés dans les sculptures de Nubie et d'Égypte. Bien loin de se montrer par couples solitaires, comme l'addax, il vit en société et forme des troupeaux considérables.

Quant à l'algazel (*Oryx algazella*), qui est originaire du centre de l'Afrique, ses habitudes sont bien moins connues que celles des espèces précédentes; quelques naturalistes l'ont considéré comme une simple variété de l'abu-harb.

Lorsque Hans eut terminé cette explication, l'heure du repos était venue; chacun se glissa dans l'intérieur des wagons et tous nos boërs furent bientôt endormis.

CHAPITRE X

L'oiseau-chameau.

Après avoir traversé la rivière d'Orange, nos chasseurs s'étaient dirigés vers le nord-est; s'ils avaient été directement vers le nord, ils seraient bientôt arrivés à la lisière du Kalahari, qui est le Sahara de l'Afrique australe. Il est vrai que ne pouvant pénétrer dans cette région déserte, ils auraient été contraints de se détourner et de prendre à l'est ou à l'ouest; mais leur plan de campagne était fait depuis longtemps, et c'est vers la contrée qui forme la limite orientale du désert que nos chasseurs avaient résolu de se diriger ; car on y trouve en abondance des buffles, des éléphants, des girafes, et les rivières y sont pleines d'hippopotames et de crocodiles gigantesques.

N'allez pas croire que nos amis erraient à l'aventure ; Congo était leur guide ; il leur avait promis de les conduire dans un endroit peuplé de grands animaux, et pas un de nos chasseurs ne doutait qu'il ne remplît sa promesse.

Le lendemain du jour où Congo avait si bravement tué la lionne, toute la caravane se mit en route de bonne heure ; après une longue journée de marche elle s'arrêta auprès d'un bouquet de bois composé de mokalas, et situé au bord d'une plaine aride qui s'étendait bien au delà des limites que l'œil pouvait atteindre. La seule végétation qui apparût à la surface de cette terre desséchée par le soleil, se composait d'aloès arborescents dont le bel épi de fleurs rouges se montrait de loin en loin, de zamias ressemblant à des palmiers, d'euphorbes ayant l'aspect des cactus, et de buissons d'*acacia horrida*, vulgairement appelé *attends un peu*, à cause de ses épines crochues qui vous saisissent par l'habit et qui vous arrêtent, si par malheur vous passez près d'elles.

Toutes ces plantes, disséminées dans la plaine, laissaient à découvert de larges espaces où la terre nue montrait à l'œil fatigué une teinte brune dont aucun pli de terrain ne variait la monotonie. C'était une espèce de cap, un éperon du désert qui pénétrait dans la région fertile, et que nos chasseurs devaient franchir avant d'atteindre la contrée giboyeuse qui leur était promise ; c'est-à-dire qu'il leur fallait traverser un espace de plus de quatre-vingts kilomètres sans rencontrer une rivière, une fontaine, une citerne ; quatre-vingt-kilomètres sans trouver une goutte d'eau !

Ils avaient établi leur camp auprès d'une source limpide, la dernière qu'ils pussent rencontrer avant d'avoir franchi cette langue de terre désolée ; leur intention était de passer au moins quarante-huit heures sur les bords de cette fontaine, afin d'avoir le temps de faire sécher la venaison des deux oryx, et de donner à leurs bêtes celui de reprendre des forces pour la pénible traversée qu'il leur fallait accomplir.

Le soleil allait se coucher lorsque nos voyageurs furent complétement installés au milieu du bouquet de mokhalas, dont le feuillage protégeait la fontaine.

Hans, qui par nature était porté à la comtemplation, s'était éloigné de ses camarades et avait été s'asseoir à la lisière du bois, au pied d'un arbre dont la cime étalée répandait son ombre autour de lui. Ses regards se portaient vaguement sur la plaine aride, lorsque son attention fut éveillée par trois bipèdes qui apparurent à quelques centaines de mètres de l'endroit où il était assis. Les derniers rayons du soleil inondaient la plaine de lumière, et il était facile de distinguer les bipèdes en question ; notre ami les voyait de la tête aux pieds ; toutefois ce n'étaient pas des hommes, mais des oiseaux, des autruches. Un enfant n'aurait pu s'y méprendre ; qui du premier coup d'œil ne reconnaît pas l'autruche ? Elle est d'une taille et d'un aspect trop caractéristiques pour que l'on puisse se tromper à son égard ; le nandou et l'émeu pourraient être pris pour un jeune de cette espèce ; mais il est impossible, quand la croissance de l'autruche est terminée, de la confondre avec ses parents d'Australie ou d'Amérique ; c'est le plus grand et le plus gros de tous les membres de la gent emplumée.

Il suffit donc à notre ami Hans d'apercevoir ces trois bipèdes pour en connaître le nom et pour être certain que leur groupe se composait d'un mâle et de deux femelles ; car chez les autruches il existe entre les deux sexes tout autant de différence qu'entre un paon et son humble compagne. La taille plus élevée de l'autruche mâle, le noir foncé du manteau qui le recouvre et qui contraste d'une manière frappante avec les plumes d'un blanc de neige qu'il porte à la queue et aux ailes, le font distinguer tout d'abord de ses épouses, dont la couleur est d'un blanc grisâtre, et qui n'ont pas ces belles plumes que les sauvages et les peuples civilisés recherchent également.

C'était donc un mâle et deux femelles que venait d'apercevoir le jeune naturaliste. Les trois oiseaux marchaient avec lenteur sans témoigner la moindre inquiétude ; il était évident qu'ils ne se doutaient pas de la présence de nos boërs ; comment auraient-ils pu les voir, puisque ceux-ci étaient au milieu d'un bouquet d'arbres ? Tout en marchant les autruches allongeaient le cou tantôt à droite, tantôt à gauche, cueillaient une feuille ou ramassaient une graine et continuaient leur chemin ; elles suivaient une ligne droite, ce qui fit penser au naturaliste qu'elles se dirigeaient vers un point déterminé, peut-être vers l'endroit où elles avaient l'habitude de se retirer chaque soir.

Elles passèrent devant notre jeune ami, et s'éloignant toujours dans la même direction, il y eut bientôt une distance considérable entre elles et notre savant observateur.

Hans avait eu d'abord la pensée d'appeler ses camarades, qui, tout occupés à l'intérieur du camp, n'avaient pas vu les autruches ; il s'était même demandé s'il n'y aurait pas moyen de tuer ou de prendre ces trois oiseaux qui semblaient venir tout exprès pour qu'on pût les chasser.

Mais un instant de réflexion lui fit abandonner ce projet ; la vue des autruches n'avait rien de curieux pour aucun de ses compagnons, si ce n'est pour Klaas et Jan ;

et tous les deux étaient fatigués; à peine descendus de cheval, les pauvres petits s'étaient couchés sur l'herbe où ils avaient dormi tout de suite; il valait mieux ne pas troubler leur sommeil.

Quant à chasser les autruches, il ne fallait pas y songer; la plaine était trop découverte pour qu'on pût les surprendre, et le naturaliste connaissait trop bien la rapidité de ces oiseaux pour espérer de les atteindre avec des chevaux fatigués.

Hans demeura donc immobile et se contenta de suivre des yeux la silhouette décroissante des énormes bipèdes.

Les grandes jambes des autruches les eurent bientôt emportées loin du naturaliste; mais elles n'avaient pas fait un kilomètre que les regards de Hans furent attirés par un nouvel objet.

CHAPITRE XI

Le plus petit des renards.

C'était un quadrupède qui venait de fixer l'attention de notre jeune ami, un tout petit animal, pas plus gros qu'un chat de moyenne taille, mais d'une forme tout à fait différente : au lieu d'avoir la tête ronde comme celle des chats, la sienne était allongée et se terminait par un museau pointu; sa queue était longue et fournie, et notre petit animal était plus haut sur jambes que ne le sont les félins. Mais ce qu'il avait de plus remarquable était sans contredit ses oreilles, dont la dimension n'avait aucun rapport avec le reste de sa personne; à peine s'il mesurait trente centimètres depuis le bout du museau jusqu'à la naissance de la queue, et ses oreilles en avaient au moins quinze de longueur; ajoutez à cela qu'elles étaient complétement droites, fort larges, très-roides, et qu'elles formaient à leur extrémité un angle excessivement aigu.

D'un beau jaune isabelle sur toute la partie supérieure du corps, ce petit animal avait la poitrine et l'abdomen d'un blanc mat; mais ce n'était pas un chat; il n'en avait ni la forme, ni les allures. Ce n'était pas non plus un chien; toutefois il s'éloignait moins de celui-ci que des chats; disons tout de suite qu'il faisait partie de la race canine; c'était en effet le plus petit des renards que l'on connaisse, le *caama* de l'Afrique australe; et, si nous voulons parler correctement, ce n'était pas même un renard, mais bel et bien un *fennec*.

Qu'est-ce que c'est qu'un fennec? me demandez-vous. La question est assez embarrassante; plus d'un naturaliste y a fatigué son cerveau sans parvenir à la résoudre. Le fennec est un animal dont on rencontre plusieurs espèces en Afrique, et dont il a été fait mention pour la première fois par le voyageur Bruce. Tout le monde crut alors que cet homme célèbre avait donné carrière à sa fantaisie au sujet de ce quadrupède : « A beau mentir qui vient de loin, » répétaient les incrédules; mais il a fallu modifier cette opinion et l'on a rendu justice à la véracité du voyageur.

Le fennec est placé parmi les renards, dont il diffère néanmoins sous plusieurs rapports, et surtout par la forme des yeux. Chez ces derniers, la pupille est elliptique ou linéaire, tandis que chez le fennec elle est ronde, ce qui indique une différence d'habitude entre les deux espèces. Les renards sont en effet des animaux *nocturnes*, et les fennecs sont des animaux *diurnes*. Toutefois il y a des renards et des fennecs crépusculaires, et il devient très-difficile d'établir entre eux une démarcation bien précise.

On n'en a pas moins fait un genre séparé tout exprès pour y classer les fennecs, genre qui porte le nom de *megalotis*, en raison de leurs grandes oreilles. Il faut espérer que ce parti décisif a tranché cette question, qui a tant tourmenté les savants de cabinet. Chacun de ces messieurs, s'appuyant de l'anatomie du susdit animal, l'avait placé d'abord suivant son bon plaisir : l'un en avait fait un chien, tel autre un chat, celui-ci un renard, le quatrième une civette, le cinquième une hyène, et le sixième l'avait classé parmi les galagos[1].

Quant à nous, appelons-le tout bonnement un fennec, et disons qu'il en existe plusieurs espèces en Afrique, où l'on trouve également des chacals et de véritables renards. Trois espèces de fennecs sont surtout bien connues : le *fennec de Bruce* (*Megalotis zerda*), le premier qui ait été décrit par ce voyageur, qui l'avait trouvé en Abyssinie, et qui est également indigène du midi de l'Afrique; le *zabora* (*Megalotis famelicus*), qui est originaire de Nubie et du Kordofan. On suppose que c'est lui que les Égyptiens ont représenté sur les murs de leurs temples, et dont jusqu'à présent on avait pris la figure pour celle du chacal; enfin le caama, dont nous parlions tout à l'heure.

Une quatrième espèce, le *serda* de Lalande, et qui d'abord faisait partie du genre mégalotis, en a été enlevé pour former à lui seul le genre *agriodus*; non pas que ses habitudes diffèrent en rien de celles des mégalotis, mais parce qu'on a remarqué une légère dissemblance dans la forme et l'arrangement de ses dents.

C'était donc le caama, le plus petit animal de toute la

---

[1]. Mammifères quadrumanes qui vivent sur les arbres et dont les habitudes sont nocturnes. (*Note du traducteur*).

Les trois oiseaux marchaient avec lenteur (page 61).

tribu des fennecs et des renards, que les yeux de Hans venaient d'apercevoir.

Tour à tour se couchant et rampant comme un renard, trottant d'un pied léger, s'arrêtant pour s'accroupir sur la terre fauve, comme s'il avait eu peur d'être remarqué, le petit animal suivait une direction évidemment tracée.

Mais où allait-il ? Quelle était la proie qu'il cherchait à saisir ?

En continuant de le guetter avec soin, le naturaliste découvrit, à sa grande surprise, que le fennec réglait tous ses mouvements d'après ceux des autruches. Il avait pris la même route que ces dernières, son fin museau était tourné de leur côté, et ses yeux étaient fixés sur elles. Dès que les autruches s'arrêtaient, il s'accroupissait bien vite, afin d'échapper à leur regard, et se remettait à courir lorsque les oiseaux recommençaient à marcher. Venait-il à rencontrer un buisson, il se tapissait derrière les broussailles, toutefois sans quitter des yeux les trois bipèdes qui étaient toujours devant lui. Évidemment, il suivait la piste des autruches ; mais quel besoin avait-il de rejoindre ces coureurs ? Ce n'était pas pour les attaquer, bien qu'il parût chercher à les surprendre, comme le fait un renard d'une compagnie de perdreaux. Il savait trop bien qu'il suffirait d'un coup de pied de l'autruche pour le lancer à cinquante pas, ainsi qu'une balle au moyen d'une raquette. Ce ne pouvait pas être avec des intentions hostiles que le fennec voulût rejoindre les oiseaux, pauvre pygmée qu'il était en comparaison des énormes bipèdes.

Mais alors pourquoi les suivait-il ? Disons, par parenthèse, qu'il les chassait à vue, et non pas au moyen de l'odorat ; toujours est-il que le fennec poursuivait les autruches, et que notre ami le naturaliste ignorait complétement dans quel but ce renard microscopique cherchait à se rapprocher d'un animal dont il avait tout à craindre.

Hans tira de sa poche une longue-vue qu'il portait habituellement, et dont le secours lui devenait indispensable pour apprendre la suite de l'aventure ; car les autruches avaient déjà franchi une distance considérable, et le fennec était maintenant invisible à l'œil nu, mais au moyen de sa lorgnette le jeune homme, qui distinguait parfaitement le petit quadrupède, vit qu'il continuait la même manœuvre. Tout à coup les autruches s'arrêtèrent ; après qu'elles se furent consultées pendant quelques instants, le mâle s'accroupit, ses longues jambes disparurent, et l'on eût dit que son corps affaissé était plus gros et plus large qu'auparavant ; il paraissait en train de couver. Y avait-il donc un nid à l'endroit où il s'était arrêté ? L'aspect du terrain permettait cette supposition. Une légère proéminence du sol entourait l'oiseau et ressemblait au bord d'un nid ; mais l'autruche se contente de creuser un trou dans le sable pour y déposer ses œufs, et il est presque impossible de distinguer de loin cette cavité, qui n'offre rien de remarquable. Cependant plusieurs objets de couleur blanche gisaient çà et là autour de l'oiseau que regardait le naturaliste, et donnaient à penser qu'il y avait un nid à l'endroit en question. Ces objets ne paraissaient pas plus gros que des billes ; néanmoins en tenant compte de la distance qui les séparait de lui, notre jeune homme en conclut qu'ils étaient de la grosseur d'un pavé, et que ce devaient être des œufs d'autruche. Or il savait qu'on trouve ordinairement des œufs éparpillés autour du nid de cet oiseau, qui, dit-on, les dépose auprès de sa couvée pour servir de nourriture à ses petits pendant les premiers jours de leur existence.

Les deux femelles, après avoir rôdé çà et là durant quelques minutes, s'accroupirent à leur tour, ou plutôt elles s'agenouillèrent, tandis que le mâle avait la poitrine appuyée sur le sol. Cette circonstance finit par convaincre le jeune homme que celui-ci était bien réellement en train de couver, tandis que les deux femelles se disposaient à dormir.

Il n'y avait rien dans ce fait étrange qui surprît le naturaliste; car il est d'usage parmi les autruches que le mâle prenne part aux soins de l'incubation ; et c'est presque toujours pendant la nuit qu'il s'acquitte de cette charge ; l'air plus froid alors exige une couveuse dont la poitrine et l'abdomen soient plus larges afin de conserver aux œufs la chaleur dont ils ont besoin pour éclore, et il est nécessaire que le défenseur du nid ait plus de force pour le protéger contre les attaques des maraudeurs nocturnes. Au point du jour, l'une ou l'autre des deux femelles devait prendre la place du couveur, et toutes les deux étaient les mères de la nichée future ; car le mâle de l'autruche est un mormon[1], qui a parfois jusqu'à une douzaine d'épouses. Le nôtre était fort modéré à cet égard, puisqu'il se contentait d'en avoir deux, bien qu'à vrai dire la bigamie soit tout aussi coupable que la polygamie.

Hans conclut, de tous les détails qu'il venait d'observer, que les autruches avaient leur nid à l'endroit où il les apercevait, et il supposa que l'incubation des œufs était commencée depuis quelque temps. Les oiseaux, il est vrai, s'étaient éloignés pendant le jour, mais cela ne prouvait rien contre cette dernière opinion ; les autruches ont l'habitude, surtout quand il fait très-chaud, de quitter leur nid vers le milieu de la journée ; plus la contrée qu'elle habite est brûlante, moins l'autruche est obligée de couver ses œufs : dans la zone torride il est rare qu'elle ait besoin de recourir à ce procédé général d'incubation ; elle se contente presque toujours de déposer ses œufs dans le sable, et c'est au soleil qu'elle abandonne le soin de les faire éclore.

---

1. Secte américaine dont les partisans admettent la polygamie.

Mais le fennec, pauvre petit animal, qu'est-il devenu? se demanda le naturaliste qui, en examinant les autruches, avait complétement oublié le quadrupède.

Hans promena sa longue-vue sur la plaine et, après avoir cherché pendant quelques minutes, il finit par découvrir le petit corps isabelle du fennec étendu par terre à l'abri d'un buisson, où la fine créature semblait s'être installée pour y passer la nuit. S'il y avait eu quelque trou dans le voisinage, elle aurait préféré ce dernier asile et n'aurait pas manqué de s'y introduire, car le fennec est un animal qui d'habitude se loge dans un terrier.

L'ombre s'était répandue subitement dans la plaine, et Hans, ne pouvant plus continuer ses observations au milieu des ténèbres, remit sa lunette dans sa poche et vint retrouver ses compagnons.

CHAPITRE XII

Les oiseaux qui n'ont pas d'ailes.

La première chose que fit le naturaliste en arrivant au bivac fut de raconter ce qu'il avait vu. Chacun prit un vif intérêt à ses paroles, mais particulièrement Klaas et Jan, qui regrettèrent beaucoup de n'avoir pas été témoins de l'aventure, ils prétendaient que Hans aurait dû les appeler : la chose en valait bien la peine ; on ne voit pas tous les jours des autruches, et surtout d'aussi près ; ce sont des animaux si défiants qu'il est très-rare qu'on puisse les approcher. Hans avait été bien heureux ; pourquoi n'était-il pas revenu informer ses compagnons de ce qu'il apercevait ? ça lui était bien égal que les autres ne vissent rien.

Ainsi murmuraient Klaas et Jan, parce que le naturaliste n'avait pas cru nécessaire de troubler leur sommeil pour leur faire voir des autruches qui suivaient tranquillement une ligne droite, et qui, après tout, n'avaient rien de particulier.

Mais les enfants sont partout les mêmes, ils n'écoutent que leurs désirs et ne comprennent pas les bontés qu'on peut avoir pour eux. Il est vrai que tous les garçons, tant qu'ils sont jeunes, sont extrêmement curieux de tout ce qui a rapport aux oiseaux, surtout quand ces derniers ont, ainsi que les autruches, plus de trois mètres de hauteur, et qu'ils pèsent cent cinquante kilogrammes.

S'il se fut agi d'un buffle, d'une girafe, ou même d'un éléphant, nos deux bambins ne s'en seraient pas tant souciés ; des animaux de cette taille peuvent intéresser de grands chasseurs, tels que Hendrik et Willem ; mais pour des collégiens qui n'ont qu'un petit fusil et du plomb numéro 5, le vrai gibier ce sont les oiseaux. Leur petit plomb, à vrai dire, eût à peine cinglé une autruche ; mais peu importe, ils auraient voulu voir les oiseaux-chameaux. Hans devait les leur montrer. « Il n'en fait jamais d'autres ! » s'écriait Jan, et Klaas appuyait cette assertion.

Nul ne peut savoir combien de temps auraient duré leurs plaintes, si l'entretien, qui roulait naturellement sur les autruches, ne s'était emparé de leur esprit ; ils cessèrent de murmurer pour prêter l'oreille à ce que l'on disait autour d'eux, et ils oublièrent d'autant plus volontiers leurs griefs que c'était le naturaliste dont la parole intéressante captivait leur attention.

Facetanné, le Hottentot, en savait à cet égard presque autant que notre ami Hans ; il avait passé les premières années de sa vie au désert, qui est le véritable séjour du

Bushman, aussi bien que de l'autruche, et il était trop heureux d'avoir cette occasion de reprendre un peu d'importance, pour ne pas s'empresser de dire tout ce qu'il savait sur l'oiseau en question; car les prouesses de Congo l'avaient rejeté dans l'ombre, et il souffrait énormément du triomphe de son rival.

Ainsi l'expérience du Bushman venant s'ajouter à l'érudition du jeune savant, nos chasseurs devaient nécessairement apprendre les faits principaux de l'histoire du géant emplumé.

« L'autruche (c'est l'ami Hans qui parle) est un oiseau d'Afrique, bien qu'il se trouve également dans certaines contrées de l'Asie.

« Les voyageurs ont aussi donné le nom d'autruche à des oiseaux de la même famille qui appartiennent à l'Amérique du Sud, à l'Australie et aux îles de l'archipel Indien.

« Partout en Afrique, en Syrie, en Perse et en Arabie, où l'on trouve de vastes plaines sableuses, l'autruche a établi sa demeure; c'est une habitante du désert, et jamais elle ne séjourne dans les régions boisées, dans les pays marécageux, ni même dans les contrées fertiles.

« Elle fut connue dès les premiers âges de l'histoire, et il faut que l'espèce en ait été bien nombreuse à l'époque de la domination romaine, puisqu'on servit dans un seul repas six cents cervelles d'autruches à l'empereur Héliogabale.

— L'affreux gourmand ! s'écria Klaas.

— Quel goulu ! répondit Jan, car les deux amis étaient l'écho l'un de l'autre.

— Après un pareil festin, il devait avoir plus de cervelle dans l'estomac que dans la tête, fit observer Arend en souriant.

— Je n'en doute pas, ajouta le gros Willem.

— L'autruche, poursuivit le naturaliste, portait chez les

anciens le nom de *struthio camelus*, qui veut dire *oiseau-chameau*, et lui avait été donné à cause de la ressemblance qu'elle présente avec cet animal. En effet, son pied à deux doigts, qui rappelle celui des ruminants, son grand cou dénudé, ses cuisses dépourvues de plumes, le coussin qu'elle porte sur la poitrine et qui correspond à la callosité pectorale du chameau, la rapprochent complétement de celui-ci ; tous les deux ont été créés pour le désert ; et Pline, aussi bien qu'Aristote, a décrit l'autruche comme étant mi-quadrupède et mi-oiseau. »

Lorsque Hans eut terminé la partie scientifique de l'histoire de l'autruche, Facetanné prit la parole et dit à son tour ce qui lui était personnellement connu des habitudes de cet animal.

Nous résumons dans les lignes suivantes les détails que donnèrent à cet égard le jeune savant et le vieux Bushman.

L'autruche vit en société ; on la voit par bandes de cinquante individus, se mêler paisiblement aux troupeaux de zèbres, de couaggas et de diverses espèces d'antilopes qui fréquentent les plaines arides.

Les mâles sont polygames, c'est-à-dire qu'ils ont plusieurs femelles, en général depuis deux jusqu'à six ; ces dernières pondent chacune de douze à seize œufs ; leur nid est simplement creusé dans le sable et peut avoir un mètre quatre-vingts de diamètre ; il n'y a guère que la moitié des œufs qui soient déposés dans le nid, les autres demeurent éparpillés aux alentours, et ne sont jamais couvés. D'après le Bushman, ces œufs, dispersés au hasard, seraient destinés à la nourriture des jeunes pendant les premiers jours qui suivent l'éclosion de ces derniers : mais le naturaliste ne partageait pas cette croyance ; il prétendait que ces œufs n'étaient pas déposés dans le nid, parce qu'il serait impossible à l'oiseau de couver la totalité de la ponte de toutes les femelles d'une seule famille ; et qu'une fois que le nid contient la quantité d'œufs qu'une autruche peut couvrir, les autres demeurent nécessairement en dehors de la couvée.

Il est certain que ce sont les derniers pondus qu'on trouve çà et là autour du nid, et que les femelles continuent leur ponte après que l'incubation a commencé ; mais tout cela ne prouve pas que ce soit dans le but de pourvoir à la nourriture des jeunes qui vont éclore. Il est vrai que cela ne prouve pas davantage que le naturaliste ait raison, et ce fait qui n'est pas contesté, n'en demeure pas moins inexplicable.

Les œufs de l'autruche sont placés debout à côté les uns des autres, et l'oiseau peut en couver de trente à quarante. Facetanné prétendait avoir souvent rencontré des nids qui renfermaient cette dernière quantité ; mais il est plus commun de n'y trouver qu'une trentaine d'œufs.

Nous avons dit plus haut que le mâle partage les soins de l'incubation, et qu'il s'en acquitte surtout pendant la nuit ; que l'une des femelles le remplace au point du jour, qu'elles couvent chacune alternativement, et que lorsqu'il fait très-chaud, elles s'éloignent de leurs œufs, qu'elles confient aux rayons du soleil ; nous avons même ajouté que dans la région tropicale elles abandonnent complètement à la chaleur atmosphérique le soin de faire éclore leurs petits ; il en résulte que la durée de l'incubation diffère suivant les circonstances, et qu'elle varie de trente à quarante jours.

Les jeunes autruches viennent au monde parfaitement développées ; le lendemain ou le surlendemain de leur naissance, elles quittent le nid et vont chercher pâture sous la conduite de leurs parents, elles sont alors de la grosseur d'une pintade.

A cette époque, les père et mère témoignent pour leur couvée une extrême sollicitude ; si un ennemi approche, la femelle qui est chargée de conduire la bande fait tous ses efforts pour attirer le péril sur sa tête ; elle feint d'être blessée, tire la jambe, chancelle et tombe à chaque pas, tandis que le mâle entraîne les petits dans une direction opposée. Le canard sauvage, la perdrix et beaucoup d'autres oiseaux emploient le même stratagème pour sauver leur couvée.

Les œufs d'autruche sont d'un blanc terne ; ils diffèrent entre eux sous le rapport de la dimension, et les oiseaux qui en résultent ne sont pas tous de la même taille. Un œuf d'autruche d'un volume ordinaire a quinze centimètres de longueur et pèse environ un kilogramme et demi ; cuit dans les cendres chaudes, c'est un excellent mets qui peut rassasier un homme ; quelques-uns prétendent que c'est assez pour deux personnes, même pour trois, tandis qu'il en est d'autres qui ne trouvent pas que cela soit une ration suffisante pour une seule ; cela dépend de l'appétit du mangeur et de la capacité de son estomac. Vous vous ferez une idée beaucoup plus juste du volume d'un œuf d'autruche en apprenant qu'il équivaut à vingt-quatre œufs d'une poule commune.

La coquille en est extrêmement forte et sert de bouteille aux Bushman et aux différents indigènes du désert, dont la plupart n'ont pas d'autres vases.

Une autruche mâle, parvenue au terme de sa croissance, a trois mètres de hauteur et pèse cent cinquante kilogrammes ; ses jambes sont épaisses et musculeuses, et sa cuisse est au moins de la grosseur d'un énorme gigot de mouton.

L'autruche est, à ce que l'on dit, le plus rapide de tous les animaux ; il y a cependant quelques personnes qui ont élevé des doutes à cet égard. Toutefois il est certain qu'un cavalier, en dépit de la bonté de sa monture, ne peut pas rejoindre cet oiseau en le suivant à la piste ; il est obligé, pour l'atteindre, de couper en droite ligne tous les crochets que décrit le bipède, afin de l'approcher de manière à le tirer au passage. L'autruche n'a pas moins de fond que de vitesse, et l'Arabe lui-même, dont le cheval paraît avoir des ailes, reconnaît qu'il est très-difficile de la forcer.

Quand elle court, ses sabots font entendre un bruit sec, pareil à celui d'un cheval qui trotte, et de grosses pierres sont lancées violemment derrière elle ; enfin lorsqu'elle fuit à toute vitesse, elle déploie ses plumes blanches, qu'elle relève sur le dos, mais seulement pour s'en servir en guise de balancier, car il lui serait impossible de franchir un mètre au vol.

C'est avec la jambe que l'autruche se défend ; d'un coup de pied, qu'elle donne à la façon du mulet, elle peut briser la cuisse d'un homme ou tuer celui-ci, absolument comme pourrait faire un cheval.

Mais sa principale sécurité repose dans la puissance de ses facultés visuelles ; habitant des plaines complétement découvertes, sa vue perçante lui permet de voir un ennemi d'une taille bien moins grande que la sienne, à une distance où, malgré sa dimension, elle n'en est pas aperçue.

Il est donc excessivement difficile d'approcher de cet oiseau, d'un naturel plein de défiance, et il est rare qu'on puisse lui envoyer une balle, à moins de trouver un abri où il soit possible de l'attendre à l'affût ; on parvient quelquefois à le tuer d'un coup de feu en allant se placer auprès des endroits où il vient se désaltérer.

Beaucoup de voyageurs ont pensé que l'autruche ne boit jamais, parce qu'on la rencontre généralement très-loin des rivières et des sources ; mais la distance qui paraît considérable au voyageur fatigué n'est rien pour un animal aussi rapide. Certaines personnes ont, au contraire, observé que les autruches vont boire chaque jour à un endroit déterminé ; il est bien connu d'ailleurs que celles que l'on garde captives absorbent une grande quantité d'eau. Lorsqu'elles ont satisfait leur soif, elles ne peuvent plus courir avec la même rapidité, et les chasseurs en profitent pour les poursuivre au moment où elles s'éloignent après boire.

Il y a, dans les déserts qu'habite l'autruche, des hommes qui font leur profession de la chasse de cet oiseau, dont la dépouille est d'une valeur considérable; la peau de l'autruche est forte et se déchire difficilement; on la transforme, au moyen du tannage, en un cuir de très-belle qualité, dont on fait diverses espèces de vêtements. La peau nue se vend à peu près une livre sterling, c'est-à-dire vingt-cinq francs; et les plumes de la queue et des ailes (ces dernières sont les plus recherchées), qui sont au nombre de trente à quarante, s'achètent quelquefois un franc vingt-cinq centimes dans le pays même où on les recueille[1].

Le gros Willem fit observer que l'autruche pourrait être facilement domestiquée; il ajouta même qu'il lui était arrivé plusieurs fois d'en voir d'apprivoisées autour des kraals de la frontière. C'est, du reste, un animal inutile[2] et qui met le trouble dans la basse-cour, en foulant aux pieds les volailles et en gobant quelquefois les poussins et les canetons, non pas qu'il soit carnivore, mais parce qu'il avale tout ce qu'il rencontre : un vieux chif-

---

[1]. Dans le sud de l'Algérie la chasse à l'autruche se fait par les Arabes de certaines tribus dont elle est le privilége; elle a lieu pendant la saison la plus chaude de l'année, et c'est la chaleur plus encore que la vitesse des chevaux qui permet de tuer l'autruche; la dépouille du mâle se vend sur les lieux de cent soixante à cent quatre-vingts francs.

(*Note du traducteur.*)

[2]. Nous ne saurions être de l'avis de l'auteur quant à l'inutilité d'un animal dont la dépouille est aussi précieuse; et nous croyons qu'il serait d'autant plus utile de domestiquer l'autruche, que ses plumes y gagneraient par la facilité qu'on aurait de les recueillir, et par les soins dont la bête serait entourée. D'ailleurs, non-seulement les plumes se vendent, mais la chair se mange, le cuir se tanne, la peau des cuisses et du cou sert de vase pour conserver la graisse, on fait des semelles de brodequin avec la plante des sabots, et du fil pour coudre le cuir avec les nerfs de l'autruche. (*Note du traducteur.*)

fon, un morceau de bois ou de métal, tout aussi bien qu'une graine.

La véritable nourriture de l'autruche se compose des sommités des arbrisseaux et des broussailles, de leurs semences et de leurs bourgeons ; ce qui n'empêche pas cette créature vorace d'engouffrer les substances les moins faites pour être mangées. Elle a, comme la plupart des animaux sauvages, un goût très-marqué pour le sel, d'où il résulte qu'on la voit souvent par troupes nombreuses dans le voisinage des salines, assez fréquentes dans les plaines stériles de l'Afrique.

La chair des jeunes autruches est bonne à manger, mais celle des adultes est coriace et d'un fumet désagréable. Nous avons dit, au commencement de ce chapitre, que les œufs de ce bipède sont fort estimés, bien qu'un peu lourds pour certains estomacs.

Dans les circonstances ordinaires, l'autruche fait entendre un gloussement grave et sonore ; mais il lui arrive parfois de rugir absolument comme un lion ; et quand elle a reçu quelque blessure, ou bien qu'on l'a forcée, elle siffle comme un jars en fureur.

L'autruche est représentée dans l'Amérique du Sud par le genre *rhea*, qu'on a divisé dernièrement en deux espèces : le *nandou* et la *petise* ou rhéa de Darwin. Ces deux rhéas se ressemblent complétement quant à la forme, à la couleur et aux habitudes, mais ils sont d'une taille différente et ne se trouvent pas dans la même région. Le nandou parcourt les vastes plaines de la Plata, et il est plus grand que la petise, dont le séjour est borné à la partie méridionale de la Patagonie.

La forme du nandou est la même que celle de l'oiseau d'Afrique ; sa couleur, d'un brun grisâtre, se rapproche du plumage de la femelle de l'autruche ; mais il est beaucoup moins grand, puisqu'il n'a pas plus d'un mètre soixante centimètres de hauteur ; les plumes de ses ailes sont aussi bien moins remarquables que celles de son congénère africain; elles servent à faire des chasse-mouches et différents ustensiles de ménage.

Les mœurs du nandou ont la plus grande similitude avec celles de l'autruche, et c'est folie que d'en avoir fait un genre à part. Il vit en société comme celle-ci, est polygame, se creuse un nid dans le sable, où il dépose de vingt à trente œufs, en éparpille un certain nombre autour de son nid, est d'une grande vitesse toutes les fois qu'on le pourchasse, témoigne une extrême défiance, rue violemment et siffle quand il est attaqué.

Ces habitudes, ainsi que nous l'avons vu, appartiennent à l'autruche.

Le nandou présente néanmoins quelques traits particuliers; il se nourrit d'herbes, de racines, et mange les petits poissons qui, après la saison des pluies, restent sur les bords vaseux des rivières; il prend l'eau, sans que rien ne l'y oblige, et traverse à la nage des courants très-rapides.

Il est chassé par les gauchos, qui s'en emparent, soit au moyen du *lasso*, soit avec le *bolas* [1].

Le rhéa de Darwin, ainsi que nous l'avons dit plus haut, est moins grand que le nandou, mais il lui ressemble tout à fait quant à la forme, à la nuance et aux mœurs; il est également bon nageur et fréquente les plaines qui avoisinent le rivage; la seule différence qu'il offre avec le nandou, c'est qu'il habite une région infiniment plus froide.

Aucun membre de cette famille ne se rencontre dans l'Amérique du Nord, où la nature a négligé de faire représenter l'autruche dans les vastes déserts connus sous le nom de prairies.

---

[1]. Voir pour l'emploi de ces armes *Les Exilés dans la forêt*.

Même dans l'Amérique du Sud, le parcours du nandou est assez limité, bien que cet oiseau se rapproche beaucoup plus de l'équateur qu'on ne le pensait généralement ; il a été trouvé, depuis peu, dans les savanes que traverse la Madeira, bien plus au nord que le territoire de la Plata.

Il existe encore un autre parent de l'autruche, que l'on appelle *émeu* ou *dromanis Novæ Hollandiæ*. Je vous donne le titre que les savants de cabinet ont infligé à cet oiseau, bien que je ne puisse pas comprendre pour quel motif ces messieurs ont séparé cet animal de l'autruche ou du rhéa, si ce n'est pour augmenter la confusion qui règne dans l'histoire naturelle.

L'émeu a tout à fait la même conformation, les mêmes habitudes que ses cousins d'Afrique et d'Amérique ; et pour la couleur il est absolument pareil au nandou ; mais il est plus gros que celui-ci : un mâle adulte de cette espèce a deux mètres dix centimètres, et se rapproche ainsi de la taille d'une femelle d'autruche. L'émeu a tous les caractères de la famille : il se rassemble en troupeaux, fait son nid dans le sable, est polygame, défiant, rapide à la course, se défend à coups de pied, nage aussi bien que le nandou, fait entendre un bruit analogue à celui du tambour, et pond des œufs presque aussi gros que les œufs d'autruche, mais d'un vert foncé, tandis que ceux du rhéa sont bleuâtres.

De même que pour le nandou, on a supposé qu'il existait deux espèces d'émeu, dont la moins grande habiterait la région septentrionale de l'Australie.

On rencontre aussi dans la presqu'île de Malacca et dans l'archipel Indien, un oiseau qu'on appelle le casoar[1] et qui est de la famille de l'autruche, mais qui diffère beaucoup plus de celle-ci que le rhéa ou l'émeu : son corps

---

1. *Casuarius Casuar*.

est recouvert d'un épais manteau noir qui a beaucoup plus de ressemblance avec le poil qu'avec la plume; il a le cou et la tête nus, et la peau y est d'un beau bleu, mélangé d'écarlate.

Ce n'est pas un habitant du désert comme l'autruche; le casoar se trouve dans les vallées fertiles et fait sa nourriture des herbes les plus succulentes; néanmoins la plupart de ses habitudes sont les mêmes que celles des oiseaux précédents; comme eux, il lance des ruades pour se défendre, dépose sa couvée dans le sable, l'abandonne à la chaleur du soleil, est rapide à la course, vaillant quand on l'attaque, et peut être considéré comme l'un des animaux les plus intéressants.

Hans termina cet entretien sur les oiseaux qui n'ont pas d'ailes, en citant l'*apteryx* ou *kiwi kiwi*, dont il existe deux espèces qui se ressemblent beaucoup; toutes les deux appartiennent à la Nouvelle-Zélande, toutes les deux sont nocturnes, et vivent dans un terrier; mais d'après notre jeune ami, elles s'éloignent autant de la famille des autruches que les manchots et les pingouins.

CHAPITRE XIII

Le fennec et les œufs d'autruche.

Avant de se retirer dans leurs wagons pour y passer la nuit, les jeunes chasseurs décidèrent que le lendemain ils cerneraient les autruches, et concertèrent le plan qu'ils devaient suivre pour réussir dans leur projet. Hendrik et le gros Willem devaient partir les premiers, et décrivant un large circuit, aller se placer à une assez grande distance de l'autre côté du nid des autruches; Hans et Arend prendraient ensuite l'un à droite, l'autre à gauche, tandis que Klaas et Jan iraient directement du bivac à l'endroit où couvaient les oiseaux; de cette manière, les autruches seraient entourées par les chasseurs et, quelle que fût la direction qu'elles voulussent prendre, elles trouveraient toujours l'un des boërs qui la rabattrait du côté opposé. Telle est la méthode qu'emploient les Africains du sud, et la seule qui permette de s'emparer de l'autruche. Si l'opération est bien conduite, l'oiseau, traqué sans relâche, perd la tête, et, après avoir couru de l'un à l'autre, se laisse prendre ou tuer d'un coup de fusil; néanmoins il est dangereux d'approcher l'animal de trop près, alors même qu'il est grièvement blessé. On a vu dans ce cas-là plus d'un chasseur avoir le bras, la jambe ou les côtes brisés d'une ruade à laquelle il était loin de s'attendre : et notre ami Hans, toujours prudent, ne manqua pas de recommander à ses compagnons de se tenir en garde contre les coups de l'autruche.

Après ce dernier conseil du naturaliste, chacun alla trouver sa couche et s'endormit en songeant aux plaisirs du lendemain. Nos jeunes amis espéraient bien prendre le vieux mâle, lui arracher ses belles plumes et les joindre à leurs trophées.

La seule inquiétude de nos chasseurs venait de leur petit nombre : six personnes pouvaient-elles cerner trois autruches et parvenir à les forcer, quand surtout, parmi les six, on comptait deux enfants montés sur de petits poneys comme l'étaient Klaas et Jan?

Il fut donc résolu que le Bushman et le Zoulou prendraient part à la chasse du lendemain : ils n'avaient pas de chevaux, il est vrai; mais aussi agiles qu'infatigables, ils pouvaient courir tout aussi vite que les poneys; et l'un, armé de ses asségaïs, l'autre de son arc et de ses flèches, étaient dignes de figurer dans le cercle de nos chasseurs. Ajoutez à cela une demi-douzaine de limiers, dont l'assistance ne serait pas inutile, et vous reconnaîtrez que l'espoir des jeunes boërs était assez fondé.

Pourquoi fallut-il qu'un incident ridicule vînt détruire cette espérance en empêchant l'exécution d'un projet conçu avec tant de sagesse!

Une hyène, qui pendant la nuit s'était glissée dans le camp des chasseurs, avait mangé la sangle et une partie de la selle d'Hendrik; il devenait indispensable de réparer le dommage, et avant que cette besogne fût terminée, les autruches avaient quitté leur nid. Elles s'y trouvaient encore au moment où les boërs étaient sortis des wagons; mais il faisait une chaleur étouffante, et les oiseaux, abandonnant leur couvée au soleil, s'en éloignaient à l'instant même où nos amis montaient à cheval.

Les autruches avaient pris une direction opposée à celle des huit chasseurs; elles furent bientôt hors de vue et finirent par disparaître aux yeux de Hans, qui les suivait du regard au moyen de sa lunette.

Quel désappointement pour chacun de nos amis! Tous ceux qui, après avoir sauté à cheval dans l'espérance de faire belle et bonne chasse, et que la pluie ou la neige a forcés de ramener leur monture à l'écurie, comprendront la contrariété qu'éprouvèrent nos chasseurs; Hendrik surtout maudissait la fortune. Quelle sotte aventure pour une misérable selle! Il était exaspéré et, si une hyène s'était montrée quelque part, elle aurait eu maille à partir avec lui. Tous les autres, du reste, partageaient plus ou moins l'irritation d'Hendrik.

« Allons toujours là-bas, dit Arend; les œufs ne sont pas partis; nous les prendrons. Je ne serai pas fâché, pour mon compte, de manger une omelette; je commence à me fatiguer de venaison et de biltong.

— Je suis de ton avis, ajouta le gros Willem; je mangerai volontiers un œuf à déjeuner, pourvu néanmoins qu'il soit encore assez frais. »

Et les deux jeunes gens se disposèrent à partir.

« Arrêtez! cria Hans, arrêtez! tout espoir n'est pas perdu.

— Que vois-tu donc, lui demandèrent ses camarades; est-ce que les autruches vont revenir? »

Le naturaliste garda le silence pendant quelques instants; sa longue-vue était braquée dans la direction du nid, mais les oiseaux ne reparaissaient pas dans la plaine.

« C'est bien lui! je ne me trompe pas, s'écria-t-il enfin.

— Qui donc? lui demandèrent les chasseurs.

— Le renard, répondit Hans.

— Quel renard?

— Le fennec, celui que j'ai vu hier; on ne le distingue pas à l'œil nu, c'est tout ce que je peux faire que de l'apercevoir à l'aide de ma lunette; il est auprès du nid des autruches et paraît très-occupé; je ne devine pas à quel propos.

— Je parie que c'est au sujet des œufs, répliqua le gros Willem.

— Une chasse au renard! une chasse au renard! s'écria Hendrik dont la mauvaise humeur se dissipa tout à coup.

— Une chasse au renard! répétèrent Klaas et Jan.

— Va pour la chasse au renard, » dit à son tour le naturaliste, et les six cavaliers lancèrent leurs chevaux dans la plaine en sifflant leurs chiens qui accoururent aussitôt.

Nos amis se dirigèrent en droite ligne vers le nid des autruches; il n'était pas besoin de faire un détour pour surprendre le fennec; la pauvre petite bête ne pouvait leur échapper qu'en se fourrant dans un trou, et il est probable qu'elle était loin de son terrier. Elle avait suivi les oiseaux rapides sans s'inquiéter de la distance, afin d'arriver jusqu'à leur nid.

Le fennec préfère les œufs à tout autre aliment, surtout ceux de l'autruche, et Facetanné affirmait qu'il rôde sans cesse pour trouver le nid de cet oiseau; or, comme il est très-difficile de le découvrir, même pour un renard, lorsque le fennec suppose que les autruches ont fait leur ponte, il les suit quelquefois pendant plusieurs milles, pour savoir où elles ont creusé leur nid. C'est ainsi que la veille notre jeune naturaliste avait surpris le fennec sur la piste de ces oiseaux; non pas que le petit animal fût dans l'intention d'attaquer les énormes bipèdes; c'étaient leurs œufs qu'il cherchait à se procurer.

Il y avait néanmoins, dans cette affaire, un point mystérieux que le Bushman ne pouvait éclaircir; comment un animal aussi petit que le fennec arrivait-il à casser un œuf d'autruche, dont la coquille est tellement dure qu'il faut une force considérable pour parvenir à la briser? Aucun de nos chasseurs ne pouvait résoudre cette question qui les intriguait tous, et qui intéressait vivement le naturaliste. Notre jeune savant connaissait bien les fennecs; il en avait vu plusieurs fois en captivité, et savait même quelque chose de leur anatomie; par exemple, il n'ignorait pas que leur crâne est dépourvu de la saillie à laquelle sont insérés les muscles temporaux, et qu'ils ont, par conséquent, beaucoup moins de force dans la mâchoire que le véritable renard; raison de plus pour qu'ils ne puissent pas briser la coquille d'un œuf d'autruche, du moins avec leurs dents. Mais il leur est tout aussi difficile de la casser avec leurs pattes; car ils ont, comme le renard polaire, le dessous des doigts garni d'un poil doux et laineux; circonstance bizarre chez un animal qui habite la zone torride, et que les naturalistes n'ont pas encore expliquée[1].

D'après la conformation du fennec, il résultait donc pour le naturaliste qu'il était aussi difficile à ce petit quadrupède de briser un œuf d'autruche, et d'en manger le contenu, que de fendre une bombe pour en avoir la poudre.

Facetanné était pris au dépourvu, son expérience se trouvait en défaut; il savait que le fennec aimait les œufs d'autruche, que la fine bête les mangeait sans rien perdre ni du blanc, ni du jaune; mais notre sauvage ignorait par quel moyen elle arrivait à ce résultat, et nos chasseurs n'en étaient pas plus avancés. Toutefois la question devait bientôt se résoudre pour nos amis, et c'est le fennec lui-même qui se chargea de la trancher.

Arrivés à trois cents mètres du nid des autruches, les cavaliers s'arrêtèrent afin d'épier les mouvements du petit animal qu'ils distinguaient à merveille. Le fennec, tout entier à son affaire, ne se doutait même pas de la présence des chasseurs; bien que la finesse de l'ouïe fût chez le petit renard en proportion de la taille de ses oreilles, il n'avait point entendu venir les chevaux dont le sable avait complétement étouffé les pas. La seule inquiétude qu'il paraissait avoir lui était inspirée par les propriétaires du nid; car, au milieu de sa besogne, il relevait la tête de temps en temps pour regarder au loin dans la direction que les autruches avaient prise.

Facetanné et Congo retenaient les chiens en laisse, et

---

[1]. Il est facile d'expliquer cette bizarrerie apparente; ce qui est bon contre le froid est bon contre la chaleur, dit le proverbe espagnol; nous en avons ici la preuve : le renard des pôles a des chaussons fourrés pour courir sur la glace, et le fennec pour suivre l'autruche sur le terrain embrasé du désert. S'ils avaient les doigts nus, comme tous les autres chiens, l'isatis et le fennec auraient bientôt le dessous des pattes dépouillé, l'un par la neige glacée, l'autre par le sable brûlant, qui produisent sur la peau exactement le même effet. (*Note du traducteur.*)

nos chasseurs demeuraient immobiles comme des statues.

Mais quelle était donc l'occupation du fennec ?

Au premier abord, les spectateurs eux-mêmes n'auraient pas pu vous le dire; cependant quelques minutes après tout leur fut expliqué.

Le petit animal, au moment où nos amis l'aperçurent, était de l'autre côté du nid, et tournait le dos aux chasseurs. Il avait la poitrine et la tête un peu hautes, comme s'il les avait appuyées sur un objet quelconque; c'était un œuf d'autruche qu'il poussait devant lui, au moyen de ses pattes dont il faisait usage alternativement comme les malheureux condamnés au tread-mill [1], avec cette différence que, de la part du fennec, c'était un exercice complétement volontaire.

Maintenant, direz-vous, quel était le but du fennec ? Avait-il l'intention de conduire cet œuf à son terrier ? La tâche aurait été assez rude, car l'animal était probablement à plusieurs milles de sa demeure. Mais il n'y pensait pas; son unique intention était de se faire une omelette et de déjeuner séance tenante. Les chasseurs virent bientôt que la table du fennec était mise, et ils se rappelèrent une histoire assez étrange qui leur avait été dite au sujet du caama, histoire qui leur faisait soupçonner les projets de celui-ci.

En face du petit animal, à deux ou trois mètres de son museau, était une grosse pierre d'environ trente centimètres de hauteur et beaucoup plus large que haute; il était évident que cette pierre entrait pour quelque chose dans les projets du quadrupède, car c'était de ce côté-là qu'il dirigeait son œuf. Ceux d'entre nos chasseurs qui soupçonnaient l'intention du petit renard, acquirent la certitude d'avoir deviné juste.

[1] Moulin qu'on fait aller avec les pieds comme les grandes roues à l'aide desquelles on soulève des poids énormes et qui portent le nom de grue.

En effet, lorsqu'il n'y eut plus entre lui et son but qu'un mètre de distance, le fennec se précipita vers le roc en poussant l'œuf par un mouvement rapide qui mit celui-ci en contact avec la pierre ; un craquement se fit entendre, c'était l'œuf d'autruche qui venait d'être brisé.

Le petit fennec avait maintenant son déjeuner devant lui et, sans perdre une minute, il se mit en devoir de laper son omelette ; mais nos chasseurs ayant eux-mêmes une faim dévorante, ne lui donnèrent pas le temps de la manger ; ils enfoncèrent leurs éperons dans les flancs de leurs chevaux, lancèrent les chiens et furent emportés par un galop rapide.

La chasse ne fut pas longue ; à peine la pauvre bête avait-elle franchi 200 mètres que les limiers la rejoignirent, et il fallut tous les efforts du Bushman pour empêcher, à coups de sambock[1], la meute ardente de déchirer la belle peau du fennec.

Nos chasseurs recueillirent immédiatement les œufs d'autruche. Ainsi que le redoutait le gros Willem, ceux qui se trouvaient dans le nid étaient beaucoup trop avancés ; mais parmi les œufs qui gisaient aux alentours, il y en avait de très-frais qui fournirent à nos amis un excellent déjeuner.

Le Bushman se chargea de les faire cuire, et apprit en même temps à ses jeunes compagnons la meilleure manière de les accommoder ; cette méthode consiste à faire un trou dans l'œuf, à poser celui-ci par l'autre bout dans les cendres chaudes, et, au moyen d'une petite baguette, à brouiller le jaune et le blanc jusqu'à parfaite cuisson.

---

1. Fouet indigène fait avec de la peau de rhinocéros.

Le petit fennec avait maintenant son déjeûner devant lui (page 88).

CHAPITRE XIV

Les blawboks.

Si le renard du midi de l'Afrique est un pauvre animal sans jarret et sans haleine, qui procure peu de plaisir au chasseur, nos amis, le jour même de la mort du fennec, devaient trouver l'occasion de faire une de ces chasses entraînantes qu'ils rêvaient depuis longtemps.

Il y avait de l'autre côté du bouquet de bois où campaient nos jeunes gens une vaste prairie, séparée du désert par une ceinture de grands arbres, et dont la verdure paraissait d'autant plus fraîche qu'elle contrastait avec les teintes fauves de la plaine aride qui la bordait à l'ouest.

Bien que cette prairie fût immense, elle n'était pas sans limites; un bois d'acacias de la girafe se déployait à l'horizon, et plusieurs massifs de ces arbres aux feuilles pennées et d'un vert pâle, çà et là dispersés dans la plaine, donnaient au paysage un aspect intéressant. On croyait voir un parc dont les prés d'herbe fine avaient été parsemés de bosquets et de taillis disposés avec art.

D'aussi magnifiques pâturages ne pouvaient pas être sans possesseurs; on n'apercevait ni château, ni maison, rien qui annonçât la présence de l'homme, et cependant cette terre féconde avait de nombreux habitants : des oiseaux de mainte espèce, de légers quadrupèdes aux formes gracieuses, aux pieds agiles, avaient fait leur séjour de cette admirable prairie.

Le secrétaire, mangeur de serpents, y cherchait dans l'herbe sa proie venimeuse et rampante. Sans faire usage de ses ailes, le noble oiseau n'a rien à craindre des carnivores ; ses longues jambes suffisent pour le sauver des hyènes, des léopards et des chacals ; presque aussi rapide que l'autruche, il est tellement vite à la course que les Arabes l'ont surnommé *le cheval du diable*.

Non loin du secrétaire se voyait un oiseau également de belle taille, mais de forme et d'habitudes bien différentes ; c'était la grande outarde, que les boërs ont nommée *paon sauvage*, et que les savants désignent sous le nom d'*otis kori*.

Pâturant dans les prés, ou vaguant de bocage en bocage, des troupes de pintades, à la robe perlée, faisaient entendre leur babil incessant, qui grince à l'oreille comme le bruit d'une lime dont on aiguise une scie.

Des perroquets aux vives couleurs, des pigeons verts, des colombes gémissantes volaient d'un arbre à l'autre ; et de nombreux mellisuges, qui représentent en Afrique la famille des colibris, voltigeaient autour des arbrisseaux chargés de fleurs.

Quelques arbres portaient, suspendus à leurs branches des nids de l'oiseau tisserand, qu'on appelle *ploceus*, tandis que le moineau républicain (*loxia socia*) avait établi sur l'acacia de la girafe l'énorme toit de chaume, à l'abri duquel il niche en société.

Mais les oiseaux, nous l'avons dit, n'étaient pas les seuls habitants de ce beau domaine ; de charmants quadrupèdes en fréquentaient les prairies verdoyantes, et se reposaient à l'ombre de ses massifs d'acacias.

Il suffisait d'une promenade de quelques heures pour rencontrer des troupeaux de springboks[1] rassemblés dans la plaine, et qui, à la moindre alarme, faisaient des bonds d'une hauteur prodigieuse ; le hartebeest orangé, le sessébé pourpré, le gnou bizarre, à la crinière épaisse et

---

1. Gazelle euchore.

grisonnante, parcouraient ces vastes pelouses en décrivant de larges cercles; on y voyait des bandes de couaggas et des troupes de zèbres qui sont plus beaux encore; le léopard s'y cachait dans l'herbe ou rampait à la lisière des taillis, et l'on pouvait y découvrir la robe fauve du lion, cet effroyable tyran, qui prélève une dîme sanglante sur les hordes inoffensives.

Quel contraste avec le désert monotone qui, de l'autre côté des mokhalas, s'étendait jusqu'aux dernières limites de l'horizon !

Nos chasseurs, trompés dans leur attente au sujet des autruches, et peu satisfaits de leur chasse au renard qui avait à peine duré quelques minutes, résolurent de se dédommager en allant poursuivre quelques-uns des animaux qui parcouraient la prairie; ils étaient bien sûrs d'y trouver au moins des springboks. La veille au soir, ils avaient mené paître leurs bœufs à la lisière du bouquet d'arbres où était leur bivac, et en voyant cette plaine féconde ils avaient pensé avec raison qu'elle devait être giboyeuse.

Aussitôt donc que nos amis eurent fini de déjeuner, ils remontèrent à cheval, et, suivis des chiens, ils se dirigèrent du côté de la prairie, laissant le Bushman et le Zoulou pour surveiller les bœufs.

Ils n'eurent pas beaucoup d'espace à franchir avant d'apercevoir le gibier. A peine avaient-ils fait cent pas, que celui d'entre eux qui marchait le premier arrêta son cheval tout à coup en faisant signe aux autres de s'arrêter également; chacun lui obéit, et du haut de leurs montures nos chasseurs regardant à travers la feuillée, car ils n'étaient pas sortis du petit bois, eurent sous les yeux un tableau qui aurait fait battre le cœur du vieux Nemrod lui-même.

Précisément en face de nos boërs se trouvaient dans la prairie quelques antilopes d'une espèce admirable: ce n'étaient pas des kaamas, des springboks, ni des gnous, aucun de nos chasseurs n'avait jamais vu ces magnifiques animaux, et c'était seulement par leur ensemble et par la nature de leurs cornes qu'ils avaient pu reconnaître à quelle famille appartenaient ces herbivores.

Ces belles antilopes n'avaient pas moins d'un mètre vingt centimètres de hauteur; leurs cornes, ayant la forme d'un sabre, s'incurvaient légèrement en arrière et présentaient une série d'anneaux jusqu'à environ quinze centimètres de leur extrémité. Quant à la couleur générale de ces charmants quadrupèdes, elle était gris de cendre, avec un reflet bleu pareil à celui qui miroite sur les ailes du corbeau, reflet qui provenait de l'épiderme, dont la teinte noire et luisante brillait à travers le poil de l'animal.

Bien que ce fût la première fois qu'ils eussent l'occasion d'apercevoir cette antilope, Hans, Hendrik et Willem n'ignoraient pas son nom. Elle parcourait jadis le territoire de Graaf-Reinet et descendait alors jusqu'aux environs du Cap, où cependant elle n'a jamais été commune. A cette époque nos jeunes gens n'étaient pas encore au monde; mais ils se rappelaient aujourd'hui avoir entendu leurs pères causer maintes fois de cette espèce d'antilope, de sa robe à reflets bleus, de ses grandes cornes incurvées en arrière, de la beauté de ses lignes, de son courage et de sa fierté. La description des vieux chasseurs était exacte, et les animaux qui frappaient les regards de nos amis, ne pouvaient être que des *blawboks*, ainsi que les boërs appellent l'*égocère bleu*.

Hans confirma l'opinion du gros Willem et d'Hendrik, et ajouta que les savants modernes ont donné au blawbok le nom d'*egocerus leucophea*.

Cinq espèces d'antilopes constituent le groupe que l'on a désigné sous le nom d'*egocerus*; toutes les cinq, formées d'animaux pleins de grâce et de noblesse habitent le midi de l'Afrique, principalement la région qui est traversée par la rivière d'Orange.

Il y a d'abord le waterbok (*egocerus ellipsiprymnus*), qui a près d'un mètre vingt centimètres de hauteur et dont la robe est d'un gris bleuâtre; il fréquente le bord des rivières, prend l'eau volontairement, d'où lui vient son nom de *waterbok* (*antilope aquatique*). Plein de force et d'une hardiesse qui s'exalte jusqu'à la fureur, il est dangereux de l'approcher quand il est blessé ou réduit aux abois.

Vient ensuite le tahetsé (*egocerus barbatus*), qui est à peu près de la taille du waterbok, dont il se distingue par sa crinière et sa longue barbe; il partage l'audace et la nature violente du précédent, et tous les deux sont rapides à la course. Le tahetsé néanmoins s'éloigne de l'eau beaucoup plus que le waterbok, et fréquente les régions accidentées où, comme les chèvres, il broute les feuilles de l'acacia.

La troisième espèce du genre est l'égocère chevalin (*egocerus equinus*), animal plein de vigueur, d'un caractère violent, dont les cornes s'incurvent en arrière comme celles du blawbok, mais dont la courbe est plus prononcée et plus brusque. Il habite les pays des montagnes et ne se rencontre pas dans la plaine.

Mais la plus belle espèce du genre est assurément l'antilope noire (*egocerus niger*). Découverte dans le midi de l'Afrique par un habile chasseur anglais, il y a peu d'années qu'elle est connue du monde savant. C'est l'une des plus grandes espèces de toute la famille des antilopes; sa taille est d'un mètre trente-cinq centimètres, et ses cornes, recourbées comme un cimeterre, ont plus de quatre-vingt-dix centimètres de longueur. Elle est d'un noir lustré sur toute la partie supérieure du corps, blanche sur l'abdomen et la poitrine, et marquée de blanc sur le cou et sur la tête.

Il est assez rare de rencontrer l'une ou l'autre de ces espèces d'antilopes, même dans leur pays natal : à proprement dire elles ne vivent pas en société; du moins elles ne se rassemblent jamais par troupes nombreuses comme les springboks, les gnous, les bonteboks ou les nartebeests; quelquefois, cependant, elles forment de petites hordes composées d'une douzaine de familles; mais elles se montrent plus souvent par couples séparés ou même par individus solitaires.

De tous les *egocerus*, le blawbok est aujourd'hui l'un des plus rares; c'est au point que certains naturalistes ont pensé que la race en avait disparu, mais il est probable que non; l'Afrique est si grande et renferme encore tant de régions inexplorées !

Tous ces détails furent transmis à nos chasseurs par le jeune naturaliste; mais ce ne fut pas au moment où les blawboks apparurent aux boërs que notre savant discourut à loisir sur les *egocerus*; je suppose qu'il n'y songea même pas, et il est certain que personne ne l'aurait écouté.

CHAPITRE XV

Attaque des blawboks.

Les égocères bleus qui paissaient dans la prairie étaient au nombre de sept; l'un d'eux, un vieux mâle, plus grand que les six autres, et dont les cornes avaient à peu près un mètre de longueur, marchait le premier, en sa qualité de chef de la famille; il se dirigeait du côté des mokhalas, peut-être avec l'intention de gagner la source qui était dans le petit bois; du moins nos chasseurs l'ayant supposé, ils se consultèrent à la hâte afin de s'entendre sur ce qu'ils avaient à faire ; mais, malgré l'empressement qu'ils mettaient à combiner leur attaque, ils furent obligés de s'interrompre avant d'avoir rien décidé, car un de leurs chiens, un jeune étourdi, dont l'éducation n'était pas terminée, sortant du massif avant la fin de la conférence, venait de s'élancer dans la prairie en aboyant à la face des antilopes.

Les égocères, obéissant à la voix du vieux mâle, se détournèrent immédiatement et s'enfuirent à toute vitesse.

Il fallait dès lors renoncer à l'emploi d'un stratagème quelconque et poursuivre les blawboks à travers la prairie, sans s'inquiéter d'autre chose que de chercher à les rejoindre.

Ce fut pendant quelques minutes une lancée magnifique : les antilopes fuyant les premières, suivies des chiens appuyés par les chasseurs, courant tous avec une rapidité vertigineuse, formaient un admirable coup d'œil.

Mais bientôt les cavaliers se débandèrent ; les poneys de Klaas et de Jan ne pouvaient pas suivre les autres et furent distancés tout d'abord. Le naturaliste, dont la monture paisible, excellente pour le voyage, n'était nullement taillée pour la course, fut à son tour laissé à l'arrière-garde. Venait ensuite le bel Arend, qui aurait pu conserver une meilleure position, car il avait un bon cheval ; mais il n'éprouvait pour la chasse qu'un goût très-modéré, surtout quand il fallait courir à fond de train par une chaleur dévorante ; et, permettant à sa bête de ralentir son allure, il avait fini par s'arrêter à l'ombre d'un acacia de la girafe, où il s'éventa nonchalamment avec l'un de ses gants d'ordonnance.

Mais Hendrik et Willem suivaient les chiens avec une ardeur qu'aiguillonnait le sentiment de rivalité dont nous avons parlé au début de cette histoire, et leur intention était de ne se reposer qu'après avoir terminé l'hallali.

Tous les deux avaient d'excellents chevaux, bien que d'espèces différentes. La bête montée par Hendrik était un beau cheval noir, de taille moyenne, légèrement croisé d'arabe, juste assez pour en faire ce qu'on appelle un chasseur, c'est-à-dire un cheval appartenant à la plus excellente de toutes les races, parfait dans toutes les occasions, excepté pour les jeux de course; supérieur, en un mot, au cheval arabe lui-même.

La monture du gros Willem diffère complétement d celle que nous venons de décrire, et le portrait que nous avons donné du cavalier s'applique à son palefroi. C'est une bête de grande taille, dont les membres n'ont pas l'air d'avoir été faits pour elle. Son grand corps est plat et décharné, ses jambes sont longues et osseuses; son encolure démesurée n'offre pas la courbe la plus légère, et sa tête anguleuse est bossue comme celle de la girafe: il a d'ailleurs d'autres points de similitude avec ce quadrupède: son allure est à la fois gauche et bizarre, et la queue dont le pauvre animal est pourvu, assez longue, très-mince et fort râpée, ajoute tellement à la ressemblance, que nos jeunes amis l'ont surnommée la *grande girafe*. Il serait impossible de trouver un cheval plus affreux dans tout le pays des boërs, et cependant le gros Willem ne l'échangerait pas contre le plus élégant de tous les chevaux de la colonie.

Malgré son extrême laideur, c'est une excellente bête; mauvaise à l'œil, bonne à la course, comme le disent les jockeys. Le gros Willem, de son côté, n'est pas beau dans son espèce; il tient plus qu'il ne promet; et la grande girafe, qui ne promet rien du tout, mais absolument rien, fait des choses merveilleuses. Elle a forcé des antilopes et des couaggas, mis hors d'haleine plus d'un limier fameux et passé, maintes fois comme l'éclair au milieu des chasseurs, emportant son gros maître comme elle eût fait d'une plume. Il n'est donc pas étonnant que

Willem eût pour l'excellente bête une affection qu'elle méritait si bien.

Hendrik n'avait pas moins d'amitié pour son beau cheval; et c'était depuis longtemps entre les deux cousins un sujet continuel de discussion, que la valeur respective de leurs montures. Je parle du fond et de la vitesse; car il n'était pas question de beauté : la bête d'Hendrik avait ici tout l'avantage. Le gros Willem se plaisait à le reconnaître; mais il se moquait des gens qui considéraient cela comme une qualité chez un cheval.

Jusqu'à présent l'occasion avait manqué aux deux rivaux de mettre à l'épreuve le jarret et l'haleine de leurs bêtes; mais cette fois la cause allait être jugée; les blawboks fuyaient à travers la prairie et ne devaient s'arrêter qu'à plusieurs milles[1] du point de départ. Jamais circonstance ne pouvait être plus favorable pour établir la supériorité de la girafe sur son compétiteur, et le gros Willem espérait bien que la pauvre bête remporterait la victoire. Hendrik n'était pas moins ambitieux et manœuvrait de son côté avec l'intention bien formelle de rejoindre les antilopes avant cette bête informe qui ne ressemblait à rien. Du reste, tous les deux fort habiles, loin d'aller en casse-cou, ménageaient leurs montures, afin de se réserver pour le dernier moment. S'il n'y avait eu qu'un mille ou deux à faire, Hendrik savait bien que son cheval serait arrivé le premier; mais les blawboks avaient une grande avance, et il n'était pas probable qu'on pût s'en approcher avant d'avoir franchi un espace considérable; aussi modérait-il l'impatience de sa bête, dans la crainte que, s'épuisant tout à coup, la girafe, dont il connaissait la vigueur, ne vint à l'emporter.

Pendant quelque temps les deux rivaux galopèrent côte à côte, suivant de loin les limiers, qui eux-mêmes

---

1. Le mille est une mesure anglaise qui équivaut à 1609 mètres.

étaient loin des blawboks. Ceux-ci passèrent auprès de bouquets de bois d'une certaine étendue, mais sans essayer d'y trouver un asile. Comme le cerf, ils couraient directement vers l'endroit où ils pourraient prendre l'eau, ainsi que le font en pareil cas tous les *egocerus*.

Les limiers finissaient par gagner du terrain ; quelques-unes étaient jeunes, leur ardeur était folle, et, se rapprochant toujours de l'objet de leur poursuite, ils en vinrent à serrer les blawboks de si près, que ces derniers se débandèrent et coururent au hasard dans toutes les directions.

La chasse prit aussitôt un caractère différent : les chiens se divisèrent, chacun d'eux poursuivit l'antilope qui se trouvait le plus près de lui, et en moins d'une minute limiers et blawboks furent éparpillés dans la plaine.

Il restait aux deux chasseurs à choisir leur gibier ; mais ni l'un ni l'autre ne songeait à s'éloigner de son camarade, si ce n'est toutefois pour le laisser en arrière. Bien que silencieux à cet égard, l'esprit de rivalité les animait d'une trop vive ardeur pour leur permettre de renoncer à la lutte ; les chevaux semblaient eux-mêmes partager cette ardente émulation et se défier du regard tout en galopant côte à côte.

Les deux cousins n'hésitèrent pas dans le choix de leur antilope ; le vieux mâle, qui jusqu'à présent avait conduit le troupeau, fuyait toujours en ligne droite, suivi par deux limiers robustes ; ses cornes devinrent le point de mire de nos chasseurs, et sans avoir eu besoin d'échanger une parole, ils s'élancèrent tous les deux à la suite du vieux bok [1].

---

[1]. Bok se retrouve souvent dans la composition du nom des antilopes, ainsi gemsbok, blawbok, ritbock, springbok, etc., ce mot hollandais, qui veut dire *bouc*, est employé, ainsi que le mot buck, en anglais, pour désigner le mâle chez le fauve (daim, cerf, chevreuil) ; par extension il a été appliqué aux antilopes dont l'espèce est voisine ; on le prend même quelquefois pour désigner un mâle dont la famille s'éloigne complétement de celle des plénicornes. (*Note du traducteur*.)

CHAPITRE XVI

Poursuite du blawbok.

La chasse avait maintenant un extrême intérêt; c'était à qui lutterait de vitesse entre les chiens, l'antilope et les chasseurs. Le vieux mâle courait toujours dans la même direction, et n'avait pas eu besoin de se détourner pour échapper aux limiers; d'ailleurs si, dans leur épouvante, les femelles et les faons s'étaient dispersés à l'aventure, il avait conservé sa présence d'esprit et se dirigeait vers l'eau, qu'il se pressait d'atteindre.

Des arbres serrés, formant une ligne obscure, s'élevaient à l'horizon et bordaient quelque rivière; c'était là que le vieux bok se hâtait d'arriver; mais la plaine était vaste, il fallait la franchir avant de se cacher au milieu des roseaux, et la chasse rasait l'herbe de la prairie avec la rapidité du vent.

Ainsi que la girafe et le beau cheval noir, les deux limiers étaient d'anciens rivaux qu'une vieille querelle poussait à se disputer la palme. L'un appartenait à Hendrik, l'autre était au gros Willem, et, favoris de leurs maîtres, qui prétendaient chacun que son chien était le meilleur, ils semblaient, de leur côté, avoir choisi cette occasion pour triompher de leur rival. Ainsi donc les chevaux, les limiers et les chasseurs faisaient tous leurs efforts pour remporter la victoire.

Ne croyez pas néanmoins qu'il y eût entre les deux cousins l'ombre d'un mauvais sentiment; c'était de l'émulation et non de la jalousie : chacun d'eux aimait son cheval et son chien et désirait établir leur supériorité ; ils avaient eux-mêmes à soutenir leur réputation de chasseurs et voulaient tous les deux rapporter au camp la tête et les cornes de l'*egocerus* comme preuves de leurs succès.

Le bok fuyait toujours, franchissant d'une course rapide et légère l'espace qui se déployait devant lui ; ses membres, à chaque bond qu'il faisait, formaient une ligne horizontale ; il portait haut la tête, et ses cornes recourbées en arrière s'appuyaient sur ses flancs. Qu'il était beau à voir, courant ainsi à toute vitesse !

Parfois, lorsque la nature du sol favorisait sa course, il gagnait du terrain et distançait les chasseurs ; mais bientôt les chiens reprenaient leur avantage et n'étaient plus qu'à dix pas de ses jarrets, tandis que les chevaux galopaient à cent mètres à peine des deux vaillants limiers. La sueur coulant à flots de sa peau noire donnait à sa robe une teinte plus foncée, et de larges flocons d'écume tachetaient son cou et ses épaules ; sa langue rouge sortait d'entre ses lèvres, et les chasseurs l'auraient entendu souffler péniblement, si la respiration haletante de leurs chevaux n'avait couvert le bruit de son haleine oppressée.

Huit kilomètres furent parcourus avec cette rapidité folle, sans changer de direction ou d'allures, pressant, au contraire, ce galop de plus en plus échevelé.

On approchait des bois, peut-être d'une rivière, le bok y arriverait le premier si les chasseurs ne parvenaient pas à le rejoindre ; l'eau pouvait être large et profonde, l'*egocerus* nage aussi bien qu'un cygne, il plongerait comme une flèche au milieu du courant et serait bientôt perdu pour Hendrik et pour Willem.

Sous l'empire de cette crainte, nos deux amis éperonnèrent leurs montures afin d'en obtenir un dernier élan plus rapide; elles avaient, jusqu'alors, fait preuve d'égale vitesse, le moment était venu de montrer laquelle des deux surpassait l'autre en vigueur.

À ce nouveau coup d'éperon, les nobles bêtes se précipitèrent en bondissant vers le but qu'il leur fallait atteindre; mais la troisième fois que les pieds de la girafe touchèrent le sol, la terre lui manqua tout à coup, et l'énorme animal s'étendit sur l'herbe avec son pesant cavalier.

Hendrik, dont la bête ardente avait gagné d'une longueur ou deux la monture de son cousin, entendit bien derrière lui un bruit sourd qui interrompait celui des pas pressés de la girafe; mais l'*egocerus* était devant lui qui, se rapprochant de la forêt, l'entraînait à sa suite; il ne s'arrêta donc pas, et, sans s'inquiéter de son compagnon, négligence que lui pardonneront tous les sportmen, il pressa de nouveau son cheval noir qui, malgré la fatigue, redoubla d'ardeur et de vitesse.

Quelques minutes après, l'antilope était acculée à la lisière du bois et les chiens se précipitèrent sur elle... Pauvre Willem! Décidément il avait du malheur; son beau limier qu'il aimait tant, saisi par les cornes aiguës du vieux bok, retomba sur l'herbe en poussant un cri suprême, et resta sans mouvement, à quelques pas de l'*egocerus*.

Il est probable que le chien favori d'Hendrik aurait eu le même sort, si le jeune homme, en arrivant tout à coup, n'avait effrayé l'antilope qui rompit la défense, pirouetta sur elle-même et plongea dans la forêt, où le limier disparut avec elle.

Hendrik ne vit plus rien; mais il entendit craquer les branches sous les efforts de l'*egocerus*, et aboyer son chien, dont la voix lui indiquait la direction que l'animal avait prise; il ralentit sa bête et, pénétrant dans le fourré, il suivit comme il put la trace du blawbok, espérant à chaque seconde apprendre par les aboiements du limier que l'antilope était de nouveau réduite aux abois : mais c'est en vain qu'il prêta l'oreille, aucun bruit de ce genre ne répondit à son attente.

Il commençait à croire que le chien avait perdu la piste de l'*egocerus*, et qu'après avoir eu toutes les chances en sa faveur, il lui faudrait revenir au camp, l'oreille basse et tout aussi malheureux que l'avait été Willem, sans même pouvoir justifier sa défaite. Il en était là, déplorant la tournure que la chasse avait prise, quand, à son grand chagrin, il entendit un plongeon bruyant, comme si quelque chose de lourd venait de tomber dans la rivière; c'était l'antilope qui prenait l'eau. Un bruit pareil se fit entendre; c'était le chien qui s'élançait à la suite du blawbok.

Mais celui-ci nageait mieux que le limier; l'antilope était perdue pour le chasseur, Hendrik en était sûr; et pourtant la rivière était proche, il en apercevait le bord, un sentier découvert suivait cette direction; peut-être arriverait-il avant que l'antilope eût gagné l'autre rive, et d'un coup de carabine il finirait la lutte qui se terminerait en sa faveur.

Hendrik, sans hésiter une seconde, piqua des deux et galopa du côté de la rivière; quelques instants après il était sur la berge, à un endroit où l'eau était profonde, mais le courant peu rapide; de larges cercles ridaient la surface de l'eau que fendaient vivement les cornes du blawbok et la tête du limier.

Le chasseur n'eut pas le loisir de mettre pied à terre; avant même qu'il eût pu arrêter son cheval, le blawbok avait traversé l'eau et gravissait la berge opposée; à peine restait-il au jeune homme assez de temps pour décharger sa carabine; mais les belles épaules de l'antilope lui offraient une large cible, et en moins d'une seconde une touffe de poils s'éparpillait en l'air, tandis qu'un flot de sang jaillissait de la blessure et sillonnait le dos bleu du vieux bok; la détonation qui venait de se faire entendre expliquait ce phénomène, et avant que l'écho s'en fût évanoui dans la forêt, l'antilope avait glissé de la berge et restait immobile au bord de la rivière.

Ses belles cornes appartenaient à Hendrik.

CHAPITRE XVII

Lutte opiniâtre.

Appartenaient à Hendrik! c'est-à-dire qu'en voyant le blawbok rouler jusqu'au bas de la rive et tomber précisément dans la gueule du limier, notre jeune homme avait cru déjà tenir les belles cornes de l'antilope.

Mais il vit bientôt qu'il était dans l'erreur; le vieux bok ne tarda pas à se relever, éloigna le chien d'un coup de tête et plongea de nouveau dans la rivière; le chien s'élança derrière l'antilope et l'ayant rejointe au milieu du courant, la saisit à la croupe; la bête vigoureuse secoua l'assaillant qu'elle rejeta à dix pas d'elle, et faisant volte-face, attaqua son persécuteur avec une énergie désespérée; deux ou trois fois ses cornes l'atteignirent; mais glissant dans l'eau qui cédait derrière lui sous les coups de l'égocérus, le favori d'Hendrik échappa heureusement à la mort, bien qu'à diverses reprises il fût contraint de plonger profondément pour se dérober à la fureur de son antagoniste.

L'endroit de la rivière où la lutte avait lieu, commençait à rougir, car les dents du limier avaient lacéré les flancs et la croupe de son ennemi, et le sang coulait de tous les membres de la bête ; le limier lui-même était déchiré en maint endroit par les cornes de l'antilope, et un flot de pourpre jaillissait des ouvertures béantes de sa robe noire marquée de feu.

Après avoir envoyé son coup de fusil au vieux bok, Hendrik était descendu de cheval, non pas avec l'intention de recharger sa carabine, mais pour s'emparer de l'égocérus, qu'il croyait avoir tué roide ; il attachait sa monture à une branche et ne se pressait même pas, lorsque avant d'être parvenu à terminer son nœud, le bruit de la lutte que nous venons de décrire lui fit lâcher tout à coup la bride qu'il tenait à la main ; et reprenant sa carabine, il rechargea en toute hâte et courut au bord de l'eau.

La rive était couverte de saules qu'il avait dominés tant qu'il était à cheval ; mais cette bordure, à présent qu'il se trouvait à pied, lui dérobait la rivière, dont la surface ne lui apparaissait plus qu'au milieu des branches, et tout ce qu'il put découvrir, c'est qu'elle était sillonnée de rides et chargée de bulles écumeuses. Il entendait bien que la lutte se prolongeait entre le blawbok et le limier, mais les combattants ayant gagné les saules, où ils étaient cachés par le feuillage, Hendrik n'apercevait ni l'un ni l'autre.

Cependant la saulée se brisait un peu plus loin et la berge s'inclinait jusqu'au bord de l'eau par une pente adoucie ; c'était simplement un sentier que les animaux sauvages avaient ouvert pour aller boire ; des arbrisseaux garnissaient les deux bords de cette étroite passée, rejoignaient leurs branches à une certaine élévation, et formaient comme un tunnel de verdure.

Le jeune chasseur vint à découvrir cette allée où il s'engagea immédiatement.

L'antilope elle-même, ayant remarqué cette brèche au

rideau épais des saules, se dirigea vers ce point incliné dont l'abord lui semblait plus facile; et juste au moment où le chasseur pénétrait dans le sentier, le blawbok s'y embûchait en sortant de la rivière.

Chasseur et gibier couraient à toute vitesse, et en moins de quelques secondes se trouvèrent face à face. La passée trop étroite ne permettait pas à l'animal de continuer sa route, et l'épaisseur du hallier empêchait que l'un des deux ne pût, en s'écartant, céder la place à l'autre. Il n'y avait aucun moyen de retraite; de plus, l'impétuosité de la course rendait impossible tout mouvement de recul; il fallait se rencontrer nécessairement, et cette collision inévitable, tout en faveur de l'antilope, devait être mortelle pour le chasseur.

Hendrik n'avait pas même le temps de chercher l'endroit où il fallait frapper l'animal, il en était trop près pour avoir le moyen de le viser à loisir.

Le coup partit au hasard; la balle égratigna l'antilope et ne fit qu'augmenter la fureur de celle-ci, qui, la tête basse et les cornes en avant, se précipita sur le jeune homme.

Un instant de plus et le pauvre Hendrik était traversé par les cimeterres du blawbok; mais guidé par l'instinct de conservation, le chasseur, lâchant sa carabine, s'élança lui-même au devant de la bête furieuse et quand il ne se trouva plus qu'à un mètre de ses cornes menaçantes, il bondit avec autant d'élasticité qu'un springbok, et retomba lourdement sur la croupe de l'égocérus.

L'animal fléchit sous le poids du jeune chasseur, qui roula dans l'allée; agile comme une gazelle, Hendrik se retrouva debout en un clin d'œil; toutefois plus rapide encore, la bête revint sur lui avant qu'il eût recouvré son équilibre.

C'en était fait de notre ami s'il avait été seul; mais au moment où le vieux bok se précipitait vers le jeune homme, le limier saisissait la bête à la gorge et s'y cramponnait avec force.

Le poids du chien, en paralysant la vigueur de l'antilope, amortit le coup dont Hendrik fut néanmoins frappé. Toute la colère du vieux bok se tourna vers le chien qu'il rejeta devant lui avec ses pieds et qu'il allait achever à coups de cornes; mais le chasseur, non moins furieux que l'antilope, n'était pas d'humeur à voir tuer son favori sous ses yeux sans chercher à le sauver, et bien loin de penser à fuir, il tira son couteau de chasse, s'élança vers l'égocérus qui lui présentait le flanc, saisit de la main gauche la base de l'une des cornes de l'animal, s'en fit un point d'appui, et plongea sa lame acérée entre les côtes du vieux bok.

Le coutelas du jeune homme avait pénétré jusqu'au cœur de l'antilope, et avant qu'Hendrik eût abandonné la corne qu'il avait saisie, la bête tombait morte à ses pieds.

Aussitôt qu'il fut un peu plus calme, Hendrik songea au gros Willem qui n'était pas venu le retrouver; il commençait à craindre que le pauvre garçon ne fût blessé gravement, et résolut de retourner sur ses pas, laissant le vieux bok au milieu du sentier; il reviendrait plus tard le chercher avec les autres; la première chose à faire était de courir à l'endroit où il avait quitté Willem.

Vous vous rappelez qu'Hendrick, surpris par la lutte qui s'était engagés entre le chien et l'antilope, avait lâché la bride de son cheval avant de l'avoir attaché à un arbre; toutefois la noble bête ne s'était pas enfuie, et le cavalier fut bientôt sur la voie qu'il avait prise en poursuivant le blawbok.

Une chose surtout inquiétait vivement Hendrik : tandis qu'il se battait avec l'antilope, il avait entendu la détonation bruyante du fusil de son cousin, et il se demandait qu'est-ce que le gros Willem pouvait avoir tiré !

Hendrik bondit et retomba sur la croupe de l'égocérus (page 107).

Était-ce l'un des égocérus qu'il avait aperçus, ou n'était-ce pas plutôt un signal de détresse? L'appréhension de notre ami augmentait à cette pensée.

Mais comme il sortait du bois, le premier objet qui s'offrit à ses regards fut le gros Willem, monté sur la girafe et qui accourait au-devant de lui. C'était la meilleure preuve que ni l'un ni l'autre n'avaient gravement souffert de la chute qu'ils avaient faite.

Hendrik s'en assura tout à fait en rejoignant son camarade; celui-ci n'avait pas même une égratignure, tandis que le premier avait le bras fortement endommagé par les cornes du vieux bok; néanmoins le gros Willem était d'une humeur massacrante, et Hendrik, malgré l'envie de rire que lui donnait la mine piteuse du malheureux chasseur, garda un sérieux convenable par égard pour l'amour-propre de son ami.

Et cette arme à feu dont la détonation lui avait causé tant d'inquiétude, était-ce bien l'énorme fusil du gros Willem? Ce dernier répondit tout simplement par un signe affirmatif et montra du doigt à Hendrik un animal bizarre, couché dans la prairie, et qui, selon toute apparence, n'était mort que depuis quelques minutes.

Hendrik avança jusqu'à l'endroit où gisait le quadrupède, se pencha sur sa selle et regarda la bête avec une grande attention.

C'était en effet une singulière créature, à peu près de la taille d'un grand basset, mais d'une forme toute différente; elle avait cet abaissement du train de derrière qui caractérise l'hyène et quelque chose de l'aspect de cet animal; toutefois son museau était plus effilé, plus pointu, son dos plus arrondi, et ses membres étaient moins forts que ceux des hyènes. Sa robe, d'un gris lavé de rouge, marquée de bandes noires et transversales, augmentait encore sa ressemblance avec celle-ci, du moins avec l'*hyène* rayée.

Ce n'était cependant pas une hyène, mais une de ces créatures qui, n'appartenant à aucune famille de l'histoire naturelle, forment un chaînon qui semble fait pour réunir plusieurs classes d'animaux. Ces moules bizarres abondent surtout dans le midi de l'Afrique, où ils se trouvent à la fois parmi les oiseaux et parmi les quadrupèdes; citons comme exemples, l'hyénoïde, l'hyrax, le zerda, le fennec, le gnou, le protèle, le secrétaire, l'aigle bateleur, etc. La plupart de ces animaux étranges ne sont représentés que par une seule espèce et ne se rencontrent que dans l'Afrique australe.

La bête qui gisait aux pieds de notre chasseur était précisément l'une de ces énigmes zoologiques, dont les naturalistes ne sont pas encore parvenus à déterminer la place d'une manière satisfaisante; les uns ont classé le *protèle* parmi les chiens, les autres parmi les hyènes : il s'en est trouvé qui en ont fait une civette, ou qui l'ont pris pour un renard. Il a effectivement dans sa structure anatomique et dans ses habitudes, des points de ressemblance avec tous ces animaux, dont il ne se rapproche pas d'une manière assez complète pour qu'on puisse le ranger dans l'une ou l'autre de leurs familles; aussi a-t-on créé à son intention le genre *protèle*; c'était un animal de cette espèce que notre chasseur avait sous les yeux, un *protèle Delalandii*, ainsi nommé du voyageur de Lalande, qui le premier en a fait la description.

Pour Hendrik et pour Willem, c'était tout simplement un *aard-wolf*, c'est-à-dire un loup de terre, nom sous lequel cet animal est connu des habitants de la colonie du Cap, et qui lui a été donné parce qu'il vit au fond d'un terrier, qu'il creuse de ses propres pattes. Il est commun dans tout le midi de l'Afrique, même dans les parties habitées de cette région, où cependant il est rare de le rencontrer, car c'est un animal nocturne, et il passe toutes ses journées dans sa demeure souterraine.

Mais bien qu'il ne se montre presque jamais en plein jour, il n'en révèle pas moins sa présence aux boërs par ses déprédations, et le cultivateur est souvent appelé à constater les ravages que ce voleur de nuit commet au milieu de ses troupeaux.

Les moutons de la partie méridionale de l'Afrique sont d'une race particulière, dont le caractère distinctif est une grosse queue, formée d'une masse de graisse qui pèse fréquemment plusieurs livres, et que les ménagères de la colonie emploient pour faire la cuisine ; c'est justement cette masse de graisse, retombant jusqu'à terre, qui est le morceau favori du protèle dont les mâchoires, beaucoup moins fortes que celles de l'hyène, lui font préférer les substances molles ; il en résulte que le matin il arrive souvent au boër de trouver ses plus beaux moutons dépossédés de leur queue précieuse par la voracité de l'aard-wolf.

Ce n'était pas la première fois qu'Hendrik avait l'occasion de voir un protèle ; il en avait même tué plusieurs, et s'il regardait cet animal avec une aussi grande attention, c'est pour voir à quel endroit il avait été frappé.

« D'où venait-il donc ? demanda le jeune homme à son cousin.

— De chez lui, » répondit le gros Willem : celui-ci ajouta que c'était précisément le terrier de cet animal qui avait occasionné la chute de la girafe, et que la bête, effrayée, était sortie de sa retraite au moment où il venait de se relever ; que furieux contre le protèle qui était la cause de sa mésaventure, il lui avait traversé le corps d'une balle, ce qu'il n'aurait pas fait dans toute autre circonstance, car, d'après lui, cette ignoble bête ne valait pas une charge de poudre.

Ces paroles expliquaient la détonation du gros fusil de Willem.

Les deux jeunes gens se dirigèrent alors vers l'endroit où Hendrik avait laissé le blawbok ; leur intention était de découper la bête pour en emporter la viande ; et comme ils se mettaient à la besogne, ils furent rejoints par Hans et Arend, qui avaient suivi leurs traces.

Chacun prit en croupe un quartier de venaison, et tous les quatre regagnèrent le bivac.

Ils n'avaient jamais été plus joyeux, ni d'une gaieté plus franche, à l'exception du gros Willem, qui n'était pas de bonne humeur, et qui avait pour cela deux motifs : la perte de son chien favori et l'échec que venaient de recevoir sa réputation de sportman ; d'autant plus que si Hendrik eut la délicatesse de s'abstenir de toute allusion à l'égard de la chute que le pauvre garçon avait faite, Hans et Arend ne furent pas aussi charitables, et plaisantèrent leur malheureux cousin de la sotte aventure qui l'avait arrêté dans sa course.

CHAPITRE XVIII

Flèches empoisonnées.

Klaas et Jan, après être rentrés au bivac, avaient dessellé leurs poneys et ne s'étaient plus éloignés des wagons.

Ne croyez pas, néanmoins, qu'ils fussent restés à rien faire ; il y avait toujours quelque chose qui occupait leur esprit. Facetanné d'ailleurs était là ; et nos bambins avaient pour ce bon nègre une véritable adoration ; car il n'existait pas dans toute l'Afrique un seul oiseau que le Bushman ne sût dénicher ou prendre au piége, et quand les bœufs étaient enfermés dans leur kraal, et par conséquent en sûreté, il apprenait aux deux cousins à fabriquer maintes sortes de gluaux et de trébuchets pour s'emparer des volatiles de toute espèce. C'était toujours avec un nouveau plaisir que Klaas et Jan assistaient aux opérations du Bushman, et jamais les projets de celui-ci n'avaient eu pour nos deux oiseleurs autant d'intérêt que le jour où Hendrik et Willem chassaient le blawbok, dont nous avons raconté la mort dans le chapitre précédent. Il était question cette fois, non pas d'un habitant de l'air, bien que ce fût d'un oiseau, mais d'un animal terrestre : vous devinez qu'il s'agit d'une autruche.

En effet, le Bushman avait résolu de s'emparer des plumes du vieux mâle qui, la veille, avait passé devant le jeune naturaliste, et dont les boërs et le fennec avaient dérobé les œufs.

Mais comment Facetanné parviendrait-il à capturer l'autruche? Il n'avait pas l'espérance de la prendre vivante. Nous avons dit plus haut combien il est difficile d'approcher de ce bipède, dont la vitesse est prodigieuse; on ne réussit à le forcer qu'avec de très-bons chevaux, et la poursuite en est longue et pénible.

Ce n'était donc pas une chasse de cette espèce que le Bushman voulait faire au vieux mâle : toute l'ambition du nègre se bornait à tuer la bête pour en avoir les plumes et la peau, afin de les échanger à son tour contre les risdales[1] que lui vaudrait le butin.

Mais encore une fois, par quel moyen espérait-il arriver à son but? Était-ce en empruntant la carabine d'Hendrik ou l'énorme fusil du gros Willem? Avait-il l'intention de tuer l'autruche avec une balle? Pas du tout. Facetanné était le plus mauvais tireur qu'on pût

---

[1]. Le risdale ou rixdale vaut en Hollande 5 fr. 48 centimes.

voir; c'est-à-dire qu'avec une arme à feu il n'aurait pas même pu toucher un éléphant, bien moins encore un oiseau; mais s'il ne savait pas tenir un fusil, le Bushman était, par contre, un archer de premier ordre. Avec son arc d'enfant, qui n'avait pas un mètre de longueur, il pouvait lancer une flèche non moins sûre que la balle d'une carabine, et frapper de mort tout aussi bien qu'avec le roër du gros Willem.

A voir le roseau fragile dont le fer barbelé était si peu de chose et la hampe si légère, vous n'auriez jamais supposé qu'une arme si frêle pût suffire pour abattre un animal de la taille et de la force de l'autruche; et cependant, avec un roseau pareil, Facetanné avait tué plus d'une girafe, tant la flèche des Bushmen est une arme dangereuse.

Mais comment cela se fait-il ? Ce n'est pas sa dimension qui peut la rendre aussi dangereuse, ni la puissance avec laquelle elle peut être lancée au moyen d'un arc aussi faible; il y a autre chose que la force de l'arc ou le poids de la flèche pour que cette arme puisse être aussi meurtrière.

Vous dites vrai, mon enfant; il y a le poison qui s'insinue dans la blessure, et les flèches du nègre des Von Bloom, comme celles de tous les véritables Bushmen, étaient empoisonnées.

L'emploi que tous les sauvages de la terre font de l'arc et des flèches, qui, dans tous les pays, affectent la même forme, peut être regardé comme l'un des faits les plus curieux de l'histoire de la race humaine. On retrouve cette arme universelle chez des peuplades complétement isolées du reste des hommes; elle y est construite d'après les mêmes principes et diffère seulement par quelques détails qui ont rapport aux circonstances locales. On a vu des tribus chez qui les usages, les mœurs, les goûts et le caractère étaient entièrement opposés, n'avoir de commun entre elles que cet engin de destruction.

Est-ce le résultat d'un même besoin qui, sous l'empire de la nécessité, a produit partout le même effet? L'existence de cette arme primitive chez les nations les plus éloignées les unes des autres, serait-elle la preuve que tous les peuples ont eu la même origine, ou qu'ils ont communiqué entre eux à une époque dont le souvenir est effacé ?

Quel que soit l'intérêt qui s'attache à cette question, elle serait ici hors de propos et nous mènerait beaucoup trop loin.

Mais un fait non moins curieux est celui que présente la coutume d'empoisonner les flèches; nous la retrouvons çà et là chez des peuplades de races différentes, disséminées sur tous les points du globe; et chez toutes ces peuplades l'usage et la préparation de la matière vénéneuse sont, à peu de chose près, les mêmes.

Ajoutons que cette coutume appartient à des tribus tellement séparées les unes des autres qu'il n'est pas probable, je dirai même qu'il est impossible qu'elles aient jamais pu communiquer entre elles. Nous ne pouvons pas admettre qu'il y ait eu, à aucune époque, de relations entre les Chunchos de l'Amazone et les Bushmen d'Afrique, pas davantage entre ceux-ci et les Peaux-rouges de l'Amérique du Nord; et cependant chez tous ces peuples on empoisonne les flèches, et l'on se sert pour cet usage de substances complètement analogues. Tous emploient un mélange de poison végétal et du fluide subtil que produisent les glandes maxillaires des serpents dont la morsure est venimeuse. Le crotale[1] et le moccason, ainsi que plusieurs racines de différentes espèces, fournissent aux Indiens de l'Amérique du Nord les éléments du poison à flèches; ceux de l'Amérique du

---

1. Serpent à sonnettes.

Sud emploient pour le même usage, sous le nom de *wourali* ou de *curare*, un suc vénéneux mêlé au poison de divers serpents, soit du corail (*echidna ocellata*), du serpent à sonnettes-diamant (*crotalus horridus*), de la vipère trigonocéphale (*trigonocephalus lanceolata*), ou du maître des buissons (*lachesis rhombeata*). Dans le midi de l'Afrique on obtient les mêmes effets en mêlant au suc de la racine bulbeuse d'une amaryllis le venin de la vipère gonflée, ou celui de plusieurs variétés de *najas*, qui sont les *cobras* de cette région.

Notre Bushman était précisément l'un des plus habiles de sa race pour préparer cette substance meurtrière ; et toutes les fois que nos chasseurs avaient tué une vipère gonflée ou cornue, ce qui arrivait souvent, Facetanné avait eu soin d'ouvrir les glandes qui sont placées derrière les crochets de ces reptiles, d'en extraire la goutte de venin qui s'y trouve renfermée, et de la recueillir précieusement dans une petite fiole. Il emportait aussi comme ingrédient qui devait entrer dans la composition de sa drogue, une espèce de bitume que l'on trouve dans certaines cavernes où elle suinte des rochers. Ce n'était pas, comme on l'a dit quelquefois, pour ajouter à la force du poison, mais tout bonnement pour l'épaissir et pour le rendre gluant, afin qu'il pût adhérer au fer de la flèche. Les Indiens de l'Amérique du Sud obtiennent le même résultat en employant une gomme végétale.

Il n'était pas difficile de se procurer l'amaryllis, dont le suc était indispensable à la drogue de Facetanné ; car cette plante vénéneuse abondait aux environs du camp ; mais notre Bushman n'avait pas voulu courir le risque d'en manquer au moment où il en aurait besoin ; et dès les premiers jours de l'expédition, il avait arraché plusieurs de ces bulbes qu'il avait mises en réserve dans l'un des coffres du chariot de Von Bloom où étaient déposés les bibelots nombreux dont lui seul aurait pu dire l'usage.

Klaas et Jan eurent ainsi la bonne fortune de voir fabriquer la drogue qui sert aux Bushmen pour empoisonner leurs flèches. Ils virent Facetanné écraser une bulbe d'amaryllis, la mettre dans un petit vase, qui fut placé sur le feu où l'oignon mijota tout doucement; le nègre prit ensuite la petite fiole qui renfermait le précieux venin des serpents; il en versa le contenu dans le vase où était déjà l'oignon, tourna sa drogue avec un petit morceau de bois, et, lorsqu'elle fut d'une couleur brun foncé, il y goûta, comme à une sauce, pour en essayer la force.

Jugez de la surprise de nos deux spectateurs quand ils virent le Bushman avaler impunément quelques gouttes de cet horrible mélange, dont une dose bien moins considérable aurait suffi pour tuer un éléphant.

Vous n'êtes pas moins étonné qu'eux; mais rappelez-vous que tous les poisons n'agissent pas de la même manière : une faible quantité d'arsenic, introduite dans l'estomac, causera la mort de l'imprudent qui l'absorbe; et vous pouvez avaler sans le moindre danger la tête d'un serpent à sonnettes, y compris les glandes qui sécrètent le venin de ce reptile.

Si, au contraire, un atome de ce fluide venimeux pénétrait dans vos veines, ne fût-ce que par la piqûre d'une épingle, il vous tuerait certainement, tandis que l'arsenic, ainsi que bien d'autres substances vénéneuses, serait, en pareille occasion, tout à fait inoffensif.

Notre Bushman savait parfaitement qu'il n'y avait dans sa drogue que des choses qu'il pouvait digérer; ce n'était pas un poison pour l'estomac, et, pourvu qu'il n'eût pas la plus petite écorchure aux lèvres, il pouvait y goûter sans péril.

Le bitume fut le dernier ingrédient que Facetanné mit

dans le vase ; il continua de remuer pendant quelques minutes ; puis, lorsque son mélange fut convenablement épaissi, notre Bushman tira d'un carquois un certain nombre de flèches dont il trempa le fer dans ce poison ; et, quand elles eurent séché, ses armes furent prêtes, pour l'usage qu'il désirait en faire.

C'était le jour même que le Bushman avait formé le projet de s'en servir, et il s'était bien promis que le soleil ne se coucherait pas avant qu'il eût envoyé au moins l'une de ses flèches dans la peau d'une autruche.

CHAPITRE XIX.

Manœuvre du Bushman pour attirer l'autruche mâle.

Klaas et Jan s'intéressaient bien moins à la composition du mélange vénéneux qu'à l'usage auquel cette drogue meurtrière devait être employée; ils savaient que le Bushman avait l'intention d'essayer le jour même la puissance de ses flèches, et ne se sentaient pas d'aise. Mieux que cela, Facetanné leur avait promis de les faire assister à la chasse du vieux mâle, et c'était cette perspective attrayante qui les remplissait de joie.

Il fallait attendre que le soleil fût au moment de se coucher, afin de laisser aux autruches le temps de revenir au gîte, car c'était aux environs du nid que la scène devait avoir lieu.

Nos deux amis trompaient leur impatience en causant de l'aventure qui leur était promise; ils ne doutaient du succès ni l'un ni l'autre; la flèche empoisonnée du

Bushman tuerait l'oiseau, la chose était certaine; mais comment Facetanné parviendrait-il à rejoindre l'autruche d'assez près pour lui envoyer une flèche si petite et si mince? c'était pour eux une énigme. Il serait encore grand jour quand les trois bipèdes reviendraient à leur nid, et les pauvres bêtes, en voyant les ravages qu'on y avait faits le matin même, prendraient la fuite et s'en iraient, Dieu savait où.

Le Bushman devait profiter du moment où elles reviendraient avec confiance; car elles ignoraient la disparition de leurs œufs; mais comment échapperait-il au regard perçant des autruches? Comment approcher d'elles à portée d'un arc aussi frêle que celui du Hottentot dont la flèche n'arrivait pas à quarante mètres de l'endroit d'où elle était lancée?

Facetanné avait-il l'intention d'aller se mettre à l'affût et d'y attendre le retour des oiseaux? Il fallait alors qu'il se plaçât auprès du nid, autrement il n'aurait pas eu de chance de rencontrer les autruches, puisqu'il ne connaissait pas la direction qu'elles devaient prendre. Il semblait pourtant impossible de se cacher dans cette plaine découverte, où l'on n'apercevait ni un buisson, ni une pierre qui pût abriter, je ne dirai pas un homme, mais un chat, dans un rayon d'un kilomètre autour du nid dévasté. Quant à se placer dans un creux du terrain pour y attendre la venue des oiseaux, il ne fallait pas y songer; c'est un moyen qui peut réussir à l'égard d'un lion, d'un éléphant ou d'un rhinocéros, mais qui ne parviendra jamais à tromper une autruche; car, en dépit des apparences qui ont fait croire que cette dernière était stupide, l'autruche est à la fois prudente et rusée; elle remarque les moindres accidents du terrain qu'elle parcourt, et se garde bien d'approcher de son nid, sans avoir fait une reconnaissance des lieux qui aurait mis à néant tous les projets du Bushman.

Mais celui-ci ne pensait nullement à se cacher dans la plaine.

Quel moyen, dès lors, voulait-il employer ? Klaas et Jan avaient beau faire, ils ne le devinaient pas ; et Facetanné, comme tous les gens habiles, ne se souciait point de divulguer ses projets ; il aimait bien mieux les révéler par ses actes que par ses paroles ; et comme les deux amis étaient eux-mêmes des chasseurs, et de plus, des garçons bien élevés, ils n'adressèrent pas de questions indiscrètes au Bushman et se contentèrent de regarder en silence tous les préparatifs que faisait celui-ci.

Parmi ces préparatifs, il en était un surtout qui excitait la curiosité des collégiens ; Facetanné avait pris le petit fennec, cette espèce de renard à grandes oreilles, que les boërs avaient tué le matin même, et l'avait dressé au moyen d'un certain nombre de brochettes, de façon qu'il pût se tenir debout et qu'on le prît à une faible distance pour un animal vivant.

Cette opération terminée, le Bushman trouvant que le soleil était assez bas à l'horizon, mit le fennec sous son bras, et, son arc à la main, se dirigea vers la plaine où les autruches allaient revenir.

Nous avons dit que les deux collégiens devaient assister à cette chasse intéressante ; mais c'était de loin qu'ils devaient en suivre les divers incidents ; il y avait deux lunettes d'approche dans les wagons, et lorsque Facetanné leur avait promis qu'ils seraient spectateurs de ses prouesses, il avait pensé aux deux longues-vues qui permettraient à Klaas et à Jan de voir tout ce qui se passerait dans la plaine sans qu'ils eussent besoin de l'accompagner.

Le Bushman ne pouvait pas les emmener ; c'eût été le moyen de faire fuir les autruches, dont la vue est tellement perçante, ainsi que nous l'avons dit plus haut, qu'elles découvrent le chasseur bien avant que celui-ci ait pu les apercevoir.

Sur ces entrefaites les aînés de la bande étaient rentrés au bivac ; ils s'intéressaient à l'entreprise de Face-tanné tout autant que les collégiens et n'étaient pas moins curieux d'en savoir les détails ; mais Klaas et Jan ne voulurent pas se dessaisir des petits télescopes dont ils s'étaient emparés, et l'on décida qu'ils grimperaient sur un arbre, d'où ils décriraient au fur et à mesure tout ce qu'ils verraient dans la plaine. De cette manière ceux qui resteraient en bas jouiraient du spectacle par une sorte de *seconde vue*, suivant l'expression d'Arend.

Klaas et Jan furent donc hissés tout en haut d'un acacia, et, se plaçant au milieu des branches, ils préparèrent les deux longues-vues dont ils allaient se servir.

De ce point élevé, non-seulement ils découvraient le nid des autruches, mais leurs regards embrassaient la plaine sur une étendue considérable, et il leur était facile de voir tout ce que le Bushman et les oiseaux pourraient faire.

Nous avons dit, on se le rappelle, qu'autour du nid des autruches, dans un rayon de plus de cinq cents mètres, il ne se trouvait pas une broussaille derrière laquelle un chat pût dissimuler sa présence, et qu'à l'exception de quelques pierres de la grosseur d'un pavé, la plaine sablonneuse était unie comme une glace.

Nos chasseurs l'avaient déjà remarqué ; Hendrik et le gros Willem surtout, qui avaient eu d'abord l'intention de se mettre à l'affût pour attendre les autruches et qui n'avaient abandonné ce projet que parce qu'il était impossible, dans cette plaine découverte, d'échapper aux yeux de ces oiseaux vigilants.

Toutefois, un peu plus loin, juste à la circonférence du cercle dont nous avons donné le diamètre, il se trouvait un buisson qui pouvait, à la rigueur, servir de cachette à un homme. Hendrik et Willem avaient bien vu cette broussaille, mais elle était si loin du nid en question, qu'ils n'avaient pas eu l'idée d'en faire usage; cinq cents mètres de distance! autant valait dire cinq kilomètres. Encore si cet abri avait été sur la piste des autruches, dans la direction qu'elles avaient prise le matin et qu'il était probable qu'elles prendraient pour revenir, on aurait pu s'y cacher dans l'espoir qu'une balle les atteindrait au passage; mais il se trouvait précisément du côté opposé, c'est-à-dire entre le bivac et la station des autruches; et le gros Willem, aussi bien qu'Hendrik, n'aurait jamais songé à s'en faire une embuscade.

C'était au contraire sur ce buisson que le Hottentot fondait tout son espoir, et c'était de ce côté qu'il se dirigeait aussi vite que possible.

A quel propos? Voulait-il se cacher derrière ce massif pour y attendre les autruches? C'était bien son intention.

Mais à quoi ses flèches pourraient-elles lui servir, tout empoisonnées qu'elles fussent, à une distance de cinq cents mètres? Que vous dirai-je, si ce n'est que le Bushman savait bien ce qu'il faisait.

Prouvons-le en rapportant les paroles des collégiens, qui, de leur observatoire, ne perdaient pas un seul des mouvements du vieux nègre.

« Facetanné vient d'arriver au buisson, cria Jan du haut de son acacia; il pose son arc et ses flèches à côté des broussailles. Le voilà qui s'en éloigne; il se dirige vers le nid des autruches et il a toujours le fennec sous son bras; il s'arrête; il est à moitié chemin... non, il est plus près du massif que du nid des oiseaux...

— Je crois bien, interrompit Klaas, c'est tout au plus s'il est à vingt pas du buisson.

— Peu importe la distance; mais qu'est-il en train de faire? demanda Hendrik; on dirait qu'il est courbé.

— Certainement, répondit Klaas ; il a posé le fennec dans la plaine ; le petit animal est debout et se tient tout seul, on croirait qu'il est vivant.

— Facetanné a raison, répliqua le naturaliste ; je vois maintenant par quel moyen il espère rabattre les autruches de son côté.

— Moi aussi ! moi aussi ! crièrent à la fois Hendrik et le gros Willem.

— Maintenant, poursuivit Klaas, il continue de se diriger vers le nid des autruches ; il y arrive et en fait le tour ; de temps à autre il se baisse et pousse quelque chose avec son pied, mais je ne devine pas ce que c'est.

— Il me semble, répondit Jan, qu'il recouvre les coquilles d'œuf que nous avons laissées autour du nid.

— Tu as raison, dit Klaas ; c'est bien cela ! Il vient même de prendre l'un des œufs qui sont restés dans le nid, et je crois qu'il le tient à la main. »

On se rappelle que les jeunes boërs n'avaient emporté que les œufs qui n'avaient pas été couvés, ils n'avaient point touché aux autres, à l'exception de deux ou trois qu'ils avaient cassés pour voir s'ils étaient encore mangeables.

« Voilà Facetanné qui revient, s'écria Jan : il a toujours à la main l'œuf qu'il a ramassé. Mais vois donc, je ne me trompe pas, Klaas, il le pose par terre, juste au-dessous du museau du fennec.

— Ah ! s'écrièrent tous nos amis, qu'il est roué notre vieux Bushman !

— Il est maintenant de retour au buisson, continua le petit Jan, et le voilà qui s'accroupit. »

Après avoir attendu quelques instants, Hendrik interrogea la vigie pour savoir si elle n'apercevait plus rien. Klaas et Jan répondirent que Facetanné, toujours accroupi, restait complétement immobile.

Tout le secret des manœuvres du Bushman reposait

sur un fait d'histoire naturelle qu'il avait observé depuis longtemps ; il connaissait l'antipathie que le fennec ovivore[1] inspire à l'autruche ovipare[2], et il savait par expérience que la haine est si forte chez cet oiseau à l'égard du petit maraudeur, que jamais l'autruche n'aperçoit un fennec sans se diriger immédiatement vers lui avec l'intention de lui casser les reins. En pareil cas, il ne sert à rien au petit quadrupède de s'enfuir ; quelle que soit la rapidité de sa course, il n'a d'autre chance de salut que de se blottir au fond d'un terrier, si par hasard il s'en trouve dans le voisinage, de se glisser dans un épais buisson, ou bien encore dans une fente de rocher, que ne puisse pas envahir son ennemi, car un coup de pied du vigoureux bipède suffirait pour mettre fin à ses rapines.

C'est pour cela que le Bushman avait emporté le fennec et l'avait placé en évidence ; il était impossible que les autruches ne le vissent pas ; elles ne manqueraient point alors d'accourir avec d'autant plus d'empressement, qu'exaspérées par la dévastation de leur nid, elles prendraient le petit fennec pour l'auteur du désastre.

« Voilà les autruches ! s'écria Jan après un long silence.

— Où les vois-tu donc ? lui demanda Klaas, dont la vue était moins bonne.

— De l'autre côté du nid, bien loin, bien loin, répondit Jan.

— C'est vrai, poursuivit Klaas, elles reviennent par la même route qu'elles ont prise ce matin. J'en vois trois, un mâle et deux femelles ; ce sont bien sûr les mêmes qu'hier.

— Elles approchent, s'écria Jan, elles arrivent à leur

---

[1]. Qui mange des œufs.
[2]. Qui pond des œufs.

nid.... Mais que font-elles donc ? les vois-tu courir en cercle comme des folles ; elles agitent la tête comme un cheval qui encense, et frappent le sable à coups de sabot.

— Je crois, Dieu me pardonne, qu'elles *brisent leurs œufs*, répondit Klaas.

— Cela ne fait pas le moindre doute, répliqua le naturaliste ; les autruches ne manquent jamais de casser leurs œufs toutes les fois qu'à leur retour, elles s'aperçoivent qu'un homme ou un animal y a touché. »

Hendrik et le gros Willem confirmèrent cette assertion.

« Elles ont quitté leur nid et viennent en droite ligne vers l'endroit où est caché Facetanné, s'écria Jan ! mon Dieu ! comme elles courent ! les voilà sur le fennec. Oh ! elles l'ont renversé d'un coup de pied ; sont-elles furieuses ! le frappent-elles du bec et du sabot ! Hourra ! hourra ! que c'est amusant de les voir !

— Mais ce vieux Facetanné, que fait-il donc ? les autruches sont à portée de ses flèches !

— Patience, répondit Klaas, le voilà qui se remue ; il bande son arc...

— Il fait partir une flèche ; les autruches se sont enfuies, et cette fois, elles ne reviendront jamais. »

Le petit Jan était dans l'erreur ; les autruches, il est vrai, en entendant vibrer la corde de l'arc avaient immédiatement détalé ; mais à peine avaient-elles franchi quatre cents mètres, que le mâle laissa tomber ses ailes et se mit à courir en décrivant des cercles, que les femelles répétaient derrière lui ; ses mouvements devinrent bizarres ; il fut dès lors certain qu'il était sous l'influence du poison de Facetanné ; la pauvre bête chancela comme un homme ivre, s'agenouilla deux ou trois fois, se releva, fit quelques pas en courant, battit des ailes, agita son long cou de droite à gauche, tomba en avant et s'étendit sur le sable.

Elle continua pendant quelques minutes à lancer des ruades puissantes qui soulevaient la poussière, comme l'aurait fait un buffle ; puis ses muscles perdirent leur vigueur, ses convulsions s'éteignirent, et son cadavre resta sans mouvement à la place où il était tombé.

Les deux femelles ne s'étaient point éloignées du mâle, et ne témoignaient pas moins d'effroi que de surprise ; cependant elles ne songèrent à s'enfuir qu'en voyant le Bushman, qui, sorti de sa cachette, se dirigeait de leur côté ; mais, dès qu'elles l'eurent aperçu, elles se sauvèrent à toute vitesse et ne tardèrent pas à disparaître.

Klaas et Jan dirent alors que le Bushman était penché au-dessus du mâle, et que probablement il s'occupait de le dépecer.

En effet, au bout d'une heure environ, Facetanné revint au bivac, rapportant sur ses épaules la dépouille de l'autruche, et passa devant le Zoulou avec un air de triomphe qui voulait dire, sans qu'on pût s'y méprendre :

« Eh bien ! Gongo, pourrais-tu en faire autant ? »

CHAPITRE XX.

Poursuite d'un gnou rayé.

Nos chasseurs résolurent de passer encore au moins deux jours auprès de la fontaine des Mokhalas, afin d'attendre que la chair du blawbok, dont la venaison est excellente, fût réduite en biltong ; ils ne savaient pas s'ils trouveraient du gibier pendant les cinq ou six journées suivantes, et cette viande séchée pouvait leur être d'un grand secours. Le chemin qu'ils allaient prendre leur était complétement inconnu, même au Zoulou, qui n'avait que des notions générales sur cette partie de la contrée. Ils se dirigeaient vers le Molopo, dont leur guide savait fort bien la position et dont il connaissait les bords; mais il n'avait jamais parcouru le territoire qui les séparait de cette rivière, et il ignorait totalement si le pays était giboyeux ou dépourvu d'animaux.

Facetanné en savait encore moins à cet égard, si la chose était possible; nos amis étaient maintenant fort éloignés du pays des Bushmen; ils se trouvaient alors dans une région habitée par de pauvres tribus de la grande famille des Béchuanas, et jamais Facetanné, dont la terre natale est au sud-ouest, dans la direction du pays des Namaquas, n'avait été aussi loin de chez lui du côté de l'orient.

C'est par ce motif que Hans, le plus âgé de la bande et surtout le plus raisonnable, décida qu'on ne se remettrait en marche qu'après avoir convenablement boucané toute la chair du blawbok.

Cette provision, jointe à ce qui leur restait des deux oryx, leur donnerait au moins la certitude de ne pas manquer de viande, en supposant que le pays qu'ils allaient parcourir fût dépourvu de gibier. C'était, du reste, l'affaire de quarante-huit heures; il n'en faudrait pas davantage pour que le soleil eût complétement séché la venaison que l'on pourrait ensuite faire voyager sans crainte.

Le départ de nos chasseurs fut donc remis au surlendemain, et la chair du blawbok et de l'oryx, qui pendait en rouges festons aux branches des acacias, prit une couleur brune, se durcit, et fut dès lors dans les conditions voulues pour se garder pendant cinq ou six semaines.

Mais nos jeunes boërs n'avaient pas besoin de rester

toute la journée au camp; leur biltong n'exigeait pas une extrême surveillance; il était suspendu assez haut pour n'avoir rien à craindre pendant la nuit des chacals et des hyènes, et pendant le jour il suffisait de la présence de Congo ou de Facetanné pour éloigner les oiseaux de proie.

Dès qu'il fut décidé qu'ils ne partiraient pas immédiatement, les jeunes chasseurs montèrent à cheval et se dirigèrent tous les six vers la prairie, où le blawbok avait été forcé par Hendrik, et où ils s'attendaient bien à trouver des égocérus ou quelque autre espèce d'antilope.

Nos amis ne furent pas trompés dans leur espoir; à peine arrivaient-ils dans la prairie qu'ils aperçurent une quantité d'animaux de trois espèces différentes. A une assez grande distance, on voyait une troupe considérable de petites antilopes, dont les cornes en forme de lyre et le pelage d'un brun jaune révélaient des springboks [1]; il suffisait d'ailleurs de les regarder un instant pour s'en convaincre; à chaque minute, l'un des membres du troupeau bondissait comme poussé par un ressort, et déployant cette partie de la peau qui, chez l'antilope sauteuse, forme une poche sur la croupe, faisait voir les grands poils blancs dont cette espèce de sac est doublé.

Non loin des springboks, et se mêlant parfois avec eux, était une bande d'animaux de plus grande taille, que leur aspect particulier ne permettait pas de méconnaître; ils appartenaient à cette espèce que les naturalistes ont appelée *zèbre de Burchell* (*equus Burchellii*), et que l'on désigne vulgairement sous le nom de *dauw*. Il est facile néanmoins de distinguer cette espèce du véritable zèbre. Le fond de la robe du dauw se rapproche de la terre de Sienne; et les raies dont il est marqué sont brunes,

---

[1]. Antilopes sauteuses.

tandis que chez le zèbre le fond est presque blanc, et les zébrures sont d'un beau noir. Mais ce qui surtout caractérise les deux espèces, c'est que chez le zèbre les raies forment des anneaux autour des jambes et descendent jusqu'au pied, tandis que chez le dauw les jambes sont blanches ; la queue et les oreilles du zèbre ressemblent davantage à celle de l'âne ; chez le dauw la queue est beaucoup plus grande et le corps un peu plus allongé.

Mais tous les deux sont admirables ; peut-être n'y a-t-il pas dans toute la création de plus charmants quadrupèdes, excepté toutefois un beau cheval ; et, sous ce rapport, le zèbre est supérieur au dauw.

Les habitudes sont encore plus différentes, chez les deux espèces, que la couleur et la disposition de la robe : le zèbre est un animal des montagnes ; le dauw se rencontre exclusivement dans les plaines découvertes, aux mêmes lieux où l'on trouve le couagga. Bien qu'il ne se réunisse jamais avec ce dernier, il lui ressemble infiniment plus qu'au zèbre par sa manière de vivre ; aussi les boërs, frappés de cette ressemblance, le désignent-ils sous le nom de couagga peint ou rayé.

Quant à la troisième espèce d'animaux qui couvraient la prairie, elle était si remarquable par sa forme étrange et par la singularité de ses mouvements, qu'il devenait impossible de ne pas la reconnaître dès qu'on l'avait aperçue. Nos chasseurs n'avaient jamais eu occasion de la rencontrer, mais ils connaissaient le *gnou* qui, à la couleur près et à quelques menues différences de détail, ressemble tout à fait aux animaux dont nous parlons : ceux-ci, effectivement, n'étaient autre chose que les *gnous rayés* ou *blauw-wildebeest* des colons du Cap.

Le gnou rayé est plus grand et plus gros que ceux de l'espèce ordinaire ; ses formes sont plus lourdes, sa tête et son encolure sont moins bien dessinées ; chez lui, le cou est droit et ne s'arrondit pas comme chez l'espèce commune; sa crinière et sa barbe sont plus épaisses, ainsi que la touffe de poils qu'il a sur le chanfrein; sa couleur, tout à fait différente de celle du gnou commun, est d'une nuance bleuâtre et sale, historiée de zébrures irrégulières, ainsi qu'on l'a vu plus haut, d'où lui sont venus les noms de gnou bleu ou rayé.

Jamais on ne rencontre les deux espèces de gnous dans les mêmes plaines; le rayé succède à l'autre et habite plus au nord; il est rare de le trouver seul dans les pâturages qu'il fréquente; généralement, il accompagne le dauw. Chose singulière, on voit presque toujours l'espèce commune dans la société du couagga; et, tandis qu'elles ne se réunissent pas entre elles, les deux espèces se mêlent souvent aux springboks, aux hartebeests et à l'autruche. C'est un spectacle curieux et rempli d'intérêt que de voir un troupeau de gnous, d'antilopes et d'ânes sauvages galoper dans la plaine, décrire de larges orbes, se cabrer et bondir, se ranger en ligne, se précipiter en avant comme un régiment de cavalerie auquel on commande une charge, tandis que les autruches, s'arrêtant à peu de distance ou marchant d'un pas grave, dominent les quadrupèdes de leur grande taille et semblent être les officiers généraux qui commandent la manœuvre. Ce tableau curieux se présente souvent dans les steppes du midi de l'Afrique, connus sous le nom de *Karrous*.

Aussitôt qu'ils entrèrent dans la prairie, nos chasseurs, arrêtant leurs montures, fixèrent pendant quelques instants leurs regards sur la scène animée qui se déployait devant eux. Les springboks pâturaient d'un air paisible, bien qu'il y eût constamment dans leur troupeau nombreux plusieurs individus qui se mettaient à bondir, comme sous l'influence d'une joie exubérante[1]. Les dauws erraient çà et là, et galopaient tout

---

1. Les springboks, dont les troupeaux comptent plusieurs milliers d'in-

à coup pour s'arrêter un peu plus loin, soit qu'ils voulussent jouer, ou qu'il y eût quelque chose qui les eût alarmés. Parmi les gnous, les femelles réunies paissaient au nombre de trente ou quarante, tandis que les mâles les entouraient par petits groupes de trois ou quatre individus, et, ne remuant pas, semblaient veiller sur elles avec sollicitude. A différents intervalles, l'un d'eux s'ébrouait vivement, renâclait avec force et poussait un cri aigu d'un caractère particulier, comme pour avertir les autres et pour leur transmettre ses ordres. Les mâles restent quelquefois pendant des heures entières, formant ainsi à l'écart de petits conciliabules, et paraissant causer entre eux, tout en veillant à la sûreté des antilopes et des dauws non moins qu'à celle des membres de leur famille.

Les chasseurs, de leur côté, après avoir délibéré pendant quelques minutes, convinrent de s'élancer vers les gnous. Ils croyaient pouvoir forcer l'un ou l'autre de ces animaux, ou tout au moins s'en approcher de façon à leur tirer un coup de fusil. L'affaire se bornait donc à les poursuivre à l'aventure, pour tâcher de les atteindre, ce qui rendrait inutile toute manœuvre stratégique. Il était bien entendu qu'on ne s'occuperait pas des autres bêtes qui se trouvaient dans la prairie; les dauws, malgré leur beauté, n'avaient aucune valeur comme gibier, et c'était de la viande qu'il fallait à nos boërs. Sous ce rapport, les springboks les intéressaient peu; mais ils se faisaient une fête de manger une tranche de gnou,

---

dividus et qui dans leurs émigrations se réunissent parfois au nombre de quarante mille, passent dans les pays qu'ils traversent comme une nuée de sauterelles, ne s'arrêtent pas, et bondissant à une hauteur de trois ou quatre mètres, en franchissent cinq ou six pour aller tondre l'herbe qui se trouve un peu plus loin. Les pigeons sauvages prennent la même allure quand ils s'abattent dans la forêt pour manger les graines dont le sol est jonché. (Ce n'est pas l'unique rapprochement qu'on puisse faire entre la famille des pigeons et celle des antilopes.) (*Note du traducteur.*)

dont la chair ressemble beaucoup plus au bœuf qu'à celle du fauve; le gnou lui-même appartient plutôt à la race bovine qu'à la famille des antilopes 1.

« Un rosbif pour le souper! » Tel fut le mot d'ordre qui fut donné par Hendrik; et nos chasseurs, l'ayant répété avec enthousiasme, se précipitèrent du côté des wildebeests.

Ils n'essayèrent pas de dissimuler leur approche, et coururent en droite ligne sur les gnous, ayant devant eux les limiers, réduits maintenant au nombre de cinq par la mort du favori de Willem, et conduits par le chien d'Hendrik, plus ardent et plus vigoureux que jamais.

A l'instant où nos chasseurs s'ébranlèrent, tous les animaux qui étaient dans la prairie s'enfuirent en obéissant chacun aux habitudes qui caractérisent leur espèce; les dauws se rassemblèrent et coururent droit devant eux, les springboks se dispersèrent dans toutes les directions, tandis que les gnous, après s'être réunis en troupe irrégulière, suivirent d'abord une ligne directe; puis quelques-uns d'entre eux se séparèrent de la bande, la moitié de ceux-ci prit à gauche, l'autre à droite, et, revenant sur leurs pas, en décrivant un cercle, ils vinrent se placer à l'arrière de nos chasseurs.

Il avait suffi de quelques minutes pour que l'aspect de la plaine fût entièrement changé; les dauws et les springboks avaient déjà disparu; les gnous seuls restaient dans la prairie; on les voyait partout, courant devant les chiens, se retrouvant derrière la meute, fuyant à deux cents mètres des chevaux, faisant tout à coup

---

1. Le gnou fait partie du genre d'antilopes que l'on appelle *bosélaphes*, nom qui signifie *cerf-bœuf*; on aurait pu ajouter à ce double nom l'épithète de *chevalin*, car si le gnou a effectivement les jambes du cerf et le mufle d'un bœuf, il porte une crinière comme le cheval, dont il a de plus l'encolure et la croupe. (*Note du traducteur.*)

Poursuite d'un gnou rayé (page 137).

volte-face, et chargeant avec impétuosité. Leurs petits yeux féroces, leurs cornes aiguës et recourbées, leur crinière épaisse, les poils noirs qui retombaient sur leur visage, donnaient à leur aspect quelque chose de menaçant et révélaient un ennemi dont l'attaque est dangereuse.

Le gnou blessé est redoutable même pour le cavalier qui le poursuit, et il serait très-difficile à qui le chasserait à pied, d'échapper à sa fureur.

L'un des traits les plus singuliers qu'observèrent nos amis fut que les mâles, au lieu de s'enfuir comme le reste du troupeau, non-seulement se retournaient contre les chiens et les chasseurs, mais engageaient entre eux des duels qui n'étaient pas une feinte; au contraire, les deux combattants semblaient apporter dans la lutte un incroyable acharnement; ils se précipitaient l'un vers l'autre avec une furie apparente; s'agenouillaient sur l'herbe, et se frappaient de la tête avec une telle force que l'os épais qui protége leur cerveau, comme le ferait un casque, résonnait bruyamment sous leurs coups.

Toutefois, malgré l'ardeur qu'ils semblaient apporter au combat, les duellistes se séparaient toujours avant l'arrivée des boërs; et en dépit de la négligence qu'ils mettaient à s'enfuir, il était tellement difficile de les frapper d'une balle, que nos amis auraient pu rentrer les mains vides, s'ils avaient été sans chiens.

Mais les limiers s'étant réunis, avisèrent un beau mâle qu'ils eurent bientôt séparé des autres et qu'ils poursuivirent de toute la vitesse de leurs jarrets d'acier. Hendrik et Willem éperonnèrent leurs chevaux et galopèrent à la suite de leurs chiens, suivis à leur tour par le reste de la bande, qui s'échelonnait à l'arrière-garde.

La bête pourchassée n'avait pas fait trois kilomètres que, harcelée par les chiens et sentant fléchir ses jambes rapides, elle se retourna tout à coup, se rua sur ses persécuteurs, et lança au loin les deux premiers qu'elle atteignit de ses cornes.

Il est probable que le gnou se serait également délivré des trois autres; mais effrayé à la vue des chasseurs qui s'approchaient, il s'enfuit de nouveau en courant à toute vitesse; on apercevait un bois peu élevé, à plus d'un kilomètre et demi, et c'était là qu'il paraissait vouloir se rendre. Toujours en avant des chiens, il conserva l'avantage pendant assez longtemps, mais à cent mètres environ du taillis qu'il désirait gagner, la respiration lui manqua, il sentit la morsure des limiers, et, dans son désespoir, il se retourna une seconde fois pour faire tête à ses antagonistes.

Les chiens se précipitèrent sur le malheureux gnou, qui, pendant quelques minutes, parvint à les écarter tour à tour; enfin, saisi à la gorge par l'un des limiers, tandis que les quatre autres lui déchiraient la croupe et s'attachaient à ses flancs, il allait être renversé, lorsque Hendrik et Willem terminèrent son agonie en lui envoyant deux balles qui lui traversèrent la poitrine.

CHAPITRE XXI

Un rhinocéros.

Hans et Arend avaient suivi la chasse et arrivèrent presque assez tôt pour assister à l'hallali. Klaas et Jan eux-mêmes, qui de loin avaient pu suivre toutes les péripéties du drame, pressant de l'éperon leurs petits chevaux tout haletants, rejoignirent leurs aînés quelques minutes après.

Les six chasseurs mirent pied à terre pour reposer leurs montures et en même temps pour dépouiller le gnou.

En général, c'était Arend qui se chargeait de la cuisine, Hendrik et Willem qui dépouillaient les animaux et qui détaillaient la viande, bref, qui remplissaient les fonctions de bouchers, tandis que Hans pouvait être à bon droit nommé le fruitier de la bande, car ses connaissances en botanique leur permettaient d'approvisionner la table des chasseurs d'une foule de tubercules, de racines et de légumes qui croissent à l'état sauvage dans les plaines de l'Afrique australe.

Hendrik et Willem écorchaient donc la bête avec autant d'activité que d'adresse ; et pendant ce temps-là Hans et Arend préparaient la tête et les cornes, de manière qu'elles pussent se conserver ; le désir de joindre ce nouveau trophée à ceux qui ornaient déjà les grandes salles des Von Bloom et des Van Wyk avait excité le zèle de nos chasseurs tout autant que le besoin de se procurer de la viance. Il n'est pas très-difficile, pour les habitants de Graaf-Reinet, de se procurer les cornes d'un gnou ordinaire ; mais celles d'un gnou rayé sont plus rares et plus précieuses, par la raison que celui-ci habite une région beaucoup plus reculée dans l'intérieur de l'Afrique.

Klaas et Jan servaient d'aides aux quatre opérateurs, donnant un couteau à celui-ci, prêtant le concours de leurs petites mains à celui-là pour tenir l'un des membres de la bête, et sachant, comme toujours, se rendre utiles aux autres.

Tous les six, penchés sur l'animal et complétement absorbés par leur besogne, ne détournaient pas les yeux, lorsqu'un son étrange, qui vint frapper leurs oreilles, les fit tressaillir et se redresser tout à coup. C'était une espèce de ronflement, suivi d'un souffle rauque, ayant une certaine ressemblance avec le grognement d'un cochon, mais d'une force bien plus grande ; on entendait en même temps craquer les branches, et on aurait dit que quelqu'un s'amusait à casser des brindilles.

Malgré tout leur courage, nos six chasseurs tremblèrent, et l'objet qui s'offrit bientôt à leurs yeux augmenta leur émotion. A vrai dire, cette vue aurait alarmé des gens d'une bravoure plus éprouvée que celle de nos jeunes amis.

Brisant tout sur son passage, un énorme quadrupède déboucha du hallier ; à la grande corne droite qu'il portait sur le nez, à sa masse pesante, à ses membres lourds et vigoureux, il était impossible de ne pas reconnaître un rhinocéros dans l'animal qui arrivait.

Il existe en Afrique quatre espèces différentes de ces monstrueux quadrupèdes ; mais la couleur sombre de celui qui venait d'apparaître et la double corne qu'il avait au milieu du visage ne permettaient pas de s'y méprendre ; c'était un rhinocéros noir, que les indigènes appellent *borélé*, et qui est le plus farouche et le plus dangereux des quatre.

Au moment où les chasseurs tournaient les yeux vers le petit bois, l'animal faisait irruption au milieu des broussailles, et prenant un galop rapide, il se dirigea du côté de nos amis ; il avait la tête levée, les oreilles en mouvement, et sa petite queue insolente s'agitait avec un air de suffisance ; la méchanceté brillait dans ses yeux noirs, sa physionomie brutale annonçait la colère, et l'effroi qu'inspirait sa vue grandissait encore de ses cris et du souffle bruyant qui s'échappait de ses narines enflammées.

Nos boërs comprirent aussitôt qu'il se dirigeait vers eux, avec l'intention de les attaquer ; cela ne faisait pas le moindre doute ; ils savaient d'ailleurs que le rhinocéros noir se précipite sur tout ce qu'il rencontre : que ce soit un homme, un quadrupède, un arbre ou un oiseau, et sans y être provoqué.

Il est inutile de dire que nos jeunes gens se trouvaient dans une position périlleuse ; on comprend tout le danger qu'il y a d'être à pied au milieu d'une prairie, à cent mètres à peine d'un rhinocéros noir qui accourt à toute vitesse.

Par bonheur les chevaux n'avaient pas été dessellés, et les cavaliers avaient eu la précaution de nouer leur bride de manière à pouvoir la détacher en un instant, ou plutôt à n'avoir pas besoin de la détacher ; c'est-à-dire que les branches qu'ils avaient choisies pour empêcher leurs bêtes de s'éloigner offraient assez de résistance pour retenir un cheval paisible pendant quelque temps, et devaient néanmoins se rompre avec facilité au premier effort des chasseurs, dans le cas où ils voudraient reprendre leurs montures en toute hâte. Cette précaution avait été recommandée à nos amis par leurs pères, et jamais elle ne leur avait été plus utile.

Vous sentez bien qu'à la vue du rhinocéros le dépècement du gnou fut aussitôt abandonné ; les six chasseurs, poussant des cris d'effroi, lâchèrent tout ce qu'ils tenaient à la main, coururent à leurs chevaux, rompirent les branches qui retenaient ces derniers, et d'un bond se trouvèrent à cheval. Ils n'avaient pas mis dix secondes pour exécuter cette manœuvre, et pourtant le rhinocéros était déjà si près d'eux que leurs chevaux plongèrent, et firent un écart effroyable au moment de s'éloigner ; plusieurs de ces vaillantes bêtes faillirent même désarçonner leurs cavaliers, ce qui eût été bien grave dans un pareil moment.

Nos amis, néanmoins, gardèrent leurs étriers et s'enfuirent bride abattue à travers la prairie, ayant à leur poursuite le rhinocéros qui grognait avec fureur.

Maintenant qu'ils avaient la certitude d'échapper à

cette brute hideuse, nos boërs se sentaient disposés à rire de l'aventure ; je parle du moins des plus âgés de la bande ; ils savaient que le rhinocéros, malgré toute sa vitesse, est moins rapide que de bons chevaux, et ils pouvaient compter sur les leurs. Hendrik et Willem, surtout, qui avaient immédiatement distancé l'animal, tournèrent la tête avec l'intention de jouir du tableau que devait présenter cette course effrénée ; mais un coup d'œil suffit pour dissiper leur joyeuse humeur et pour la remplacer par la plus vive inquiétude.

Les six cavaliers formaient trois couples, échelonnés de distance en distance ; Hendrik et Willem, ainsi que nous l'avons dit, avaient mis entre eux et le rhinocéros un espace qui pouvait les rassurer ; Hans et Arend eux-mêmes n'avaient plus rien à craindre ; mais Klaas et Jan étaient bien loin derrière les autres, et le rhinocéros avait tout au plus vingt mètres à franchir pour les atteindre.

Une idée poignante traversa au même instant la pensée des quatre jeunes gens ; si un excellent cheval peut gagner le rhinocéros de vitesse, un poney n'a pas le même avantage ; et si le borélé venait à rejoindre les collégiens, ce qui ne lui était pas difficile, la mort des deux pauvres enfants était à peu près certaine : l'animal furieux déchirerait leurs montures, les transpercerait d'un coup de corne, et s'acharnerait sur les petits cavaliers, déjà brisés par la violence de la chute qu'il aurait provoquée.

Tout venait confirmer cette prévision alarmante ; la distance qui séparait les deux enfants du rhinocéros diminuait peu à peu ; la brute avançait toujours et gagnait du terrain !

Mais dans cet instant d'horrible angoisse pour les quatre chasseurs, Hendrik, frappé d'une inspiration lumineuse, exécuta l'une des manœuvres les plus habiles de toutes celles qui furent conçues pendant ces vacances mémorables ; il fit volte-face tout à coup, et invitant le gros Willem à l'imiter, il courut à la rencontre du rhinocéros noir.

Willem obéit instinctivement aux paroles que lui criait Hendrik, et prenant à gauche, tandis que celui-ci courait à droite, ils s'arrêtèrent au bout de quelques secondes et armèrent leurs fusils ; Hans et Arend passèrent entre eux à toute vitesse, puis Klaas et Jan, suivis de près par le rhinocéros.

Hendrik et Willem, visant alors celui-ci à l'épaule, le tirèrent au passage, et suivant la bête à leur tour, rechargèrent leurs fusils.

Bien que les deux balles eussent porté, le rhinocéros n'en continuait pas moins de poursuivre les deux poneys ; mais déjà sa course était moins rapide, et le sang coulait avec abondance des deux blessures qu'il avait reçues [1] ; toutefois les poneys de leur côté commençaient à faiblir, et il est difficile de savoir ce qui serait arrivé si Hans et Arend, imitant la manœuvre de Willem et d'Hendrik, n'avaient envoyé deux balles dans la tête du rhinocéros.

Blessée de nouveau, mais sans l'être mortellement, la brute abandonna les deux poneys pour se ruer, avec toute la rage dont elle était animée, sur celui de ses adversaires qui se trouvait le plus près d'elle.

Mais les cavaliers, qui maintenant faisaient face à la bête furieuse, pouvaient facilement lui échapper en se détournant, car le rhinocéros va toujours droit devant lui.

Pendant plus d'un quart d'heure la lutte se soutint de

---

1. Nous sommes resté fidèle au texte, mais nous croyons devoir ajouter qu'il est assez rare chez les rhinocéros que les blessures saignent à l'extérieur : cela tient probablement à l'extrême mobilité de la peau, qui détruit le parallélisme de l'ouverture du cuir et de la plaie qui a été faite dans les chairs. (*Note du traducteur.*)

part et d'autre avec le même acharnement; les boërs tirant tour à tour et chargeant leurs armes aussi vite que le permettaient les circonstances, le rhinocéros continuant de se précipiter vers ses antagonistes avec la même furie. Enfin une balle du gros Willem s'enfonça dans le crâne de l'énorme brute, qui tomba cette fois pour ne plus se relever.

De bruyantes acclamations proclamèrent la victoire, et les six chasseurs, descendant de cheval, s'approchèrent du rhinocéros qui gisait sur l'herbe, sans mouvement et sans vie, et ne leur causait plus d'effroi.

Willem courut au camp afin d'en apporter une hache pour enlever la corne antérieure qui armait le nez de la bête, et ce glorieux trophée alla rejoindre tous ceux qui avaient été recueillis depuis le commencement de l'expédition.

Quant aux quartiers de gnou, ils furent attachés sur la croupe des chevaux et transportés au bivac.

CHAPITRE XXII

Le déjeuner interrompu.

Le lendemain les jeunes boërs dormirent la grasse matinée; ils devaient partir le jour suivant, et loin d'avoir des projets de chasse, ils voulaient au contraire laisser reposer leurs montures.

Ils se levèrent donc plus tard que d'habitude, et préparèrent pour leur déjeuner la langue du gnou, à laquelle devaient se joindre du café et du pain qu'ils avaient apportés de Graaf-Reinet.

Leur pain, il faut en convenir, était plus que rassis; mais quand même ils en auraient manqué, cette privation leur eût été peu sensible.

Il y a dans le midi de l'Afrique une foule de gens pour qui le pain est un luxe à peu près inconnu; la plupart des naturels n'y ont jamais goûté, et des milliers de colons, qui demeurent sur les frontières de la province du Cap, vivent très-bien sans en manger.

Les habitants de l'Afrique du Sud, boërs et naturels, se livrent principalement à la vie pastorale et ne s'occupent guère de la culture du sol ; tout leur temps est consacré à leurs troupeaux de bêtes à cornes, de chevaux, de chèvres et de moutons à grosses queues. Cependant les riches colons ensemencent quelques acres de terre en *blé cafre*, qui est une variété de maïs, et font pour leur usage particulier une petite récolte de sarrasin ; ils cultivent également plusieurs espèces de légumes : des melons, des concombres, des citrouilles ; ils ont de la vigne et possèdent des grands vergers qui leur donnent beaucoup de fruits : des poires, des pommes, des pêches, des coins et des grenades.

Mais parmi les classes pauvres, principalement sur la frontière, c'est à peine si l'on connaît tous ces produits ; et les kraals pour le bétail sont les seules clôtures dont soit entourée la demeure du propriétaire de troupeaux. Il est très-rare de rencontrer du pain chez les habitants de cette région, qui font leur nourriture quotidienne de biltong, ou de bœuf et de mouton frais, accommodés de différentes manières, qui ne sont pas du tout à dédaigner.

En maint endroit, le fond de la nourriture de ces pasteurs se compose de venaison (je parle de districts où le gibier n'a pas été détruit), et l'on voit dans les parties de la province du Cap où les gnous et les springboks sont nombreux, des piles de cornes de ces animaux autour des kraals de chaque habitation. La chair du gnou, ainsi que nous l'avons fait remarquer dans l'une des pages précédentes, se rapproche beaucoup plus de celle du bœuf que de l'antilope, et quand elle est cuite dans son jus, ou dans l'excellente graisse des énormes queues de mouton dont nous avons parlé, elle est vraiment délicieuse.

Les boërs chassent aussi, pour en avoir la viande, le couagga, qui est très-commun dans cette région ; mais la chair de cet animal est forte et huileuse, et n'est mangée que par les Hottentots qui font l'office de serviteurs.

Nos jeunes amis, appartenant à de riches familles, avaient l'habitude de manger du pain ; toutefois ils n'auraient pas souffert d'être obligés de s'en passer ; mais ils avaient emporté plusieurs sacs de biscuits, et nous les retrouvons, le lendemain matin de leur combat avec le rhinocéros, mangeant de bon appétit leur pain dur et un morceau de langue, en attendant qu'ils prissent leur tasse de café.

Tous les six étaient de joyeuse humeur et causaient de l'aventure de la veille, qui, maintenant que le péril était passé, leur paraissait divertissante.

Ils déjeunaient à loisir, comme des gens que rien ne presse, car ils avaient l'intention de demeurer jusqu'au soir dans un doux farniente ; c'est tout au plus s'ils pensaient à flâner autour du camp ; peut-être feraient-ils un point à leurs brides ou à leurs selles, pour consolider les endroits faibles, afin d'être prêts à franchir la partie du désert qu'il leur fallait traverser ; mais ils n'avaient certainement pas le projet de faire autre chose.

Cependant, comme ils étaient à moitié de leur déjeuner, Congo, qui depuis quelques instants rôdait à la lisière des mokhalas, accourut tout essoufflé en disant qu'un certain nombre d'autruches se voyait dans la plaine.

Nos chasseurs, et surtout Klaas et Jan, accueillirent cette nouvelle en poussant des cris de joie ; un changement subit s'opéra dans leurs manières ; les mâchoires agirent avec rapidité, les morceaux de langue disparurent en un clin d'œil, le café s'avala en toute hâte ; et la dernière moitié du repas fut expédiée en dix fois moins de temps que n'avait duré la première.

Huit minutes après l'arrivée de Congo, le déjeuner était fini, les chevaux bridés et les cavaliers en selle. Qui songeait maintenant à laisser reposer sa monture ? Le départ du lendemain était oublié ; une seule chose absorbait tous les esprits : chasser l'autruche et prendre sa revanche de la déception qu'on avait eue quelques jours auparavant.

Mais Facetanné, où était-il, pour prendre part à l'affaire et donner son avis ? Tous nos chasseurs reconnaissaient que le Bushman en savait plus à l'égard des autruches que pas un d'eux, sans excepter Congo ; il en était de même de la plupart des animaux du désert ainsi que des oiseaux et des quadrupèdes de petite taille ; ce qui n'avait rien de surprenant. Les Cafres sont un peuple pasteur qui possède une énorme quantité de bestiaux, et bien que le Zoulou connût la manière de tuer les lions, les léopards, les hyènes et tous les grands carnivores de cette partie de l'Afrique, il était moins habile dans l'art de s'emparer du gibier, qui est d'une importance secondaire pour ceux qui ont de vastes troupeaux.

Mais les Bushmen n'ont pas de bétail, si ce n'est parfois celui qu'ils dérobent aux griquas [1] et aux boërs nomades, bétail qu'ils ne conservent pas et qu'ils tuent pour s'en nourrir, aussitôt qu'ils l'ont amené chez eux. L'absence d'animaux domestiques, jointe à la nécessité

---

1. On appelle griquas, tous les mulâtres d'origine hollandaise qui habitent les environs du Cap. (*Note du traducteur.*)

de manger de la viande, pousse donc les Bushmen à faire usage de toutes les ressources de leur esprit pour se procurer du *gibier*, qui, chez cette peuplade errante, comprend tous les animaux de la création, depuis la chenille et la sauterelle jusqu'à la girafe et à l'éléphant.

Il en résulte que ceux qui mènent un pareil genre de vie finissent par acquérir une connaissance parfaite des animaux sauvages qui peuplent la contrée, de leurs habitudes, de leur demeure et de la manière dont on peut les tuer ou les prendre. Or il se trouvait précisément que Facetanné, même parmi ses compatriotes, passait pour fort habile à cet égard, et qu'il avait toujours été considéré dans son propre pays comme un très-grand chasseur.

Mais où était-il donc au moment où il s'agissait de faire preuve de sa supériorité? Il y avait plus d'une heure qu'on ne l'avait aperçu; d'après Congo, il avait mené paître les bœufs dans la prairie et probablement il s'y trouvait encore.

Quelqu'un proposa de l'envoyer chercher, mais les autres s'y opposèrent en disant que ce serait trop long; suivant le rapport de Congo, les bœufs étaient assez loin du camp; il faudrait au moins une demi-heure pour que Facetanné pût revenir, et quand il arriverait, les autruches pourraient avoir disparu.

Impossible d'attendre Facetanné, il fallait se passer de lui; et donnant le signal du départ, Hendrik lança son cheval du côté de la plaine déserte où il fut suivi de tous les chasseurs.

CHAPITRE XXIII

Chasse à l'autruche.

En arrivant à la lisière du bois nos amis, tout en restant cachés au milieu des arbres, s'arrêtèrent pour reconnaître la situation; le rapport de Congo était vrai; une bande d'autruches se voyait dans la plaine; il s'en trouvait sept, rassemblées en troupeau, et qui paraissaient être cinq femelles et deux mâles; un peu plus loin il y en avait une huitième qui faisait bande à part; ce solitaire était aussi un mâle. Je dis, *qui paraissaient* être cinq femelles, et vous en êtes surpris; vous vous imaginez qu'on ne peut pas s'y méprendre, puisque chez ces oiseaux, le mâle diffère essentiellement de la femelle par la taille et par la couleur. Vous avez raison; la livrée des deux sexes est tout à fait différente, mais il faut pour cela qu'ils soient arrivés à un certain âge : dans leur première jeunesse, les mâles n'ont pas encore ces belles plumes qui plus tard les caractériseront, et pendant longtemps il est difficile de les distinguer de leurs mères, surtout quand ils sont éloignés.

Mais ce n'était pas par ce motif que les jeunes chasseurs doutaient du sexe des autruches; c'est parce que celles-ci, placées à l'est du point d'observation, étaient en pleine lumière, et que nos amis en les regardant avaient le soleil dans les yeux.

Malgré cela, les jeunes gens avaient pu les compter et croyaient d'une manière à peu près certaine que sur les huit bipèdes, il y avait cinq femelles et trois mâles.

Les sept autruches qui étaient réunies, ne paraissaient pas disposées à partir. Quelques-unes allaient et venaient d'un pas tranquille, baissant la tête de temps à autre pour ramasser une becquée de sable ou un caillou, du moins à ce que pensaient nos chasseurs ; il fallait bien qu'il en fût ainsi, car il n'y avait pas l'ombre de végétation à l'endroit où elles se trouvaient. Les autres étaient accroupies sur les cuisses, leurs grandes jambes repliées sous le ventre, ou bien étaient couchées sur le sable et poudroyaient absolument comme le font les poules et les dindes pendant la belle saison ; il est facile de comprendre que le nuage de poussière qui flottait autour d'elles ajoutait encore à la difficulté de reconnaître leur sexe.

Elles n'étaient pas fort éloignées de la lisière du bois ; et le mâle qui se tenait à l'écart en était encore plus rapproché ; il se dirigeait vers ses pareils, et mangeait tout en marchant ; ce détail confirmait les paroles du Zoulou, qui, en apportant la nouvelle de la présence des autruches, avait dit qu'un vieux mâle était à peine à deux cents mètres du bivac, dont il s'éloignait alors comme il le faisait maintenant.

Peut-être en avait-il été si près qu'on aurait pu le tirer avant de sortir du bois. Quel dommage, pensaient Klaas et Jan, d'avoir été prévenus si tard !

L'intention de nos chasseurs était de cerner les autruches, et c'était pour aviser au moyen d'y parvenir qu'ils examinaient les mouvements de ces bipèdes. Ces derniers se trouvaient fort loin du nid qui avait été pillé ; il n'était pas probable qu'ils eussent la moindre parenté avec les malheureux auxquels ce nid appartenait, car ils auraient entendu parler de la catastrophe et, contraints de revenir sur les lieux, ils n'auraient pas eu ces manières pleines de calme et d'assurance qu'ils avaient actuellement. Il était certain que les femelles, dont la flèche empoisonnée du Bushman avait tué le mâle, n'étaient point au nombre de celles que voyaient nos chasseurs, car elles ne seraient pas revenues sur le théâtre de cette tragédie récente.

Toujours est-il que nos boërs se félicitaient de voir ces autruches à un endroit différent de celui où ils avaient aperçu les précédentes; non pas qu'ils s'inquiétassent des liens de famille que celles-ci pouvaient avoir, mais parce que la place qu'elles occupaient était beaucoup plus favorable à l'exécution du plan qui avait été formé. C'était une espèce de large baie, entourée d'arbrisseaux et de buissons d'acacias, et où s'enfonçait un éperon du désert, qui par conséquent ne se rattachait que d'un côté à l'immense plaine dont il s'agissait de fermer le passage aux autruches.

Cette disposition du terrain permettait aux chasseurs de parcourir sous bois une partie du circuit qu'ils avaient à faire pour cerner les oiseaux, et les mesures qu'ils devaient prendre furent immédiatement arrêtées.

Hendrik et Willem, dont les chevaux étaient les plus rapides, devaient gagner les deux extrémités de la baie, sortir du fourré, marcher à la rencontre l'un de l'autre, et s'arrêter de manière à couper la retraite aux autruches.

Hans et Arend, parcourant la même voie, resteraient à couvert jusqu'au moment où les premiers gagneraient la plaine, se montreraient ensuite et détourneraient les oiseaux s'ils venaient de leur côté.

Klaas et Jan devaient à leur tour suivre la trace de leurs aînés, afin de compléter le cercle, et attendre à l'endroit où on leur avait dit de s'arrêter, qu'on leur indiquât ce qui leur restait à faire.

Les six cavaliers partirent donc en même temps, les uns prenant à gauche, tandis que les autres allaient à droite. Congo avait reçu l'ordre de ne sortir du fourré que lorsque Hendrik et Willem déboucheraient dans la plaine, il devait imiter complétement les chasseurs, avec cette différence qu'il n'avait pas d'autre monture que ses jarrets de sauvage.

Si les autruches laissaient le temps à Hendrik et à Willem de gagner le poste qui leur était assigné, il était probable que la chasse serait intéressante et qu'il y aurait mort ou capture de l'un des oiseaux géants. Lorsque l'autruche est assaillie de tous les côtés, elle perd la tête, devient stupide, et rien n'est plus aisé que de la rabattre sur les chasseurs qui sont placés à l'affût.

C'était, comme on le voit, une question de temps; mais il en faudrait beaucoup, et cela devenait une affaire de patience; la partie du désert où étaient les oiseaux n'avait pas moins de trois milles de large, c'est-à-dire près de cinq kilomètres ; il fallait qu'Hendrik et Willem parcourussent deux fois cette étendue avant de gagner la plaine, et cela à travers des broussailles qui les forceraient d'aller au pas.

Pendant longtemps, Congo fut le seul des chasseurs qui pût suivre les mouvements des autruches; les boërs étaient au milieu du fourré et n'apercevaient les oiseaux que de loin en loin, quand par hasard une éclaircie leur permettait de les découvrir : d'ailleurs ils avaient trop grande hâte d'arriver à leurs postes respectifs pour s'arrêter dans l'intervalle qui les en séparait. Les instants étaient précieux, car si les coureurs qu'ils cherchaient à surprendre venaient à s'effrayer et à gagner le désert, il serait inutile de tenter de les y poursuivre, et toute la peine qu'ils auraient prise serait totalement perdue. Aucun d'eux ne pensait donc à regarder les autruches, si ce n'est parfois pour s'assurer qu'elles ne s'étaient pas enfuies, et tous se pressaient d'atteindre la place qui leur était désignée.

CHAPITRE XXIV

Une singulière autruche.

Pendant ce temps-là Congo, ainsi que nous venons de le dire, épiait les mouvements des autruches, toutefois autant que le soleil pouvait le lui permettre.

Il observa que le mâle, dont nous avons parlé comme faisant bande à part, s'était rapproché du troupeau et n'en était plus qu'à une distance de quelques mètres ; lorsqu'elles l'avaient vu si près d'elles, les autres s'étaient levées, avaient allongé le cou, et paraissant le regarder comme un intrus, elles s'étaient éloignées en manifestant quelque frayeur ; le solitaire les avait suivies, sans toutefois les rejoindre complétement.

Lorsque la bande eut fait une vingtaine de pas, elle s'arrêta de nouveau, comme si elle avait été rassurée.

L'étranger continua d'aller et de venir, picorant çà et là une graine ou un caillou et se rapprochant peu à peu du troupeau. Nouvel effroi de la part de celui-ci, qui alla se poser encore à vingt mètres plus loin. Évidemment la présence de cet étranger déplaisait à la famille à qui sa personne paraissait être répulsive.

Le solitaire s'approcha de nouveau, et sans être plus heureux ; mais cette fois les autruches, au lieu de fuir devant elles, décrivirent un cercle autour de l'importun qu'elles voulaient éviter, et se retrouvèrent près de l'endroit où elles étaient d'abord ; cependant il n'y eut que les cinq femelles qui effectuèrent cette manœuvre ; quant aux deux mâles, ils restèrent à leur place, et intriguèrent vivement le Zoulou par leur conduite et par leur attitude.

L'un d'eux s'était accroupi sur le sable, comme nous l'avons dit plus haut, tandis que son camarade, tournant à peu près sur lui-même, battait des ailes et avait dans les mouvements quelque chose d'un homme ivre.

Au bout de quelques minutes, celui qui était posé, parut s'étendre et rester immobile, pendant que le second venait s'asseoir à peu de distance de l'endroit où le premier s'était couché ; l'une de ses compagnes vint immédiatement s'accroupir auprès de lui ; de sorte qu'il ne restait plus debout qu'un mâle et quatre femelles.

Le Zoulou, originaire d'un pays que ne fréquentent point les autruches, et qui n'avait qu'une faible connaissance des habitudes de ces oiseaux, ne comprenait rien à la scène qu'il avait sous les yeux. « Probablement, se disait-il, que c'est un jeu de leur façon, à l'instar des perdrix qui parfois s'amusent entre elles. »

Mais Congo n'était pas le seul qui fût intrigué par ce jeu des autruches. Les deux collégiens, dont les stations étaient les plus voisines, et qui par conséquent étaient arrivés les premiers à leurs postes, avaient pu observer les faits et gestes des bipèdes et n'en étaient pas moins surpris que le Zoulou. Un peu plus tard Hans et Arend partagèrent leur étonnement, et se demandèrent comme eux, sans pouvoir le deviner, quel pouvait être le motif de la scène étrange qui se passait dans la plaine.

Toutefois ces derniers ne se donnèrent pas le temps d'examiner les autruches ; ils s'attendaient à chaque seconde à voir Hendrik et Willem sortir du fourré, et c'était vers l'endroit par où ceux-ci devaient déboucher qu'ils fixaient leurs regards.

Effectivement, quelques minutes après, Hendrik et Willem se montrèrent, chacun à l'une des extrémités du bois, et, piquant des deux, galopèrent l'un vers l'autre, ainsi qu'il avait été convenu, en se rapprochant des autruches.

Au même instant les cinq chasseurs, y compris le Zoulou, qui attendait leur arrivée, apparurent également à la lisière du taillis et se dirigèrent vers la place où étaient les oiseaux.

C'est alors que la surprise de nos amis fut à son comble ! En approchant des autruches, qu'ils voyaient distinctement, ils s'aperçurent que plusieurs d'entre elles étaient couchées ou tranquillement assises; il était probable qu'elles se chauffaient au soleil; mais comment se faisait-il que ces animaux, dont la prudence est excessive, n'eussent pas déjà pris la fuite? Elles avaient dû voir les chasseurs, entendre les pas de leurs montures, et pourtant des huit autruches, il n'y avait que deux femelles qui parussent alarmées; dans leur effroi celles-ci avaient d'abord couru vers le désert, mais en apercevant Hendrik et Willem elles s'étaient détournées pour revenir sur leurs pas. Un seul des trois mâles se trouvait encore debout, c'était précisément le solitaire; et, chose incroyable, il ne songeait pas à s'enfuir. Hendrik et Willem accouraient à fond de train, en moins d'une minute ils seraient à côté de lui, et le singulier animal ne témoignait aucune frayeur.

Ils n'étaient plus qu'à trois cents pas de l'oiseau, et, le fusil à l'épaule, ils se préparaient à lui envoyer une balle, lorsqu'ils furent terrifiés par le cri d'effroi qui s'échappa de l'autruche; au même instant la peau de l'énorme bipède se détacha et découvrit, non pas le corps d'un oiseau, mais celui d'un nègre, dont les jambes étaient blanchies avec de la chaux jusqu'à la naissance des cuisses, et dans lequel nos chasseurs reconnurent le Bushman.

C'était le favori de Klaas et de Jan, revêtu de la peau

du mâle qu'il avait tué la surveille ; c'était Facetanné, qui, au moyen de cinq ou six de ses flèches empoisonnées, avait été la cause de la conduite mystérieuse des autruches ; cinq de celles-ci étaient mortes ou mourantes, et si les deux autres avaient pu s'enfuir, avant de recevoir leur billet, c'était grâce à l'arrivée d'Hendrik et de Willem, qui avaient forcé le Bushman à rejeter son costume d'emprunt.

Un peu plus, et l'ingénieux Facetanné aurait partagé le sort de ses victimes. Il avoua qu'il avait été horriblement effrayé ; tout préoccupé de sa chasse, il ne pensait pas à autre chose ; il ignorait d'ailleurs que ses jeunes maîtres fussent avertis de la présence des autruches et les croyait au bivac ; l'accoutrement qu'il portait l'empêchait de bien voir ce qui se passait autour de lui, et ses oreilles cachées sous la peau couverte de plumes, ne lui étaient d'aucun service ; c'était par hasard qu'il avait aperçu les cavaliers et leur attitude menaçante, et il lui avait fallu un violent effort pour rejeter la dépouille qui l'enveloppait et pour apparaître en personne.

Les chasseurs, réunis autour du nègre et le voyant blanchi depuis les hanches jusqu'aux talons, ne purent s'empêcher d'en rire aux larmes.

Facetanné, fier de sa victoire, promena sur eux un regard de triomphe, et arrêtant les yeux sur son rival, lui adressa tout simplement ces paroles expressives :

« Hein ! vieux Zoulou ! »

La peau d'autruche avait éclipsé la carapace de Congo.

CHAPITRE XXV

Blesboks et bonteboks.

Le lendemain matin notre petite caravane s'engagea dans le désert, et se dirigea vers le nord-est. Elle mit deux jours à franchir cette région complétement aride où les bœufs ne trouvèrent pas une goutte d'eau pour se désaltérer. Quant à nos amis, leurs wagons renfermaient chacun un petit tonneau qui pouvait contenir quatre-vingts litres, et qu'ils avaient eu soin de remplir à la source des Mokhalas.

L'un de ces barils était exclusivement destiné aux chevaux, dont la ration devait être de quatre à cinq litres par jour, ration plus qu'insuffisante dans une pareille contrée. Les boërs eux-mêmes en auraient bu davantage ; ce qui ne vous étonnerait pas si vous aviez voyagé par un soleil dévorant au milieu de ces plaines desséchées. L'air y est tellement sec, la chaleur si grande, que la soif revient sans cesse, et que la boisson la plus copieuse ne parvient à l'apaiser que pendant quelques minutes : ce ne sont pas des verres d'eau, mais des litres, et par vingtaines, que le voyageur consommerait en un jour s'il pouvait se les procurer.

Après avoir subi cette rude épreuve, nos chasseurs entrèrent dans un pays qui différait entièrement de cette plaine aride.

C'était une vaste région couverte de montagnes aux formes étranges et diverses : les unes avaient le sommet arrondi, les autres étaient coniques; on en voyait dont la cime était plate comme une table, à côté de pics élancés qui déchiraient les nuages. L'élévation n'en était pas moins variée que la forme : quelques-unes approchaient de la taille des grands monts, et la plupart s'élevaient directement, sans qu'un premier échelon intervînt entre la surface de la plaine et leurs flancs inclinés, ou leur versant abrupt. Cette région a beaucoup de ressemblance avec les plateaux qu'on trouve dans la chaîne des Cordillières, et présente, quant à sa formation géologique, une similitude complète avec ceux du territoire mexicain.

Parmi ces montagnes, presque toutes celles qui ont la forme d'un cône ou d'une pyramide sont complétement isolées; quelques-unes de ces dernières ne présentent pas la moindre trace de végétation de la base jusqu'au sommet, tandis qu'il s'en trouve dans le voisinage dont les pics de quartz blanc, que le soleil fait étinceler, s'élancent d'un manteau de forêts épaisses arrivant à mi-côte.

Les plaines qui les séparent ont quelquefois une si grande étendue que les montagnes dont elles sont bordées n'apparaissent plus que d'une manière confuse au regard du voyageur; elles varient également par la forme et par la dimension, et l'herbe dont elles sont couvertes diffère tout à fait de celle des plaines qu'avaient traversées nos jeunes gens; elle y forme une couche épaisse et rase, comme on le voit dans une prairie qui vient d'être fauchée ou dans un pâturage que les bestiaux ont régulièrement tondu. C'est qu'en effet, ces plaines herbeuses sont foulées et broutées par les troupeaux sans nombre de ruminants sauvages dont elles constituent le parcours favori. Loin de ressembler aux prairies qui bordent la rive méridionale du fleuve d'Orange, et dont l'herbe est douce et flottante, ces plaines sont tapissées d'un herbage cassant et frisé, dont le goût est légèrement saumâtre; en maint endroit, le sol y est couvert d'une croûte saline, dont l'efflorescence blanchit les brins d'herbe comme par une gelée blanche, et l'on y trouve des dépôts de sel qui ont parfois une superficie de plusieurs milles.

C'était donc une région d'une nature toute spéciale que celle où nos chasseurs venaient enfin d'arriver; elle porte chez les boërs le nom de *Zuur-Veldt*, qui signifie contrée où l'*herbe est acide*, et constitue la demeure préférée du *blesbok* et du *bontebok*.

Vous me demandez quels sont ces animaux?

Deux espèces d'antilopes, qui se font remarquer par leurs formes gracieuses, la rapidité de leur course et la vivacité de leurs couleurs.

Elles appartiennent au genre *gazelle*, dont elles diffèrent essentiellement par leurs habitudes ; et toutes les deux ont tant de ressemblance entre elles, que les voyageurs et les naturalistes les ont souvent considérées comme étant de la même espèce.

Nous croyons que c'est une erreur; elles se distinguent fort bien l'une de l'autre, quoiqu'elles habitent le même pays et que leur manière de vivre soit pareille. Mais le blesbok (*gazella albifrons*) est moins grand et marqué d'une manière moins brillante que le bontebok (*gazella pygarga*). Ses cornes sont presque blanches, tandis que celles de l'autre sont noires; ses jambes ne sont recouvertes de blanc qu'à l'intérieur, tandis que chez le bontebok cette nuance colore entièrement les quatre membres, depuis le pied jusqu'au genou.

Le bontebok n'est pas seulement l'une des plus charmantes antilopes que l'on puisse voir, mais encore c'est l'une des plus rapides ; il est même des voyageurs qui la tiennent pour la plus vive. Elle est aussi grande que le cerf d'Europe, mais plus légère et plus gracieuse. Ses cornes ont de trente-huit à quarante centimètres ; elles sont noires, ainsi que nous l'avons dit plus haut, très-fortes à la base, semi-annelées et divergentes; elles s'élèvent verticalement du front, se courbent vers le dos et reviennent ensuite en avant.

Mais c'est surtout la couleur de la robe qui caractérise cette gracieuse antilope. A cet égard, elle se rapproche, ainsi que le blesbok, de l'hartebeest et du sessébé.

Le violet pourpre et le brun de toutes les nuances sont les couleurs du bontebok ; loin de se confondre ou de se mêler au hasard, ces teintes sont aussi régulièrement disposées que si elles avaient été placées avec un pinceau, d'où la bête a reçu des Hollandais, premiers colons de la province du Cap, ce nom de bontebok, c'est-à-dire *antilope peinte*.

La tête et le cou sont d'un brun foncé lavé de rouge [1]; une raie blanche part des cornes, descend jusqu'aux yeux, et s'élargit alors de manière à couvrir toute la face y compris l'extrémité du mufle. Commune aux deux espèces d'antilopes dont nous nous occupons, cette marque a fait donner à la moins grande le nom de *blesbok* [2] par les boërs, et de *gazella albifrons* par quelques naturalistes.

Le bontebok a sur le dos une grande tache lilas, glacée de bleu et comme vernie ; cette tache couvre une partie des flancs et prend la forme d'une selle; de plus, elle est bordée d'une large bande d'un brun rouge foncé qui descend jusqu'au ventre ; l'intérieur des cuisses et l'abdomen sont d'un blanc pur, ainsi que les jambes, depuis le sabot jusqu'au genou, et une plaque assez large qui s'étend sur la croupe [3].

---

1. Cette antilope se nomme aussi *gazelle pourprée*.
(*Note du traducteur.*)

2. De *bles*, substantif qui sert à désigner l'étoile des chevaux marqués en tête.

3. Cette dernière tache est celle qui a motivé le nom de *gazella pygarya*, sous lequel les savants désignent le bontebok. (*Note du traducteur.*)

Le blesbok, à part les différences que nous avons signalées, porte les mêmes couleurs, toutefois un peu moins vives, et surtout d'un dessin moins arrêté.

La dépouille de ces deux jolies gazelles est très-estimée des indigènes, qui en font des *kaross*, vêtement qui leur sert de manteau pendant le jour et de couverture pendant la nuit.

Blesboks et bonteboks ont absolument les mêmes habitudes; ils vivent dans les plaines du Zuur-Veldt, où ils forment des troupeaux de plusieurs milliers d'individus, qui couvrent le sol d'une masse compacte et pourprée.

Ils se rapprochent à cet égard des springboks et des autres gazelles, dont ils diffèrent néanmoins sous beaucoup d'autres rapports. Lorsqu'ils sont effrayés, les springboks se dispersent et s'enfuient dans toutes les directions, tandis que les antilopes dont nous parlons courent invariablement contre le vent, portant les narines à fleur de terre, comme des limiers sur la piste d'un cerf.

Plus rapides que les springboks, ils sont également plus défiants et plus rusés, comme si l'expérience leur avait appris que leur dépouille étant plus estimée des chasseurs, ils avaient besoin de plus d'adresse pour échapper aux attaques de ces derniers.

Autrefois, ces deux antilopes étaient fort communes dans toutes les parties du midi de l'Afrique où les Européens ont fondé leurs établissements, et leur parcours s'étendait jusqu'à la pointe du Cap; il est maintenant limité aux plaines du Zuur-Veldt, qui sont situées au nord de la rivière d'Orange.

On rencontre bien quelques bonteboks dans le district de Swellendam, en deçà des frontières de la colonie du Cap; mais cela tient à une mesure protectrice du gouvernement, qui frappe d'une amende de six rixdales quiconque tue l'un de ces animaux, sans y être autorisé.

CHAPITRE XXVI

Où les blesboks sont traqués.

Lorsque nos jeunes boërs furent décidément engagés dans le pays des blesboks, ils résolurent de s'arrêter pendant un jour ou deux, avec l'intention de se procurer plusieurs de ces brillantes antilopes; ce n'était pas pour en avoir la chair, mais pour leur enlever ces belles robes mi-parties qui les couvrent, afin de les déposer avec les cornes dans les vastes salles de Graaf-Reinet.

Après avoir fait quelques milles à travers la plaine que nous avons décrite dans le chapitre précédent, nos jeunes chasseurs firent donc halte, et choisissant les bords d'une pièce d'eau pour y établir leur bivac, ils procédèrent à leur installation.

Le lendemain matin toute la bande était à cheval de bonne heure et se mettait en quête des antilopes pourprées.

Il n'est pas difficile de rencontrer des animaux qui se réunissent au nombre de plusieurs milliers, pourvu qu'on soit dans la région qu'ils habitent, et nos chasseurs ne tardèrent pas à découvrir leurs gazelles.

Mais comment chasse-t-on le blesbok? Personne, parmi nos boërs, ne pouvait répondre à cette question. Devait-on lancer les limiers au milieu du troupeau et galoper à leur suite, ou agissant avec ruse, se glisser auprès des antilopes jusqu'à portée de fusil? Nos chasseurs ignoraient ce qu'il fallait faire, et leurs guides n'en savaient pas davantage : les blesboks sont inconnus dans le pays de Facetanné; jamais ils ne visitent la zone occidentale du midi de l'Afrique, et les boërs eux-mêmes ne les connaissaient que par tradition; leurs pères en avaient tué jadis, mais depuis lors les blesboks et les bonteboks ne franchissent plus la rivière d'Orange.

Quant au Zoulou, bien que ces deux espèces de gazelles fréquentent certaines parties du pays des Cafres, il n'avait jamais chassé dans la région où elles se trouvent.

Facetanné et Congo n'avaient pas même accompagné les chasseurs ; ils étaient restés au bivac, dont la garde leur avait été confiée, et c'était entre eux que nos amis discutaient la question.

Le gros Willem pensait qu'on devait opérer comme à l'égard des springboks; c'est-à-dire qu'il fallait se mettre à l'affût et rester immobile, tandis que l'un ou l'autre des cavaliers rabattrait les antilopes du côté des tireurs, ainsi qu'on le fait dans l'Amérique du Nord pour chasser le daim et le cerf.

Hendrik prétendait au contraire qu'on devait charger le troupeau et le faire poursuivre par les chiens.

Hans recommandait de s'approcher sans bruit des blesboks, et de ne les tirer qu'à belle portée. Arend partageait cette opinion. Quant aux deux collégiens, on ne leur demanda pas leur avis; toutefois si au lieu d'antilopes il s'était agi d'oiseaux, Klaas et Jan auraient insisté pour obtenir la parole aussi bien que leurs aînés; mais en dépit de leur course rapide, qui aurait pu faire supposer qu'ils ont des ailes, les blesboks ne sont pas des oiseaux.

Comme c'était en les traquant avec adresse que nos chasseurs avaient le plus de chance de ne pas voir disparaître les antilopes, il fut décidé qu'on en essayerait d'abord. Si personne ne parvenait à s'approcher du troupeau de manière à pouvoir tirer l'un de ses membres, la proposition de Willem serait adoptée ; et si l'on échouait encore, il serait toujours temps de se rendre à l'avis d'Hendrik et de s'élancer à la poursuite des blesboks.

Les chasseurs mirent pied à terre, car il n'y avait pas moyen de traquer à cheval sans être aperçu des gazelles ; à vrai dire, il y a certains animaux qui se laissent complétement approcher par un cavalier, tandis qu'ils se tiennent à distance d'un piéton ; mais les blesboks sont d'une nature différente.

Tous les chasseurs, descendus de cheval, se dirigèrent du côté des gazelles. Quand je dis tous les chasseurs, j'en excepte Klaas et Jan, à qui fut confiée la garde des chevaux et des chiens.

Les blesboks se trouvaient au milieu d'une plaine tellement vaste que c'était tout au plus si l'on distinguait les montagnes qui la fermaient à l'horizon ; pas un arbuste, pas un rocher n'apparaissait dans cette prairie ; l'herbe, ainsi que nous l'avons fait remarquer plus haut, était courte, et le sol n'offrait pas le moindre accident. Il était impossible de se cacher sur un pareil terrain ; comment arriver au but que se proposaient les chasseurs ? Il n'est pas d'animal sauvage, quelle que soit sa stupidité ou son indifférence, qui leur eût permis de venir assez près d'eux pour qu'ils pussent lui envoyer une balle. Comment, dès lors, approcher des blesboks, dont la finesse et la prudence peu communes égalent la rapidité ?

Ce point important exige quelques mots d'explication.

Bien qu'on ne découvrît dans la plaine ni rochers, ni arbres, ni buissons d'aucun genre, pas une touffe de grandes herbes ou même un pli du sol, on pouvait cependant trouver le moyen de dissimuler sa présence ; pauvre moyen, il est vrai, mais dont un chasseur habile pouvait tirer parti, ce qui était suffisant pour encourager nos boërs à persévérer dans leur projet.

A deux ou trois cents mètres les uns des autres, plus ou moins, s'élevaient dans la plaine de singuliers monticules, de hauteur différente ; leur forme était celle d'un cône obtus ; on en voyait d'hémisphériques, et leur couleur d'un gris clair avait la teinte du pisé que le soleil a desséché. A la base, sur l'un des côtés de la plupart de ces monticules étranges, on voyait un trou mal percé, qui évidemment n'avait pas été fait par les habiles constructeurs de ces curieux édifices ; bien au contraire, c'étaient leurs ennemis qui les avaient creusés, les meurtriers de leur race, les voleurs qui avaient pillé leurs maisons. Je n'ai pas besoin d'ajouter que ces édifices nombreux étaient des fourmilières, et que les ouvertures mal faites dont il s'agit était l'œuvre des fourmiliers connus sous le nom de *pangolins*.

Ces fourmilières, en forme de dômes, pouvaient avoir de trente à quatre-vingt-dix centimètres de hauteur, ce qui est peu de chose, relativement à celles que l'on trouve en Afrique, et dont le sommet arrive parfois à cinq ou six mètres d'élévation. Je vous ai parlé ailleurs de ces édifices remarquables ; je vous ai dit alors qu'il existe plusieurs espèces de fourmis de la même famille, qui exécutent ces monuments, et que chaque espèce adopte une architecture différente : celle-ci fait un cône isolé, celle-là en réunit plusieurs qu'elle groupe avec art ; l'une donne à son édifice la forme d'un cylindre, tandis qu'une autre construit un dôme à peu près hémisphérique.

C'était précisément des fourmilières de cette dernière espèce que nos chasseurs avaient sous les yeux, fourmilières qui sont édifiées par les *Termes mordax*, dont on voit les habitations dans toutes les plaines du Zuur-Veldt.

Nos amis commencèrent à se diriger du côté des blesboks ; leurs regards étaient fixés sur le troupeau et leur espoir se fondait sur les fourmilières.

Lorsqu'ils furent environ à quatre cents mètres des blesboks, ils comprirent qu'il devenait indispensable de se cacher; non pas que les gazelles parussent se douter de leur présence; elles continuaient à brouter l'herbe sans témoigner la plus légère inquiétude, et cependant chaque fois que l'un des chasseurs avançait de leur côté, toute la bande s'éloignait machinalement, comme poussée par un ressort, et maintenait la même distance entre elle et ceux qui cherchaient à la rejoindre.

Chacun de nos amis, rampant dans l'herbe, se traîna d'une fourmilière à l'autre, mais sans le moindre succès. Les chasseurs prirent chacun une direction différente, et ne furent pas plus heureux. Les gazelles, paissant toujours, évitaient, sans paraître le chercher, toutes les fourmilières que choisissaient leurs ennemis, et conservaient une distance qui ne permettait pas même au gros fusil de Willem de pouvoir les atteindre.

Enfin après deux heures d'efforts complétement inutiles, nos jeunes gens renoncèrent à cette chasse infructueuse.

Il leur était impossible de traquer les blesboks; Hans et Arend furent raillés impitoyablement par Hendrik et Willem : que savaient-ils de la chasse! Il restait à essayer si l'on serait plus heureux en suivant les conseils qu'avaient donnés ceux-ci.

CHAPITRE XXVII

Suite de la chasse aux blesboks.

Les quatre chasseurs revinrent à l'endroit où ils avaient laissé leurs chevaux. C'était le plan du gros Willem qui devait être suivi.

Chacun monta à cheval; non-seulement il fut cette fois permis aux deux collégiens de participer à la chasse, mais on les chargea de rabattre le troupeau du côté de leurs aînés, qui tireraient les blesboks au passage.

Tous nos cavaliers coururent dans la direction des antilopes qui, pendant qu'elles étaient traquées, avaient franchi un espace de plusieurs milles. Arrivés à la distance qu'ils pouvaient atteindre sans effrayer les gazelles, Klaas et Jan furent envoyés à gauche, tandis que les autres formaient à droite un demi-cercle d'un diamètre considérable, ce qui, grâce à leurs chevaux, fut l'affaire d'un instant. Dès que les chasseurs, ayant gagné leurs postes, furent cachés derrière les tertres des fourmis, Klaas et Jan firent le tour des antilopes en ayant bien soin de ne pas provoquer la fuite des mâles.

Nos deux collégiens étaient assez habiles pour parvenir à leur but, et ceux qui, agenouillés auprès des fourmilières, attendaient les antilopes, ne doutaient pas du succès de l'entreprise ; le gibier rabattrait nécessairement de leur côté ; c'est ainsi qu'en pareil cas font toujours les springboks, et alors pif ! paf ! de la part des carabines, et poum ! poum ! du gros fusil de Willem.

Celui-ci jubilait d'une façon particulière; ce n'était pas seulement parce que sa méthode l'emportait sur celle de Hans et d'Arend qu'il était de si belle humeur, car il avait peu d'estime pour la science cynégétique de ces derniers, mais Hendrik avait combattu son projet et cette opposition décuplerait la joie qu'il aurait à réussir. Quel triomphe et quelle plume à son chapeau!

Il n'y avait pas à douter du succès; tous les chasseurs étaient admirablement placés; Klaas et Jan étaient déjà de l'autre côté du troupeau, ils s'en rapprochaient peu à peu et s'acquittaient à merveille de la tâche qui leur était confiée. Les gazelles paissaient, en marchant vers l'endroit que les deux collégiens venaient d'atteindre; elles allaient se retourner par instinct et revenir en broutant dans la direction des chasseurs. Les springboks n'en font pas d'autres, disait le gros Willem.

Mais les blesboks ne sont pas des springboks; ils s'en éloignent, non-seulement par la couleur et par la taille, mais par le caractère; et c'était précisément cette dernière différence qui devait être pour Willem une cause de déception.

Les blesboks ont une singulière habitude que partagent peu d'animaux de leur famille ou de celle des plénicornes. Au lieu de se détourner à l'approche de Klaas et de Jan, comme on s'y attendait, ces créatures entêtées ne voulurent jamais suivre la direction que l'on cherchait à leur faire prendre, et s'obstinèrent à courir devant elles; à vrai dire, elles s'écartèrent de la ligne droite pour ne pas se trouver sur la voie des collégiens, mais elles la reprirent aussitôt qu'elles eurent dépassé Klaas et Jan.

Bref, elles s'étaient éloignées des chasseurs au lieu de venir à leur rencontre, et lorsqu'elles eurent détalé pendant quelques minutes, elles ralentirent le pas et recommencèrent à brouter comme elles faisaient auparavant.

Ce résultat imprévu désola le gros Willem, qui, à son tour, essuya les plaisanteries de ceux qu'il avait raillés; mais ce qui rendait sa déception plus amère, c'était le flegme dédaigneux de son rival.

« Je savais bien que cela ne pouvait pas réussir, disait Hendrik en appuyant sur ses paroles. Supposiez-vous donc que les blesboks sont des moutons, pour croire qu'ils vont se laisser détourner par deux bambins, montés sur des poneys? »

Willem essaya de répondre, en disant qu'on avait mal exécuté ses recommandations, qu'il était avéré que les blesboks paissent toujours au vent, et que c'étaient les tireurs, non pas les rabatteurs, qui auraient dû être placés en aval du troupeau. Mais il avait beau dire, son amour-propre était blessé au vif.

« Essayons ce que je suppose, et je garantis le succès, ajouta le gros Willem. Si cela ne réussit pas, nous adopterons la méthode que propose *maître* Hendrik, et nous verrons ce qui résultera de ce plan qui consiste à n'en avoir aucun. »

Ces paroles, qui à l'égard d'Hendrik avaient été prononcées avec autant d'ironie que le bon Willem pouvait en faire couler de ses lèvres, furent accueillies sans la moindre opposition, et nos chasseurs se disposèrent à suivre le nouveau plan qui venait de leur être indiqué.

Il était clair que les blesboks ont pour habitude de piquer dans le vent, sans quoi ils se seraient retournés à l'approche des rabatteurs au lieu de se précipiter vers Klaas et Jan, comme ils venaient de le faire. La chose étant ainsi, les tireurs, en se plaçant au vent et en choisissant un bon poste, ne pouvaient manquer d'atteindre quelques-uns des animaux qui s'avanceraient de leur côté.

Si enfin l'expérience ne confirmait pas cette théorie, on essayerait alors, suivant le conseil d'Hendrik, de forcer l'un des blesboks en poursuivant le troupeau.

Ce projet adopté, les quatre tireurs, décrivant un large circuit, allèrent prendre leur place en avant des antilopes, et Klaas et Jan furent laissés derrière le troupeau qu'ils avaient la mission de faire avancer.

En moins de quelques minutes, les chasseurs arrivèrent à leur poste, et de l'endroit où ils étaient cachés, ils guettaient d'un œil avide les antilopes, dont la bande approchait peu à peu.

La raie blanche, dont la face des blesboks est marquée, devenait à chaque instant plus distincte, leur mufle brillait aux yeux des boërs; quelques pas encore et les antilopes seraient à portée des balles de nos tireurs. Mais tout à coup, relevant la tête et poussant un cri étrange, les premières du troupeau bondirent et piquèrent droit devant elles, suivies de toutes leurs compagnes.

« Les voilà donc! » pensa chacun de nos amis en s'agenouillant, le fusil à l'épaule, derrière la butte qui lui servait de cachette.

« Enfin! murmura le gros Willem, c'est moi qui vais rire à mon tour! »

Mais une nouvelle déception lui était réservée; chaque fois que les blesboks se trouvaient sous le vent d'une fourmilière qui abritait l'un des chasseurs, ils faisaient un écart et passaient à une distance où il aurait été ridicule de leur tirer un coup de fusil; le gros Willem avait le doigt sur la détente, lorsque, songeant à ce qu'une balle perdue ajouterait à son humiliation, il laissa retomber son arme et permit aux antilopes de passer.

L'instant d'après, les blesboks étaient assez loin des chasseurs pour n'avoir plus rien à craindre; comme ils n'étaient pas poursuivis et qu'en définitive on ne les avait point attaqués, ils s'arrêtèrent et se remirent à pâturer comme ils avaient fait jusqu'alors.

Hendrik était dans tout l'orgueil du triomphe; à lui

de montrer comment on chassait les blesboks et d'en forcer une demi-douzaine à lui seul.

« En avant! » s'écria-t-il.

Tous les chasseurs remontèrent à cheval, s'élancèrent du côté des antilopes et ralentirent leurs montures au moment où ils approchaient du troupeau, afin de ne pas l'effaroucher.

Aussitôt qu'ils arrivèrent à la distance de quatre cents mètres, les blesboks se remirent en marche, comme ils avaient fait la première fois. « En avant! » cria de nouveau Hendrik. Les chiens furent lâchés, les chevaux bondirent, et la chasse effleura la plaine avec la rapidité de l'aquilon.

Mais les boërs n'avaient pas fait un mille qu'Hendrik découvrit sa méprise. Limiers et chasseurs étaient distancés par les antilopes, et chaque seconde augmentait la distance qui les séparait du troupeau.

Les cavaliers s'échelonnèrent à leur tour, pressant leurs chevaux couverts d'écume; et vingt minutes après le départ, Hendrik, seul, avec un ou deux chiens, continuait à galoper sur les traces des blesboks.

Hans et Arend, jugeant qu'il était impossible à leurs montures de suivre une pareille chasse, y avaient renoncé presque au début, et le gros Willem n'avais *pas en vie de réussir*. Quant aux deux collégiens, ils formaient l'arrière-garde, et, finissant par rejoindre les trois autres qui s'étaient arrêtés, ils virent, ainsi que leurs camarades, la masse pourprée des antilopes et les épaules d'Hendrik disparaître au milieu des fourmilières qui s'effaçaient à l'horizon.

CHAPITRE XXVIII

Course effrénée d'Hendrik.

Les blesboks rasaient la surface unie de la plaine, et toujours Hendrik les suivait au galop rapide de son cheval, que précédaient les deux limiers. Malgré la vitesse de sa noble monture, le chasseur ne gagnait pas sur les antilopes, dont les chiens ne se rapprochaient pas davantage; et nul moyen de ruser avec elles, de couper court et de les atteindre par une manœuvre habile! Les blesboks ne doublent pas leurs voies, ne font pas de crochets, pas de circuits; ils vont toujours devant eux et ne s'écartent pas de la ligne droite. C'était donc pour le chasseur une simple question de vitesse entre son cheval, ses limiers et le troupeau d'antilopes.

Enfin, les chiens se lassèrent; des deux qui suivaient maintenant le chasseur, il ne resta bientôt plus que le favori d'Hendrik, puis il fut distancé par le cavalier, et quelques minutes après, celui-ci était seul à la poursuite des blesboks.

Hendrik avait fait plus de dix milles[1]; la sueur coulait des flancs de son cheval, dont la bouche était couverte d'écume, et les antilopes fuyaient toujours sans qu'il pût en approcher d'assez près pour leur tirer une balle. S'il avait pu changer de monture, il serait parvenu à les atteindre, car évidemment les blesboks ralentissaient leur

---

1. Un peu plus de seize kilomètres.

course; peut-être même avec sa bête écumante aurait-il pu les rejoindre sur un autre terrain; mais il rencontrait à chaque instant des trous de fourmiliers, et déjà deux ou trois fois, au moment où il se rapprochait des antilopes, son cheval avait mis le pied dans un de ces maudits trous, et les blesboks avaient repris leur avantage.

Cependant il lui répugnait de renoncer à l'entreprise; il se rappelait l'assurance avec laquelle il s'était vanté de réussir, et songeait aux railleries qui accueilleraient son retour; il pensait au gros Willem, et il éperonnait son cheval.

S'il avait pu seulement rapporter la dépouille et les cornes d'un blesbok, les rieurs auraient été pour lui!

Toutefois il commençait à désespérer du succès. Les antilopes lui semblaient toujours aussi légères, tandis que son cheval bondissait avec effort et soufflait péniblement. Il eut compassion de la pauvre bête; mais au moment où il allait tirer la bride, il aperçut une chaîne de montagnes qui se dressaient en face de lui; elles semblaient traverser la plaine, ou pour mieux dire former un angle dont le sommet constituait une impasse, vers laquelle se dirigeaient les blesboks.

La bande serait arrêtée par cette barrière, il la rejoindrait enfin, et, se cachant derrière un rocher ou parmi les broussailles qui croissent au flanc de la montagne, il pourrait s'approcher d'elles et tirer sur l'un des mâles.

Tout en faisant ces réflexions, Hendrik promenait ses regards sur les deux lignes qui se dessinaient devant lui, et reconnut avec joie qu'elles étaient formées de rochers abrupts que, selon toute apparence, il était impossible de de franchir; les antilopes allaient être acculées entre ces deux murailles, où elles seraient prises comme dans une trappe. Elles reviendraient sur lui; et tirant au milieu de cette multitude, dont les flots pressés ne trouveraient pas le moyen de s'étendre, il ne pouvait manquer d'abattre plusieurs bêtes ; une seule d'ailleurs était tout ce qu'il voulait.

Son espoir se ranimant à cette vue, notre chasseur retrouva de nouvelles forces, et adressant à son cheval quelques paroles d'encouragement, il continua de poursuivre les blesboks. Un mille à peine à franchir et il aurait terminé sa course !

Il n'était plus qu'à cinq cents mètres de la montagne, qu'à trois cents pas des antilopes, qui fuyaient toujours en droite ligne vers l'angle des murailles qui se dressaient à l'horizon.

Hendrick était certain du succès ; avant qu'une minute se fût écoulée, il faudrait nécessairement que le troupeau s'arrêtât, ou qu'il revînt sur ses pas.

Il était temps de préparer son arme, et, comme il s'agissait de tirer sur une masse compacte, notre ami chercha, parmi ses balles, plusieurs chevrotines qu'il se hâta de glisser dans le canon de son fusil ; puis ayant regardé la capsule, afin de s'assurer qu'elle était à sa place et convenablement mise, il leva les yeux pour voir où en étaient les blesboks. *Le troupeau avait disparu tout entier.*

Mais où pouvait-il être ? Les antilopes avaient-elles escaladé la montagne ? Impossible ! D'ailleurs, on les aurait vues sur les flancs du rocher. Hendrik arrêta son cheval, laissa retomber son fusil sur le garrot de sa bête, et, la bouche béante, fixa des yeux étonnés sur la muraille qui se dressait à quatre ou cinq cents pas devant lui. S'il eût été d'un caractère superstitieux, un pareil événement lui aurait fait éprouver une émotion pénible ; mais, bien qu'il ne pût s'empêcher de ressentir une vive surprise, il ne doutait pas que cette disparition merveilleuse n'eût une cause toute naturelle.

Il ne resta pas longtemps sans en chercher la preuve ; les traces des blesboks lui en fournirent le moyen, et, lorsqu'il eut fait trois cents mètres, le mystère lui fut complétement expliqué.

L'angle, qui de loin paraissait former une impasse, n'était pas fermé au sommet, comme le chasseur l'avait pensé d'abord; les deux rochers se croisaient tout simplement et laissaient entre eux une issue par où la plaine, où les blesboks avaient été chassés, allait rejoindre une autre plaine semblable, qui s'étendait de l'autre côté de la montagne. Il était évident que les antilopes connaissaient ce passage ; autrement, elles ne se seraient pas dirigées avec autant d'assurance vers une impasse où elles auraient été acculées.

Hendrik, à son tour, franchit le col étroit qui s'élargissait immédiatement, et vit avec chagrin le dos pourpré des blesboks à une distance où il était impossible de songer à les atteindre.

Vivement désappointé, notre chasseur mit pied à terre, fit quelques pas en chancelant, et alla s'asseoir sur une roche. Il ne prit pas même la peine d'attacher son cheval, lui laissa la bride sur le cou, et permit à la pauvre bête, haletante et couverte d'écume, de faire ce qu'elle voudrait.

CHAPITRE XXIX

Chassé par un kéitloa.

On s'imagine aisément quelle était la nature des impressions d'Hendrik; il se sentait humilié, horriblement vexé ; il aurait voulu n'avoir jamais rencontré de blesboks : maudites bêtes ! Quelle figure allait-il faire en arrivant au camp? Il avait si bien raillé les autres! Hans et Arend le lui rendraient avec usure. Et Willem, dont il avait ridiculisé les conseils! Le Gros, comme il l'appelait, se vengerait de tous ses mépris.

Ajoutez à cela qu'il avait peut-être fourbu son cheval; et celui-ci, les naseaux fumants, la poitrine haletante, serait-il capable de ramener son maître au bivac? C'est tout au plus s'il pourrait y revenir.

Au moment où Hendrik s'abandonnait à ces tristes réflexions, il en fut arraché par un bruit particulier qui le fit bondir de la roche où il était assis; et, chose étrange, ce bruit singulier avait produit le même effet sur son cheval. Ce dernier, en l'entendant, avait relevé la tête, dressé les oreilles, henni avec force, et après avoir caracolé pendant quelques secondes, il franchit à toute vitesse l'étroit passage qui séparait les deux plaines.

Hendrik ne le suivit pas des yeux ; il ne songea pas même à lui : son regard et sa pensée étaient complétement absorbés par un animal qui venait du côté opposé, et dont la voix était la cause de cette frayeur subite. Ce grognement profond et ce bruit de souffle, puissant comme celui d'un soufflet de forge, étaient bien connus du chasseur, et notre ami savait qu'en tournant les yeux, il verrait apparaître un rhinocéros noir.

L'énorme quadrupède débouchait effectivement par l'étroit passage qui s'ouvrait dans la montagne. Au premier abord, Hendrik ne fut pas très-effrayé. Il avait chassé plusieurs fois le rhinocéros et ne croyait pas que cette chasse fût aussi dangereuse qu'elle l'est en réalité; il était toujours parvenu à fuir l'approche de la brute malapprise, et il n'en demandait pas davantage.

Notre chasseur oubliait qu'en pareille circonstance, au lieu d'être assis sur un rocher, il se trouvait sur le dos d'un bon cheval, et que c'était à celui-ci, qu'en face du rhinocéros, il avait dû son salut.

Mais à présent qu'il était à pied, seul dans la plaine, sans rien qui le séparât du farouche quadrupède, tout au plus à vingt mètres de distance, il comprit bientôt que sa vie était sérieusement menacée.

La première idée qui lui vint fut de gravir la montagne et d'éviter ainsi le rhinocéros ; mais un chat n'aurait pas pu escalader ces rochers abrupts, dont les flancs étaient unis comme ceux d'un mur.

Impossible de se cacher dans le col étroit dont nous avons parlé. On n'y voyait aucun accident de terrain, et les rochers n'y étaient pas moins inaccessibles. Quelques arbres s'élevaient bien çà et là dans la plaine ; mais c'étaient plutôt de simples arbustes qui auraient été renversés au premier choc.

Il était inutile de chercher à s'enfuir : Hendrik savait à merveille qu'un rhinocéros est plus rapide que le coureur le plus agile. Pour comble de malheur, Hendrik avait laissé son fusil attaché à la selle de son cheval ; et celui-ci était maintenant de l'autre côté de la montagne. La seule arme que possédât notre ami était un couteau de chasse ; mais que peut faire un couteau sur le cuir du rhinocéros ? Autant vaudrait une aiguille.

Un seul espoir restait au malheureux Hendrik, c'était de ne pas être aperçu de l'animal qui causait sa terreur. Le sens de la vue est peu développé chez les rhinocéros ; leurs yeux sont petits, et bien qu'assez perçants lorsqu'il s'agit d'un objet qui se trouve directement en face d'eux, ils sont placés de telle façon, que l'énorme quadrupède, grâce à la raideur de son cou et à la masse de son corps, ne peut rien voir de ce qui est à côté de lui.

Hendrik espérait donc que la bête farouche ne le remarquerait pas ; à en juger d'après ses mouvements, elle ne l'avait point encore découvert, car elle n'aurait pas attendu jusque-là pour se précipiter sur lui. Nous savons que le rhinocéros noir n'a pas besoin d'être provoqué pour se jeter sur l'objet qu'il aperçoit; son caractère farouche est un mobile suffisant pour le pousser à l'attaque, et sa fureur se dirige habituellement contre les plus innocentes, les plus inoffensives de toutes les créatures.

Afin de s'éloigner le plus possible de la voie que l'ennemi avait prise, Hendrik se rapprocha de la montagne et se plaça tout près du rocher.

Mais si le rhinocéros est un animal peu clairvoyant, c'est l'un de ceux qui possèdent le flair le plus délicat; il peut éventer même une souris à une distance incroyable, et l'oreille est chez lui d'une finesse excessive; le moindre frôlement des feuilles, le bruit de pas le plus léger, suffisent pour le guider vers l'ennemi qu'il veut frapper. Si le rhinocéros avait la vision aussi parfaite que l'ouïe et l'odorat, ce serait l'animal le plus dangereux qu'il y eût au monde. Tel qu'il est, c'est un voisin fort peu tranquillisant, et il arrive souvent à de pauvres indigènes du pays qu'il habite d'être victimes de son caractère farouche et de sa force brutale. Il est bien heureux qu'il n'ait pas la vue meilleure [1].

Toujours est-il que les yeux de celui dont nous nous occupons étaient assez grands pour découvrir Hendrik, et assez clairvoyants pour le distinguer de la montagne. Il est vrai que le vent qui soufflait dans les narines di-

---

[1]. Le rhinocéros est plus brutal et plus stupide que méchant; comme tous les herbivores, il n'est pas féroce par nature, puisqu'il n'a pas besoin de tuer pour vivre; ce sont précisément ses mauvais yeux qui, le plongeant dans une inquiétude continuelle, le font se ruer sur tout ce qu'il rencontre, en lui faisant soupçonner un ennemi dans tout ce qu'il entrevoit. Ce n'est pas par férocité, mais par sottise ou plutôt par erreur, qu'il se jette sur des broussailles. Une mauvaise vue et très-peu d'intelligence, telle est la véritable cause de la méchanceté du rhinocéros. S'il voyait aussi bien qu'il entend, ce serait une créature généreuse comme tous les êtres forts dont les yeux, largement ouverts, ont un vaste horizon, et dont le regard voit juste. (*Note du traducteur.*)

latées du rhinocéros l'avait averti de la présence du chasseur, et qu'il n'en fallait pas davantage pour que le regard de la brute se dirigeât de ce côté.

Lorsque le monstre eut aperçu le jeune homme, il s'arrêta court, proféra un grognement significatif, remua ses oreilles et agita sa petite queue, dont il frappa son énorme culotte; il prit bientôt une attitude menaçante, souffla violemment, et se précipita sur Hendrik avec autant de rage que s'il avait eu affaire à un ancien ennemi.

Notre chasseur avait besoin du plus grand sang-froid et fit appel à tout celui qu'il possédait; au moment où la brute fondait sur lui à grande vitesse, il fit un bond et s'éloigna du rocher. Cinq secondes plus tard, la corne du rhinocéros lui eût traversé la poitrine.

Il n'essaya pas de fuir, il savait, par bonheur, que c'était inutile; et s'engageant dans l'étroit défilé qui allait d'une plaine à une autre, il s'arrêta en face de son terrible adversaire. Le rhinocéros prit à son tour le chemin qu'avait suivi le chasseur; Hendrik l'attendait de pied ferme jusqu'au moment où la corne menaçante fut sur le point de le toucher; puis, faisant un nouvel écart, il glissa près du rhinocéros et courut dans la direction opposée.

La brute se retourna vivement pour charger de nouveau son antagoniste, qui s'était arrêté et qui répéta la même manœuvre. Hendrik avait entendu dire que sur un terrain découvert il n'y avait pas d'autre moyen d'échapper au rhinocéros, et il se rappelait, fort heureusement pour lui, qu'il est indispensable d'attendre au dernier instant pour bondir, afin de se mettre en dehors du champ de vision de l'animal, sans quoi il est certain qu'on serait immédiatement empalé; car, en dépit de sa structure massive, le rhinocéros est beaucoup plus agile qu'on ne le croirait, et c'est tout au plus si le cheval parvient à l'éviter.

Hendrik avait fait environ deux cents mètres dans la passe qui s'ouvrait entre les deux montagnes; mais la distance qui le séparait de son terrible assaillant n'était pas encore assez grande, et il fut obligé une troisième fois d'esquiver l'attaque de son odieux persécuteur.

Il réussit encore à passer derrière le rhinocéros; mais celui-ci parut enfin comprendre la tactique du jeune homme, et au lieu de poursuivre sa course pendant quelques instants, comme il avait fait jusqu'alors, il tourna sur lui-même chaque fois qu'il vit disparaître l'objet de sa colère, et diminua d'autant les chances de salut qu'avait notre pauvre ami. Plus un moment d'arrêt : toujours courir, sauter à droite, à gauche, en face d'un danger qui devenait plus pressant; une chute, un faux pas, un instant d'oubli, et c'était la mort du chasseur, ou plutôt du chassé.

Hendrik se sentait gagné par le désespoir; il était hors d'haleine, couvert de sueur, épuisé de fatigue, ses jambes commençaient à fléchir; il était impossible qu'il pût continuer longtemps une pareille défense, et il n'y avait aucune probabilité que le rhinocéros abandonnât la partie; c'était pour lui un jeu d'enfant, et les déceptions qu'il éprouvait à chaque nouvel assaut avaient exaspéré sa colère.

Notre malheureux ami pensait à sa famille, à ses parents, à sa sœur, à ses frères; il songeait à Wilhelmine, à Graaf-Reinet qu'il ne reverrait jamais. Tué dans cette gorge étroite, par l'horrible monstre qui le poursuivait avec tant d'acharnement, on ignorerait toujours ce qu'il aurait pu devenir... Ah ! s'écria tout à coup Hendrik. C'était un cri de joie qui s'échappait de ses lèvres, au milieu de ces tristes pensées qui assiégeaient son esprit.

Il y avait plus d'un quart d'heure que durait cette lutte inégale, et les deux champions étaient maintenant au milieu du défilé, à un endroit où le chasseur n'avait pas encore pénétré. Le hasard voulut qu'en levant les yeux, Hendrik aperçût une espèce de terrasse formée par une saillie de la montagne, à deux mètres de terre, et dont la largeur pouvait être également de deux mètres : c'est là ce qui lui avait arraché cette exclamation joyeuse. Il paraissait y avoir une caverne à l'extrémité de cette plate-forme, ou tout au moins une crevasse dans le rocher; mais Hendrik ne s'arrêta pas à ce détail; et sans prendre le temps de regarder une seconde fois la saillie qu'il venait d'apercevoir, il en saisit le rebord et se hissa vivement jusqu'à cette assise protectrice qui lui offrait un refuge.

En un clin d'œil il y fut installé, et put sans crainte jeter les yeux sur la bête furieuse dont la rage s'exhalait à ses pieds.

CHAPITRE XXX

Hendrik en état de siège.

Une fois sur son perchoir, Hendrik, bien qu'il fût très-essoufflé, respira librement; il n'avait plus la moindre inquiétude, car le rhinocéros ne parviendrait pas à l'atteindre. C'était tout ce que pouvait faire l'horrible bête que de poser son affreux museau sur le bord de la terrasse où était le jeune homme; encore fallait-il pour cela qu'il se levât sur ses jambes de derrière; mais il le faisait en soufflant avec rage et en cherchant à saisir son ennemi au moyen de sa lèvre supérieure qui est extensible et prenante.

Toutefois Hendrik ne lui permit pas de continuer ses efforts menaçants; il n'était pas moins irrité que son agresseur, à plus juste titre, il faut en convenir; et profitant de la sécurité que lui donnait sa position, il frappa du talon de sa lourde botte la lèvre épaisse du monstre.

Le rhinocéros se recula aussitôt en poussant des cris de fureur; mais, en dépit de la rage qui l'animait, il n'essaya plus d'escalader la plate-forme, et se contenta d'aller et de venir à la base du rocher, évidemment avec l'intention d'assiéger son ennemi.

Hendrik pouvait maintenant contempler à loisir ce terrible animal; il s'aperçut que le rhinocéros qui montait la garde à ses pieds était d'une espèce nouvelle, c'est-à-dire qu'il n'avait jamais vue, car il la connaissait pour en avoir entendu parler. Hans lui avait appris qu'il se trouve en Afrique, dans toute la partie qui s'étend du tropique du Capricorne au cap de Bonne-Espérance, quatre espèces de rhinocéros, et qu'il en existe probablement une cinquième au nord de cette région.

Dans ces quatre espèces, il y en a deux blanches et deux noires; les rhinocéros blancs s'appellent le *Kobaoba* et le *Mouchocho*, les noirs sont désignés sous le nom de *Borélé* et de *Kéitloa*.

Les rhinocéros blancs sont d'une taille supérieure à celle des noirs et d'un caractère plus doux; ils se nourrissent principalement d'herbe, tandis que les autres font leur pâture des jeunes pousses et des feuilles des buissons et des arbustes. Les blancs sont *unicornes*, ou pour mieux dire leur corne antérieure est largement développée; chez le mouchocho, elle atteint parfois quatre-vingt-dix centimètres, et chez le kobaoba elle est encore plus longue, tandis que la corne postérieure se réduit aux proportions d'une simple protubérance. Enfin les blancs et les noirs diffèrent non-seulement par la forme et la couleur, mais par leurs habitudes.

Or, puisque le rhinocéros qui assiégeait Hendrik avait la peau noire et n'était pas un borélé, il fallait bien que ce fût un kéitloa. Chez le borélé, ainsi que nous l'avons vu dans l'un des chapitres précédents, la corne antérieure seule est très-grande, bien qu'elle n'atteigne pas une dimension égale à celle des rhinocéros blancs, et la corne postérieure, plus ou moins développée, suivant les individus, n'est jamais qu'une pointe insignifiante.

Chez le rhinocéros qu'Hendrik avait sous les yeux, les deux cornes étaient à peu près de la même grandeur et n'avaient pas plus de trente à quarante centimètres. Le cou était plus allongé, la lèvre plus pointue et plus extensible que chez le borélé, ce que notre ami savait parfaitement, car cette dernière espèce est très-commune sur les frontières de la colonie.

Le kéitloa, dont le séjour est beaucoup plus au nord, est infiniment moins connu ; mais Hendrik avait entendu dire à de vieux chasseurs qu'il est encore plus féroce que le borélé, et que dans les endroits où l'espèce est nombreuse, c'est de tous les animaux celui que les indigènes redoutent davantage, sans en excepter le lion et le buffle.

Hendrik n'était donc pas étonné de la fureur avec laquelle son ennemi l'avait attaqué, et se félicitait vivement d'avoir découvert cette banquette, d'où il pouvait regarder sans crainte les terribles cornes de son adversaire.

« Quel bon observatoire pour Hans, se disait-il en lui-même ; comme il serait bien ici pour étudier la forme et les mouvements de cet affreux animal ! »

Au même instant, comme s'il avait voulu répondre à la pensée du jeune homme, le kéitloa, par une lubie soudaine, le rendit témoin de l'une des habitudes qui caractérisent son espèce.

Il y avait précisément en face de l'endroit où était le chasseur, un épais buisson d'assez belle taille, et c'est contre ce nouvel adversaire que le rhinocéros dirigea sa fureur. Il se précipita, tête baissée, vers l'objet qui venait d'attirer son attention, frappa d'estoc et de taille, à droite, à gauche, brisa les branches avec ses cornes, foula aux pieds tout ce que ses sabots pouvaient atteindre, et témoigna d'une colère aussi grande que s'il se fût agi de combattre un ennemi acharné. Il continua cette attaque furieuse jusqu'à ce qu'il ne restât plus d'écorce sur les branches, ou de branches au buisson ; en un mot, jusqu'à ce qu'il eût tout brisé, tout écrasé, tout anéanti.

La scène était si curieuse qu'Hendrik ne put s'empêcher d'éclater de rire. Cette frénésie stupide lui rappelait le combat de Don Quichotte avec les moulins à vent. Mais sa joyeuse humeur ne fut pas de longue durée ; les regards que lui jetait le rhinocéros prouvaient qu'il avait affaire à un ennemi implacable.

Effectivement dès qu'il ne resta plus le moindre vestige du buisson, le kéitloa revint au pied de la corniche et fixa de nouveau sur le jeune homme ses petits yeux où brillait un feu livide. Notre ami commençait à s'inquiéter d'une pareille surveillance ; il était évident que le rhinocéros n'avait pas le projet de s'éloigner et la situation devenait assez critique.

Une heure s'écoula sans amener aucun changement dans leur position respective ; le rhinocéros ne bougeait pas, et l'anxiété du chasseur augmentait de plus en plus. Hendrik avait souffert de la soif dès les premiers instants de la chasse aux blesboks, et le malheureux aurait donné tout au monde pour avoir un verre d'eau. Il était en plein midi, sans rien qui l'abritât contre les rayons du soleil, adossé à une muraille brûlante, torturé par la soif et ne pouvant pas prévoir quand finirait son supplice.

Tant que le rhinocéros continuerait de faire sentinelle et d'épier ses mouvements, il était impossible au chasseur de quitter son perchoir ; retourner dans la plaine,

c'était se vouer à la mort; il fallait donc rester dans cette
fournaise jusqu'au moment où il plairait à la bête de
déguerpir.

Hans et les autres chasseurs ne penseraient-ils pas que
leur camarade était perdu, et ne suivraient-ils point sa
trace pour aller à sa rencontre ? C'était probable ; mais
cette idée ne leur viendrait pas avant la nuit ; il arrivait
souvent que l'un d'eux s'éloignait du bivac depuis le
matin jusqu'au soir, et jamais un fait aussi naturel n'excitait la moindre inquiétude. Comment le pauvre Hendrik
supporterait-il jusqu'au lendemain l'horrible soif qui brûlait ses entrailles ?

D'ailleurs il pouvait pleuvoir pendant la nuit ; les pas
de son cheval seraient effacés ; rien n'indiquerait à ses
amis l'endroit où il était captif ; que deviendrait-il en
pareil cas ?

Telles étaient les réflexions qui traversaient l'esprit
d'Hendrik, tandis qu'il regardait avec colère son effroyable geôlier.

Mais le kéitloa se souciait fort peu du courroux de sa
victime ; il continuait de garder la place, allant et venant au pied de la montagne, ou s'arrêtant pour darder
sur le chasseur ses petits yeux pleins de haine.

CHAPITRE XXXI

Surprise du rhinocéros.

A mesure que le temps passait, la soif d'Hendrik devenait plus ardente et son exaspération plus vive. Il
avait examiné la montagne qui se dressait au-dessus de

lui, dans l'espoir qu'il pourrait l'escalader ; c'était une chose complétement impossible. Il apercevait bien, il est vrai, d'autres saillies du rocher formant divers étages au-dessus de sa tête : mais comment y arriver ? L'assise qui lui servait de refuge avait une certaine longueur ; toutefois elle se rétrécissait bientôt de manière à ne plus être assez large pour qu'on pût y marcher. Hendrik n'avait pas bougé de l'endroit où il avait mis le pied tout d'abord. C'était la partie la moins étroite de la plateforme, et celle par conséquent où il était le plus à l'abri des atteintes de la lèvre extensible du rhinocéros.

Tout à coup il se souvint d'avoir remarqué en bas une ombre qui se dessinait au bout de la corniche, et qu'il avait prise pour l'entrée d'une caverne ou pour une crevasse du rocher. Il ne lui servirait à rien de pénétrer dans cette grotte, sa position n'en serait pas moins critique, et cependant il y trouverait un abri contre les rayons du soleil, ce qui n'était pas à dédaigner.

Mais une considération plus importante poussait Hendrik à voir s'il ne pourrait pas entrer dans cette caverne. Il était possible que le rhinocéros l'oubliât dès qu'il ne le verrait plus ; le boréle, le lion et beaucoup d'autres animaux dangereux pour l'homme, confirment le proverbe : loin des yeux, loin de la pensée ; il est vrai que tout ce qu'Hendrik avait entendu dire au sujet du kéitloa lui laissait peu d'espoir. Dans tous les cas, il fallait essayer ; la chose était facile, et en supposant qu'elle n'eût pas le résultat désiré, ce serait toujours un soulagement réel que de se reposer dans une caverne ombreuse, où l'on devait trouver de la fraîcheur.

Fixant donc les yeux sur le rhinocéros, notre ami se glissa le long du rocher vers l'endroit où il se rappelait avoir remarqué l'ouverture en question.

L'animal le suivit pas à pas, et redoubla de vigilance ; on aurait dit qu'il craignait que sa victime ne parvînt à lui échapper; la banquette où marchait Hendrik se rétrécissait de plus en plus, et notre chasseur avait mille précautions à prendre, non pas qu'il pût tomber, mais cette fois le rhinocéros en se dressant, comme il l'avait fait d'abord, pouvait allonger sa lèvre jusqu'à 12 ou 15 centimètres de la muraille contre laquelle s'appuyait Hendrik, et il fallait toute l'adresse et la légèreté de celui-ci pour échapper à cette lèvre menaçante. Toutefois, malgré les efforts de son adversaire, le jeune homme réussait à gagner l'ouverture de la grotte.

C'était une caverne profonde, et par conséquent ténébreuse, dont l'orifice était assez large pour permettre à un homme de passer en se courbant.

Déjà notre ami s'engageait sous la voûte de cette caverne lorsqu'un bruit particulier vint frapper ses oreilles et le fit se redresser aussi vite que si on lui eût appliqué un fer rouge entre les deux épaules. Un rugissement formidable succéda au bruit qu'il venait d'entendre, et dans son effroi notre malheureux Hendrik eut la pensée de fuir en sautant par terre, malgré les cornes du rhinocéros qui brillaient au-dessous de la corniche à un demi-mètre de ses pieds.

La voix qu'il avait entendue n'avait rien de mystérieux; il était impossible de la confondre avec aucun autre des bruits de la terre; cette caverne était habitée par un lion!

Les rugissements continuaient et se rapprochaient de plus en plus; les énormes pattes du félin remuaient avec bruit les cailloux qui jonchaient la caverne : le lion se pressait d'arriver.

Hendrik bondit avec la légèreté d'un chamois et courut à l'autre bout de la terrasse en jetant derrière lui un regard rempli de terreur.

Son adversaire ne l'avait pas accompagné dans sa fuite. Soit qu'il eût été effrayé par le rugissement du lion, soit que ce nouvel acteur eût absorbé son attention, le rhinocéros demeura immobile, et conserva l'attitude qu'il avait prise en cherchant à saisir le chasseur ; c'est-à-dire qu'il avait le menton posé sur la corniche et les yeux dirigés vers la grotte.

L'instant d'après la tête chevelue du roi des animaux apparaissait à l'entrée de la caverne, et le lion et le rhinocéros se trouvèrent face à face.

Ils restèrent pendant quelques secondes les yeux fixés l'un sur l'autre ; puis le kéitloa, probablement intimidé par le regard du lion, se recula et descendit de la rampe où ses pieds de devant étaient posés ; il n'avait sans doute aucun désir de lutter avec ce nouvel antagoniste ; mais le lion, troublé dans son repos, n'était pas d'humeur à laisser une pareille offense impunie ; tout en regardant le rhinocéros, il se frappait les flancs de sa queue puissante, et, se rasant à plat sur la saillie du rocher, il se lança dans l'air et vint retomber sur l'énorme échine du kéitloa.

Mais il avait fait une singulière méprise s'il avait cru pouvoir déchirer la bête qu'il venait d'attaquer. Ses griffes tranchantes, malgré la force prodigieuse de son bras, égratignaient à peine le cuir de l'énorme pachyderme[1]. S'il se fût agi d'une antilope ou d'une girafe, il les aurait tuées sans effort ; mais un rhinocéros ne s'écorche pas comme une gazelle, et bien loin de réussir à lacérer les chairs du monstrueux quadrupède, le lion ne parvint même pas à conserver la position qu'il avait prise.

Dès que le pachyderme avait senti le poids de son féroce cavalier, il s'était éloigné de la montagne, et imprimant à son corps une secousse, qui avait été pour le lion comme

---

1. Le nom de pachyderme, qui signifie *peau épaisse*, a été donné aux mammifères à cuir épais *qui ne ruminent pas*, tels que l'éléphant, le sanglier, le cheval, l'hippopotame, le rhinocéros, le tapir, etc.

(*Note du traducteur.*)

Le lion s'élança dans l'air et retomba sur l'échine du kéitloa (page 188).

un tremblement de terre, il s'était délivré de celui-ci et l'avait rejeté dans la plaine.

Le lion s'était rasé de nouveau, comme s'il avait voulu reprendre la position qu'il venait de perdre; mais le rhinocéros avait fait volte-face avant qu'il eût pu réaliser ce projet, et l'avait chargé avec fureur. L'impétuosité de la course et le poids de cette masse gigantesque auraient certainement fait pénétrer les deux cornes de la brute dans la peau de l'animal le plus dur qui ait jamais existé.

Le félin parut apprécier la force de cet argument, car, au lieu d'attendre de pied ferme l'attaque de son ennemi, le lâche tourna la queue et traversa la gorge qui séparait la montagne, poursuivi par le rhinocéros, qui le chassait comme s'il n'eût été qu'un chat.

De l'endroit où il était placé, Hendrik avait pu voir tous les détails de cette lutte intéressante; mais il ignora toujours si le rhinocéros était resté vainqueur, ou si le lion avait échappé à la colère du pachyderme. Aussitôt qu'il avait vu les deux antagonistes passer devant lui en remontant le défilé à toute vitesse, il avait sauté de la plateforme et s'était mis à courir de toutes ses forces dans la direction opposée.

En arrivant dans la plaine, il se demanda quel chemin il devait prendre. Fallait-il doubler la voie qu'il avait suivie en chassant les blesboks, ou s'engager sur la trace de son cheval, afin de retrouver celui-ci? Après un instant de réflexion, il préféra retourner sur ses pas, et se mit à courir sur la vieille piste des antilopes, en regardant par-dessus son épaule de temps en temps, pour voir si le rhinocéros n'était pas derrière lui. A sa grande satisfaction, il n'aperçut pas même l'ombre du kéitloa, et découvrit bientôt que son cheval était également revenu sur la première voie qu'il avait prise. En effet, après avoir suivi les nouvelles empreintes de sa monture, notre chasseur trouva son cheval qui paissait tranquillement, à l'abri d'un buisson.

L'excellente bête se laissa reprendre sans la moindre difficulté ; Hendrik fut bientôt remis en selle et se dirigea vers le bivac. Il n'avait besoin, pour y arriver directement, que de se guider sur la trace des blesboks. Vous vous rappelez que ceux-ci vont toujours contre le vent, d'où il résulte qu'ils ne s'écartent pas de la ligne droite. Notre ami n'eut aucune peine à suivre la piste du troupeau, qui était des plus visibles; et, après deux heures de marche, il arriva au camp, où il ramenait les chiens qu'il avait ralliés sur sa route.

Hans et Arend n'épargnèrent pas les railleries au pauvre Hendrik; mais Willem s'abstint de le plaisanter : il se rappelait la délicatesse dont celui-ci avait fait preuve à son égard, lors de la chute malencontreuse que lui avait fait faire le terrier du protèle, et, dans cette occasion, il ne voulait pas se montrer moins généreux que son rival. Il était à présumer qu'Hendrik et Willem allaient devenir de grands amis.

CHAPITRE XXXII

Un immense troupeau d'antilopes.

Le lendemain, nos chasseurs furent témoins d'un spectacle des plus extraordinaires; figurez-vous un nombre si prodigieux de blesboks, que la plaine se trouvait littéralement couverte de leurs masses pourprées.

Cette multitude, ainsi que le troupeau que nos amis avaient chassé la veille, fuyait contre le vent, poursuivie

Tous les membres de cette foule innombrable fuyaient (page 195).

sans aucun doute par un ennemi redoutable. Elle occupait un espace d'environ huit cents mètres de large, mais il aurait été bien difficile d'estimer l'étendue qu'elle aurait pu couvrir : elle passa pendant plus d'une heure sous les yeux des boërs, coulant à flots pressés, parfois unie comme un fleuve que rien n'arrête dans son cours, parfois agitée comme un torrent impétueux. Tous les membres de cette foule innombrable fuyaient, le cou tendu, les narines près de terre, comme des limiers sur une piste, et, de temps à autre, franchissaient les rangs qui se trouvaient placés devant eux.

Çà et là, entre ces masses compactes, se trouvait un intervalle maigrement rempli par un petit nombre de mâles, et un espace complétement libre séparait, de loin en loin, ces légions distinctes, semblables aux colonnes d'une armée qui est en marche.

La cause de ces intervalles provenait de ce que l'immense légion dont il s'agit était composée d'une foule de bandes particulières, obéissant à la même impulsion. Toutes les fois qu'un troupeau de blaauboks ou de honteboks se sauve pour un motif quelconque, tous ceux de la même espèce qui l'aperçoivent prennent également la fuite, et, comme ils ont tous l'habitude de piquer dans le vent, ils prennent nécessairement la même direction, d'où il résulte que le troupeau se grossit de tous ceux qu'il rencontre sur son passage. Ce spectacle merveilleux rappelait à nos chasseurs ce qu'ils avaient lu au sujet des troupeaux de bisons qui traversent les prairies américaines, et de ces myriades de pigeons voyageurs qui voilent la lumière du soleil et qui écrasent les arbres où ils viennent percher le soir. Du reste, les springboks leur avaient donné plus d'une fois l'exemple de ces flots vivants qui parcourent, à différents intervalles, les plaines immenses des pays inhabités.

Il était impossible à nos amis de voir passer toutes ces antilopes sans chercher à se dédommager de leur échec de la veille ; l'expérience leur avait appris comment on doit chasser le blesbok, et ils furent plus heureux cette fois qu'ils ne l'avaient été le jour précédent. Au lieu de poursuivre le troupeau ou de chercher à lui faire tête, ils comprirent qu'il fallait galoper à côté de lui ; les antilopes, courant au vent, permettraient au chasseur de se tenir à deux ou trois cents mètres, et il serait facile de s'en approcher de temps à autre, de manière à les frapper d'une balle.

Nos amis ayant adopté cette méthode, côtoyèrent le troupeau dont ils se rapprochaient tour à tour ; néanmoins, en dépit de leur fusillade incessante, le carnage se réduisit à peu de chose ; une demi-douzaine de blesboks, seulement, resta sur le terrain ; mais, comme il y avait dans le nombre autant de mâles que de femelles, nos chasseurs furent complétement satisfaits. C'était simplement pour en avoir les cornes et la peau qu'ils avaient tué ces antilopes, et trois dépouilles étaient plus que suffisantes pour contenter leur ambition.

La chasse n'avait pas duré longtemps ; mais les chevaux, après cette course rapide, se trouvaient essoufflés, et nos chasseurs retournèrent au bivac, n'emportant de leur butin que la tête, les cornes, la robe des antilopes et la quantité de venaison nécessaire pour avoir quelques tranches de viande fraîche pendant un jour ou deux.

Ajoutons qu'en dépouillant les blesboks, nos amis avaient été frappés de l'odeur agréable que répandait la peau de ces charmantes créatures ; fait singulier, produit sans aucun doute par les plantes odoriférantes qui composent les pâturages où vivent ces animaux.

L'après-midi fut employée à nettoyer ces belles robes pourprées de la graisse qui s'y trouvait attachée, à les étendre au soleil ; puis enfin, quand elles furent sèches, à les empaqueter et à les serrer dans les wagons.

Ce fut, comme toujours, Hendrik et Willem qui remplirent cet office. Quant à la préparation des têtes, qui était beaucoup plus difficile et qui exigeait non-seulement de l'adresse, mais de la science, elle revenait de droit au naturaliste, qui, assisté d'Arend, s'en acquitta fort bien. Hans avait emporté dans cette intention une boîte de produits chimiques, tels que du savon arsenical et d'autres matières dont se servent les empailleurs ; et, le soir du même jour, quatre belles têtes de blesboks, ayant conservé leur peau et leurs cornes, étaient montées et n'attendaient plus que le moment où elles seraient clouées à la muraille.

Dans ces quatre têtes, il y en avait deux de mâles et deux de femelles, formant deux couples, dont l'un était destiné aux Von Bloom et l'autre à la salle des Van Wyk.

La seule différence qui existe chez le blesbok entre la tête de la femelle et celle du mâle, c'est que les cornes de la première sont plus courtes et plus minces. La femelle est également plus petite et les couleurs de sa robe sont moins vives. La même remarque s'applique aux bonteboks, dont nos amis, le lendemain même, furent assez heureux pour se procurer la dépouille et les cornes.

Dans cette occasion les chasseurs employèrent la méthode que Willem avait recommandée au sujet des blesboks, et cette fois ils s'en trouvèrent fort bien. Vous vous rappelez que cette méthode consistait à choisir un poste vers lequel devaient être ramenés les bonteboks par nos deux collégiens

Hans, Hendrik, Arend et Willem, se placèrent donc à l'affût, et tous les quatre, de l'endroit où ils étaient placés, eurent la chance de tuer un beau mâle. Chose assez rare, ce fut notre jeune savant qui remporta la palme en faisant coup double sur les deux chèvres peintes, ainsi qu'on appelle quelquefois les bonteboks.

Le succès qu'ils venaient d'obtenir avec la méthode qui avait échoué à l'égard des blesboks, ne prouve pas que ces deux espèces d'antilopes soient d'une nature différente; leurs habitudes, au contraire, sont à peu près pareilles.

Mais cette fois il n'y avait pas la moindre brise, l'air était complétement immobile, ce qui non-seulement empêchait les bonteboks de se rallier contre le vent, puisqu'il n'y en avait pas, mais encore de découvrir quelles étaient les fourmilières qui abritaient leurs ennemis.

Il en résulta que Klaas et Jan purent les conduire vers l'endroit où les attendaient nos chasseurs et d'où ceux-ci les tirèrent sans aucune difficulté.

On ne serait pas parvenu à surprendre le troupeau en se traînant jusqu'à lui. Les bonteboks se fient beaucoup plus à leur odorat qu'à leurs yeux, et de sang-froid ils n'auraient pas permis aux chasseurs d'approcher. De plus, il est très-difficile de bien tirer dans les plaines du *Zuur-Veldt*, où le mirage existe presque toujours et empêche de viser juste; il y est tellement prononcé que tous les objets qu'on y aperçoit à une certaine distance sont tout à fait méconnaissables. Un secrétaire y paraît avoir la taille d'un homme, et une autruche atteint la proportion d'un clocher. Les couleurs elles-mêmes sont complétement dénaturées; c'est au point que des voyageurs ont pris une fois deux lions fauves pour les toiles blanches qui couvraient leurs chariots, et se sont dirigés vers les deux félins, dans la persuasion qu'ils revenaient à leur camp. Fâcheuse méprise, si jamais il en fut!

Après avoir préparé la dépouille de leurs bonteboks, ainsi que nous l'avons décrit à propos des blesboks, nos chasseurs levèrent le camp et poursuivirent leur expédition à travers le *Zuur-Veldt*.

CHAPITRE XXXIII

La montagne isolée.

Nous avons dit plus haut qu'il se trouve, dans la contrée où voyageaient nos boërs, des montagnes dont la hauteur et la forme varient singulièrement; on y rencontre des dômes, des masses carrées à sommet plat, des cônes, des roches à vive arête comme le toit d'une maison, des pics élancés qui percent les nues comme la flèche d'une église, et des rampes que l'on prendrait pour l'enceinte continue de quelque ville de guerre, d'autant plus que des masses carrées, pareilles aux tours du moyen âge, flanquent de loin en loin cette ligne de fortifications.

Cette diversité de formes intéressait vivement nos jeunes amis. Tantôt la direction qu'ils avaient prise les conduisait au pied d'une muraille de plus de trois cents mètres de hauteur, qui se déployait sur un espace de plusieurs milles, sans offrir la moindre brèche. Tantôt c'était une gorge étroite où les chariots pouvaient à peine entrer; ailleurs c'était un éperon qui leur barrait le passage et les obligeait à décrire un circuit de plusieurs kilomètres.

Un matin que nos voyageurs parcouraient une plaine immense, l'une des plus vastes qu'ils eussent encore franchies, leur attention fut attirée par une montagne singulière entre toutes. C'était son aspect, ses flancs gris et dénudés qui lui valaient ce titre ambitieux, car elle n'avait pas la hauteur d'un véritable mont; à peine s'élevait-elle à deux cent cinquante mètres au-dessus du niveau de la prairie; mais il était impossible de la désigner sous le nom de colline. Aucune éminence, aucun éperon, n'environnait sa base; elle se dressait brusquement à la surface de la plaine, dont la verdure contrastait d'une manière frappante avec la teinte sombre de ses flancs de granit.

De loin cette montagne, aussi régulière que si elle avait été faite de main d'homme, paraissait avoir la forme d'une pyramide; et lorsqu'on en approchait, elle présentait un cône obtus d'où s'élançait un rocher d'environ neuf mètres de hauteur, et qui d'en bas avait l'air de se terminer par une pointe aussi fine qu'une aiguille.

C'était ce rocher supplémentaire qui fixait l'attention de nos voyageurs; car depuis quelques jours, ils avaient aperçu bien d'autres montagnes coniques et ils ne s'en étonnaient plus; mais celle-ci qui, d'après la remarque du petit Jan, ressemblait à un entonnoir renversé, différait totalement de toutes celles qu'ils avaient vues jusqu'alors. Elle était fort apparente, puisqu'elle se trouvait isolée au milieu de la plaine, où elle tranchait non moins par sa couleur que par sa forme.

« Pourquoi n'irions-nous pas jusque-là? dit Arend; cela ne nous détournerait pas beaucoup, et nous rejoindrons facilement les bœufs qui marchent comme des tortues. Qu'en pensez-vous? n'est-ce pas une bonne idée?

— Certainement, répondit Hans, qui s'imaginait que sur une montagne aussi bizarre il devait y avoir quelque plante à découvrir.

— Convenu ! » s'écrièrent tous les chasseurs; car jamais le naturaliste ne proposait une chose sans qu'elle fût acceptée.

Chacun dirigea son cheval du côté de la montagne,

laissant les chariots et les bœufs continuer leur chemin vers l'endroit où l'on devait camper le soir.

Au moment où ils l'avaient remarquée pour la première fois, nos voyageurs supposaient que la montagne se trouvait tout au plus à un kilomètre et demi. Hans prétendait bien qu'il y en avait sept ou huit; mais personne ne partageait cette opinion. Seul contre cinq, le pauvre naturaliste fut plaisanté, raillé, contredit sur tous les tons; c'était au milieu de cette plaine déserte l'abrégé de ce qui se passe tous les jours dans le monde, la paraphrase des arguments dont les contemporains de Galilée accueillirent les paroles de cet homme illustre.

A propos, mon enfant, permettez que je vous donne un conseil : toutes les fois qu'on émettra devant vous une idée que vous ne partagez pas, ne vous prononcez jamais contre elle par cela seul qu'elle diffère des notions que vous pourriez avoir acquises. La moitié des choses que vous savez déjà est erronée; je parle surtout des préceptes qui font agir les hommes. Quand on examine les proverbes, cette prétendue sagesse des nations, il en est une bonne partie que l'esprit et la conscience repoussent comme étant faux ou mauvais.

Il y a malheureusement un fait qui vient en aide aux méchants, dont l'intention est d'égarer les autres pour en faire leurs victimes, et je désire que vous n'oubliez pas cette particularité; je ne prétends point l'avoir découverte, mais je ne crois pas que jusqu'à présent on ait formulé cette loi qui s'applique aussi bien aux faits de l'ordre moral qu'à ceux du monde matériel, à savoir que : *toute vérité est voilée par un sophisme plus vraisemblable que la vérité même.*

Je ne puis pas vous citer ici des faits qui vous confirment cette assertion, ni même vous l'expliquer : mais j'espère qu'un jour nous pourrons aborder cette matière et la traiter face à face.

Vous m'accorderez bien que je vous ai appris beaucoup de choses; et pourtant, je vous l'affirme dans la sincérité de mon âme, si vous réfléchissez aux paroles que je viens de vous dire et si vous parvenez à en saisir toute la portée, vous aurez plus acquis par cette phrase que par tous les volumes que j'ai publiés jusqu'à présent; car vous y trouverez le secret de la plupart des erreurs et des infortunes qui affligent le genre humain.

Pour en revenir à notre histoire, cette phrase vous expliquera la différence d'opinion qui existait entre le naturaliste et les cinq autres chasseurs. Aucun, parmi ces derniers, ne se donnait la peine de réfléchir; tous s'en rapportaient complétement au témoignage de leurs sens, ils ne raisonnaient pas, et si par hasard ils n'avaient jamais vu plonger un bâton dans une eau transparente, ils auraient affirmé que le bâton qu'on leur eût montré dans cette position était ployé de manière à constituer un angle; ils l'auraient soutenu sans vouloir en démordre et se seraient moqués de celui qui aurait osé contredire *ce fait évident qu'ils voyaient de leurs propres yeux*, absolument comme ils tournaient en ridicule notre jeune naturaliste; pauvre garçon! qui prétendait qu'un objet se trouvait à huit kilomètres, quand il était clair comme le jour que la distance en question n'excédait pas un kilomètre et demi.

Certes la montagne ne *paraissait* pas plus loin des chasseurs que ne le prétendaient les cinq opposants du naturaliste qui avaient l'habitude de mesurer les distances à vue d'œil, dans un pays de basses terres. Mais notre jeune savant, qui ne jugeait pas sans avoir réfléchi, se rappelait qu'ils étaient maintenant dans une région située à plus de mille mètres au-dessus du niveau de la mer; et il savait, par ses lectures et par sa propre expérience, qu'à cette hauteur on est souvent le jouet d'une illusion d'optique, dont nos cinq amis ne voulaient pas même entendre parler. Hans admettait volontiers que la montagne paraissait tout au plus à un kilomètre et demi, et leur en expliquait la cause, mais chacun n'en persistait pas moins dans sa première opinion.

Quelle que fût la douceur du jeune naturaliste, il finit par s'impatienter des railleries de ses camarades, et, s'arrêtant tout à coup, il proposa de mesurer la distance qui faisait l'objet de la dispute, proposition qui fut immédiatement acceptée. Nos voyageurs n'avaient pas de mètre, encore moins de chaîne d'arpentage; mais il n'en était pas besoin pour mesurer l'éloignement qui les séparait de la montagne, et s'en rapportant au jeune naturaliste, nos amis revinrent à l'endroit où la discussion avait commencé.

Quel moyen notre savant pouvait-il employer? Allait-il se servir de la trigonométrie? Pas du tout; il aurait pu faire usage de ce procédé scientifique; mais le plan qu'il voulait suivre était beaucoup plus simple; n'était-il pas porté par un excellent viamètre?

Cette bonne bête au pied ferme, au pas égal, sur laquelle voyageait notre ami, possédait toutes les qualités voulues pour une pareille expérience, et en la mettant à une certaine allure, son maître pouvait savoir la distance qu'il avait franchie avec autant de rectitude que s'il ne avait pris la mesure par un moyen mathématique. Toutes les fois que Hans abandonnait son cheval à lui-même, celui-ci prenait cette allure particulière, et faisait par minute une certaine quantité de pas dont le naturaliste savait le nombre; ces pas étant égaux, il suffisait donc de les compter, ou de remarquer le temps qu'on avait mis d'un point à un autre, pour connaître la distance qui avait été parcourue.

C'était dans cette intention que le naturaliste avait habitué son cheval à cette allure régulière; mais, cette fois, il tira sa montre pour régler la vitesse de sa bête avec plus de certitude, et se dirigea vers la montagne en prenant une ligne droite.

Tous les autres le suivirent en silence, afin de ne pas le troubler dans ses calculs; ils auraient sans cela continué leurs plaisanteries, mais seulement pendant quelques minutes; car ils marchaient toujours, et la montagne ne paraissant pas plus prochaine, leurs figures commençaient à s'allonger.

Lorsqu'après une demi-heure, le point qu'il s'agissait d'atteindre parut encore au moins à un kilomètre et demi, les contradicteurs de Hans avaient l'oreille bien basse.

Enfin, après la seconde demi-heure, quand les chevaux touchèrent au versant de la montagne, aucun de nos chasseurs ne fut surpris d'entendre le naturaliste s'écrier d'une voix ferme :

« Huit kilomètres et demi! »

Personne n'essaya, cette fois, de contredire son assertion. Hans ne railla pas ses camarades, mais les regardant en face, il leur dit ces paroles:

Toute vérité est voilée par un sophisme plus vraisemblable que la vérité même.

CHAPITRE XXXIV

Exploration de la montagne.

Bien que de loin la montagne parût offrir une surface tout unie, elle présenta un aspect bien différent aux voyageurs, lorsqu'ils en approchèrent. D'énormes fragments de rochers couvraient ses flancs jusqu'au sommet, et la faisaient ressembler à un cairn[1] gigantesque, pareil à ceux que l'on peut voir sur quelques-unes des montagnes d'Angleterre. Toutefois, ces derniers ont été faits par les hommes, tandis que le monceau de roches que voyaient nos amis paraissait avoir eu des géants pour auteurs.

Il y avait néanmoins quelque trace de végétation parmi tous ces débris; des plantes de la famille des cactus et quelques euphorbes croissaient dans l'intervalle que ces pierres laissaient entre elles; çà et là, un arbre à la cime étalée, au feuillage pareil à celui du myrte, répandait son odeur sur les flancs de la montagne, et l'aloès arborescent dressait, au-dessus d'un quartier de roche, ses fleurs de corail dont la nuance contrastait vivement avec celle du granit.

Lorsque nos amis furent restés pendant quelques minutes à la base de cette montagne, l'un d'eux proposa de la gravir jusqu'au sommet; elle n'était pas bien haute, pas très-rapide, c'est à peine s'il faudrait un demi-quart d'heure pour arriver jusqu'à la cime; et quelle vue n'aurait-on pas de ce magnifique observatoire! Il commandait un espace que nos amis ne franchiraient pas en moins de trois jours; peut-être pourraient-ils découvrir un chemin différent de celui qu'ils avaient l'intention de prendre, et de cette façon, éviter les obstacles que leur opposeraient les éperons de la chaîne qu'il leur fallait traverser.

« Décidément, gravissons-nous la montagne? reprit l'auteur de la proposition.

— Oui! oui! » répliquèrent ses camarades, non moins désireux que lui d'escalader cet amas de pierres; les uns

---

[1]. Monceau de pierres que les peuples du Nord déposaient sur la tombe de leurs chefs. *(Note du traducteur.)*

pour profiter de la vue, les autres pour le plaisir de grimper, Klaas et Jan, parce qu'ils venaient d'apercevoir un grand oiseau planer aux alentours : c'était probablement un aigle, et nos deux collégiens avaient grande envie de faire plus ample connaissance avec le roi des airs.

Le naturaliste éprouvait, de son côté, le plus vif désir d'étudier les végétaux qui croissaient au milieu de ces rochers, et qui différaient essentiellement de tous ceux qu'il avait trouvés dans la plaine ; il voulait surtout voir de plus près cet arbre à feuilles de myrte, qui attirait son attention.

Unanimes à cet égard, nos chasseurs mirent pied à terre, car il eût été impossible de faire cette escalade à cheval, et s'assurèrent de leurs montures en les attachant toutes ensemble par la bride. C'était le moyen qu'ils employaient chaque fois qu'ils n'avaient pas d'arbres où ils pussent les fixer ; ils se trouvaient bien de cette méthode, leurs bêtes y étaient habituées ; elles vivaient en fort bonne intelligence et n'avaient à craindre de leurs camarades ni coups de pied ni morsures. Quant à s'enfuir, il aurait fallu le consentement de toute la bande, et nos chasseurs étaient complétement rassurés à cet égard ; les six chevaux ne parviendraient pas à s'entendre ; et lors même que cinq d'entre eux auraient consenti à vaguer à l'aventure, le cheval de Hans se serait opposé de toutes ses forces au projet des conspirateurs ; son maître l'avait accoutumé à l'attendre sans bouger de la place où il l'avait laissé. Que de fois le naturaliste lui avait jeté la bride sur le cou pour aller chercher une plante rare sur le versant d'une montagne ou dans l'épaisseur des halliers !

Laissant donc leurs chevaux dans la plaine, nos voyageurs commencèrent leur ascension. Ils passèrent d'abord entre d'énormes quartiers de granit, et franchirent le sommet des rochers ; il leur fallut pour cela beaucoup de force et d'adresse ; la plupart d'entre eux supposaient au début qu'ils mettraient cinq minutes pour arriver au faîte ; les cinq minutes étaient écoulées depuis longtemps, et il restait plus de chemin à faire qu'on n'en avait franchi.

Rien n'est plus trompeur que l'aspect d'une montagne, et il est rare qu'on n'éprouve pas de déception quand on veut la gravir ; c'est en général plus difficile qu'on ne le croyait d'abord, et il faut, dans ses calculs, faire une large part aux difficultés imprévues. Hans, qui le savait à merveille, avait dit à ses compagnons qu'il faudrait au moins une demi-heure pour gagner le sommet du cône ; plus d'un avait envie de se récrier ; mais tout le monde garda le silence, dans la crainte de subir un nouveau démenti, et nos amis se contentèrent de penser qu'ils mettraient à peine cinq minutes pour terminer l'escalade.

Au bout de cinq minutes, ils commencèrent à changer d'opinion, et le quart d'heure était écoulé qu'ils n'étaient pas à mi-côte.

Arrivés là, nos voyageurs s'arrêtèrent afin de reprendre haleine, ce qui fournit au botaniste l'occasion d'examiner l'arbre dont nous avons parlé, car c'était à l'ombre de cet arbre curieux que nos amis avaient été s'asseoir.

D'une grosseur médiocre et d'une taille peu élevée, cet arbre, qui paraissait insignifiant, n'en avait pas moins beaucoup de valeur aux yeux du naturaliste ; il était chargé de branches couvertes de petites feuilles d'un vert pâle, dont l'effet général se rapprochait de celui des myrtes ; ses fleurs, de petite dimension, étaient fort peu apparentes, mais elles procurèrent au botaniste le moyen de reconnaître la famille de l'arbre auquel il avait affaire. C'était une espèce de *santal*, ayant beaucoup de rapport avec le *santalum album*[1] qu'on nous envoie des Indes.

Tous nos chasseurs connaissaient une foule de petits objets fabriqués en bois de santal[2], mais ils ne savaient pas d'où l'on tirait ce bois précieux, ni quel était l'arbre qui le fournissait au commerce. Ils adressèrent au naturaliste plusieurs questions à cet égard, et celui-ci, profitant de la circonstance, leur donna les détails suivants :

L'arbre qui produit le bois de santal, et qui appartient à la famille des *santalacées*, croît dans les parties montagneuses du Malabar, ainsi que dans les îles de l'archipel Indien. Il ne s'élève jamais bien haut et l'on en trouve rarement qui aient un mètre de circonférence. Le bois de santal est fort estimé à cause de l'agréable odeur qu'il répand, et surtout parce que cette odeur, qui l'empêche de pourrir, préserve les objets qui sont placés dans son voisinage immédiat des atteintes de la rouille ou de celles des insectes. C'est par ce motif qu'il est très-recherché pour faire des boîtes, des coffrets, de petits meubles de toute espèce; et en raison de sa bonne odeur, on en fabrique des éventails et des colliers qui se vendent parfois très-cher. Enfin les brahmes l'emploient dans les sacrifices qu'ils offrent à Vishnou, pour parfumer l'huile dont ils font usage en pareille occasion.

« N'y a-t-il pas deux espèces de bois de santal ? demanda Klaas ; ma sœur en a une boîte et un collier que mon oncle lui a apportés des Indes et qui ne se ressemblent pas du tout : la boîte est blanche, et les perles du collier sont d'un beau jaune ; peut-être qu'on les a teintes.

— Non, répondit le botaniste, c'est la couleur qu'elles ont naturellement. Il y a deux sortes de bois de santal,

---

[1]. Santal blanc ou santalin, appelé encore santal à feuilles de myrte.
(*Note du traducteur.*)

[2]. Ou de sandal, l'un et l'autre se disent. (*Note du traducteur.*)

le blanc et le jaune; pendant longtemps on a cru que ces deux variétés étaient produites par des arbres différents, c'est une erreur. Il existe bien, il est vrai, plusieurs espèces de santalins dont le bois est employé; mais le blanc et le jaune sont fournis par le même arbre; seulement la partie qui forme le cœur de l'arbre et qui est la plus vieille, surtout près de la racine, est d'un jaune foncé, tandis que le jeune bois, qui se rapproche de l'écorce, est blanchâtre; le jaune est plus dur, plus parfumé que celui-ci, et par conséquent a plus de valeur.

« Quand on abat ces arbres on les dépouille de leur écorce et on les enterre pendant environ deux mois, opération qui augmente leur parfum et le rend plus agréable. »

Tout en écoutant ces détails, nos chasseurs avaient pris leurs couteaux, et chacun ayant coupé une branche du santal sous lequel ils se reposaient, l'approcha de ses narines et en mâcha l'extrémité.

Ils reconnurent à cette branche un parfum prononcé, mais pas la moindre saveur. Hans leur dit qu'il en était de même du santalin des Indes, qui sent très-fort et qui est complétement insipide.

Il ajouta que le nom de ce bois précieux ne lui avait pas été donné parce qu'on en fait des sandales, mais que ce sont au contraire ces chaussures peu commodes qui ont tiré leur nom du santalin.

C'est du persan que vient le mot *sandal*; son étymologie est *sandul*, qui signifie *utile*, qualification appliquée au santalin à cause de la valeur de son bois.

Hans ajouta que les îles Sandwich fournissent du bois de santal, provenant d'arbres qui n'appartenaient pas à la même famille que le *santalum album*.

Nos amis s'étant reposés d'une manière suffisante, reprirent leur ascension et arrivèrent, au bout d'un quart d'heure, au sommet de la montagne.

CHAPITRE XXXV

L'hyrax.

Ce n'était pas précisément à la cime de la montagne que se trouvaient nos chasseurs; ils étaient bien au sommet du cône principal, mais au-dessus d'eux, s'élevait toujours cette aiguille dont la singularité avait frappé leurs regards et les avait attirés jusque-là.

Cette flèche singulière n'avait pas moins de neuf ou dix mètres d'élévation; les flancs en étaient déchirés, fendus, comme s'ils avaient été ravinés par la pluie; elle diminuait graduellement et finissait par une pointe qui n'avait pas plus de trente centimètres de tour; mais sur ses côtés, depuis la base jusqu'au faîte, se dressaient une quantité d'aiguilles semblables, de manière que cet édifice, si toutefois nous pouvons employer cette expression, offrait beaucoup de ressemblance avec une tour gothique environnée de tourelles.

Quant à gravir ce dernier étage de la montagne, pas un de nos chasseurs n'en avait la pensée; l'entreprise eût été périlleuse, et peut-être n'y avait-il qu'un chat ou un oiseau pour qui cette aiguille ne fût pas inaccessible.

Lorsqu'ils eurent examiné pendant quelque temps ce phénomène géologique, nos amis commencèrent à en explorer la base. Ce n'était pas une chose facile que de faire le tour de cette flèche, à cause des rochers qui encombraient la plate-forme d'où elle s'élevait dans l'air, rochers qu'il fallait gravir, ou entre lesquels nos chasseurs étaient obligés de ramper avec efforts.

Tout à coup leurs regards s'arrêtèrent sur un objet qui suspendit leur marche, et les fit rester immobiles dans l'attitude que prennent des gens qui observent quelque chose.

A peu près à la moitié du versant de la montagne, se trouvait un énorme rocher dont la cime anguleuse dépassait tous les autres, et dominait une vaste portion du cône dont il faisait partie. Un gros oiseau était posé sur la pointe de cette roche de granit ; son plumage était d'un noir foncé, à l'exception d'une tache d'un blanc de neige qui lui couvrait les épaules ; et des plumes de teinte brune lui descendaient jusqu'aux orteils, qui paraissaient d'un jaune brillant.

Sa forme générale, la courbure de son bec, la rondeur de sa queue, la dimension de ses ailes, ses pattes emplumées et qui avaient l'air de porter des pantalons, disaient suffisamment quelle était son espèce.

« Un aigle ! » s'écrièrent les chasseurs, dès qu'ils l'eurent aperçu.

C'était un aigle, en effet, l'un des plus grands qu'on puisse voir, l'*aigle-vautour de Verreaux*, celui que nos deux collégiens avaient aperçu au moment où l'on avait proposé d'escalader la montagne.

Il était à peu près à deux cents mètres de nos chasseurs et n'avait sans doute pas entendu les cris et les rires de la bande joyeuse, qui avait fait grand bruit en franchissant les rochers, car il ne paraissait pas se douter de son voisinage. Le fait aurait pu sembler étrange de la part d'un être aussi farouche qu'un aigle, si l'attention de celui-ci n'avait été complétement absorbée par un objet quelconque.

Les serres fixées comme un étau à la crête du rocher, le cou tendu, le regard tourné vers le sol, il était évident qu'il épiait quelque chose du plus vif intérêt.

Quelle cible engageante pour nos chasseurs que la

tache blanche du manteau noir de l'aigle ! Malheureusement, celui-ci était trop loin pour qu'une balle pût l'atteindre ; le fusil de Willem, beaucoup plus gros que celui des autres, pourrait peut-être arriver jusque-là. Ce serait un coup de hasard si l'oiseau était tué ; Willem ne se dissimulait pas qu'il avait très-peu de chances, et pourtant il voulait essayer. Mais le naturaliste le pria d'attendre un moment ; il était certain que l'oiseau de proie méditait quelque rapine, et Hans avait le plus vif désir d'être témoin de ce curieux épisode.

Presque aussitôt, la victime apparut sur une plateforme étroite, située à quelque vingt-cinq mètres au-dessous de la roche où l'aigle était perché. C'était un petit quadrupède d'un brun grisâtre, plus clair sur l'abdomen que sur le dos; il ressemblait à un lapin, quoiqu'il fût plus grand, plus corsé, plus bas sur jambes, et qu'il n'eût pas de longues oreilles ; sa robe, douce et laineuse comme le pelage de ce rongeur, était parsemée de longs poils soyeux qui dépassaient la surface de sa fourrure. Il n'avait pas de queue du tout ; les quatre doigts de ses pieds de devant étaient chaussés de petits sabots ; il n'en avait que trois aux membres postérieurs, également enfermés dans de la corne, à l'exception de l'interne, qui se terminait par un ongle ordinaire.

Vous pensez bien que nos amis ne remarquèrent pas tous ces détails au moment où le petit quadrupède apparut à leurs yeux ; ils étaient beaucoup trop loin pour les voir; et c'est plus tard que Hans, qui connaissait parfaitement ce petit animal, leur communiqua toutes ces particularités. Toujours est-il que si la bête dont il s'agit n'avait rien de frappant dans son aspect, elle n'en était pas moins, par sa conformation intérieure, l'un des animaux les plus intéressants du globe.

Dans cette petite créature, au poil fin et soyeux, aux formes rondes, au caractère doux et timide, qui passait en courant sous les yeux de nos voyageurs, et s'arrêtait tout à coup pour mordiller une feuille, dans ce petit quadrupède inoffensif, nos amis voyaient un proche parent du rhinocéros. Mon Dieu, oui ! Malgré l'absence de corne sur le nez, malgré sa fourrure, son caractère, sa taille et ses habitudes, ce n'en était pas moins, d'après Frédéric Cuvier, un véritable pachyderme. Ses dents, son crâne, ses doigts munis de sabots, en sont une preuve irrécusable.

« Quel triomphe pour l'anatomie, s'écrie M. Cuvier, quel triomphe de démontrer que cet animal, que l'on croyait être un rongeur, est un rhinocéros ! » — N'est-ce pas, continua Hans qui venait de faire cette citation, n'est-ce pas plutôt la preuve de la faiblesse des théories anatomiques de M. Cuvier ? Car, enfin, cette petite créature, en dépit de ses dents de rhinocéros, n'en a pas moins toutes les manières d'un lapin.

« Au lieu de cet animal stupide et monstrueux, qui se précipite sans y être provoqué sur tous les objets qu'il rencontre, nous avons ici une bête craintive et douce, qui prend la fuite à la moindre alarme et qui a peur de son ombre. J'y vois, au contraire, ainsi que je le disais tout à l'heure, une preuve de l'insuffisance de l'ostéologie pour indiquer la manière de vivre d'un animal ; je ne crois pas qu'il y ait dans toute la création d'exemple qui démontre d'une façon plus victorieuse l'erreur des arguments de Cuvier, que ce petit quadrupède, qui porte le nom d'*hyrax*, et, malgré l'illustre savant, je persiste à dire que l'hyrax est beaucoup plutôt de la famille du lapin que de celle du rhinocéros. »

Telles furent les paroles du jeune Von Bloom, paroles audacieuses pour un naturaliste de son âge. Il est vrai qu'on a de bonnes raisons pour soutenir que l'hyrax n'est pas un pachyderme [1] ; il ressemble si peu à ces animaux

---

[1]. Il nous paraît démontré que l'hyrax n'est point un rhinocéros; mais

cuirassés d'une peau impénétrable; sa manière de vivre est si différente de celle d'un éléphant ou d'un rhinocéros !

Elle est bien simple et peut se raconter en quelques mots. L'hyrax vit en société; il habite les montagnes, les régions les plus rocailleuses, se retire dans les cavernes et dans les fentes des rochers, d'où il sort pour aller chercher pâture ou se chauffer au soleil; il court timidement, d'un air craintif et soupçonneux; il mange de l'herbe et les feuilles de certaines plantes, et recherche avidement celles qui ont des qualités aromatiques. Grâce aux lieux escarpés qu'il habite, il échappe à la plupart des quadrupèdes carnassiers, mais il sert de nourriture aux oiseaux de proie, surtout aux aigles-vautours que nous avons décrits plus haut. Telle est l'histoire de l'hyrax, que l'on appelle encore *daman, dassie, blaireau de rocher, lapin de montagne,* etc.

C'est l'une de ces créatures anomales qu'il est impossible de faire entrer dans une classification régulière, et dont on a fait un genre particulier. On connaît deux

---

nous ne sommes pas étonné qu'on l'ait mis avec les pachydermes : cette famille nous semble avoir été créée tout exprès pour y fourrer les animaux dont on était embarrassé. L'hyrax n'a peut-être pas la peau assez dure pour mériter le nom de *cuir épais*; à cela près nous ne voyons pas qu'il soit plus injurieux pour lui que pour le cheval, qui est aussi un pachyderme, d'être mis auprès du cochon et du rhinocéros; les habitudes, le caractère, la forme et la robe d'un zèbre n'ont rien de commun avec l'hippopotame et l'éléphant; la seule chose qui les rapproche est d'avoir le pied botté; que le sabot enferme les cinq doigts ou qu'il y en ait un pour chaque orteil, ceux-ci n'en sont pas moins inflexibles; et il est assez curieux que les sabots aient entraîné des caractères anatomiques semblables chez des êtres aussi différents que le rhinocéros et l'hyrax. Par malheur cette chaussure n'est pas un caractère particulier aux pachydermes; elle appartient aussi aux ruminants, dont quelques-uns, tels que les bœufs, pourraient être classés parmi ces derniers, car ils n'ont pas la peau moins épaisse et moins dure que le cheval. Nous ne voyons donc pas pourquoi l'hyrax ne serait point un pachyderme, puisqu'il suffit pour cela de ne pas ruminer, d'être muni de sabots, et difficile à classer.

(*Note du traducteur.*)

espèces de damans qui diffèrent peu l'une de l'autre, et qui sont l'hyrax de Syrie et celui du Cap.

Je vous ai dit plus haut que tous ces détails avaient été donnés par Hans à nos chasseurs, mais non pas au moment où ceux-ci venaient d'apercevoir l'hyrax.

Le naturaliste n'en aurait pas eu le temps, car le petit quadrupède, suivi de deux ou trois de ses compagnons, avait à peine quitté son gîte, que l'aigle fondit sur la plate-forme où étaient les hyrax.

Un cri aigu partit du groupe que l'oiseau de proie couvrait de son ombre, et nos amis s'attendirent à voir remonter l'aigle en tenant un daman dans ses serres.

Ils furent déçus dans leur attente, et le rapace fut encore plus désappointé; les damans s'étaient dispersés avant que leur ennemi pût saisir l'un d'entre eux, et avaient gagné leur retraite, où ils étaient parfaitement en sûreté.

Il n'était pas probable qu'ils sortissent de la journée, du moins l'aigle paraissait en avoir la conviction, car s'élevant dans l'air en poussant un cri d'impatience, il se dirigea de l'autre côté de la montagne.

CHAPITRE XXXVI

Les sauteurs de rochers.

Nos chasseurs, dans l'espoir de frapper l'aigle au vol, s'accroupirent derrière les rochers et portèrent leur fusil à l'épaule, mais l'oiseau passa trop loin d'eux pour qu'ils pussent le tirer. C'était sans doute un vieil aigle affamé, qui, s'étant mis en chasse, était venu jusque-là, et qui airait ailleurs, car il semblait se diriger vers les montagnes voisines. Déjà il s'était élevé à une hauteur considérable et s'éloignait du point d'où le regardaient nos amis, quand tout à coup il s'arrêta dans son vol, se balança quelques instants dans l'air, et parut examiner quelque chose qui attirait de nouveau son attention vers la base de la montagne.

Les damans s'étaient-ils aventurés à sortir de leur retraite? Cela n'était pas probable; l'aigle d'ailleurs attachait son regard du côté opposé; peut-être la montagne renfermait-elle d'autres hyrax; c'était à peu près sûr, et cependant l'aigle n'aurait pas plané au-dessus d'eux comme il le faisait alors. Il n'est pas dans les habitudes de cette espèce de tomber de haut sur le daman; elle se perche dans son voisinage, reste à l'affût, et se précipite sur l'hyrax dès que celui-ci vient à quitter son fort, précisément comme nos chasseurs le lui avaient vu faire.

L'hyrax, en pareille occasion, rentre dans sa caverne avec tant de rapidité qu'il échapperait souvent à l'aigle, si ce dernier fondait sur lui d'une hauteur considérable; et puis, s'il y avait eu quelque daman sur l'un ou l'autre des rochers, il n'aurait pas manqué d'apercevoir l'oiseau de proie et de s'enfuir aussitôt. Il était donc impossible que ce fût un hyrax qui attirât les regards de l'aigle.

Hans, qui, dans l'espoir de tuer le rapace ou tout au moins de lui envoyer une balle, avait rampé devant ses compagnons, et se trouvait maintenant de l'autre côté, voyait fort bien que ce n'était pas un daman qui arrêtait l'aigle dans son vol, mais plusieurs animaux d'une espèce toute différente.

Un santalin croissait à mi-côte, c'était l'un des plus touffus et des plus grands qu'il y eût sur la montagne; précisément au-dessous du santalin, qui la couvrait de son ombre, gisait une roche plate, dont la surface unie avait plusieurs mètres carrés; cette terrasse ombreuse, tandis que le soleil frappait de ses rayons toutes les parties voisines, formait un lieu de repos charmant d'où le regard dominait la plaine et découvrait un magnifique horizon; c'était l'une de ces retraites délicieuses que désire un esprit contemplatif pour s'y abandonner à ses méditations et à ses rêves.

On ne peut pas s'empêcher de croire que la plupart des animaux sauvages ont égard à la beauté du site dans le choix qu'ils font de leur séjour habituel. Il me suffit d'un coup d'œil pour découvrir le rocher où un aigle a établi son aire, le vallon qui est fréquenté par le cerf ou le daim, l'arbre sous lequel ils aiment à se reposer; et souvent la préférence accordée à ces gîtes favoris m'a paru dépendre bien plutôt de la beauté des lieux mêmes que de la sécurité qu'ils offrent à ceux qui les habitent.

Il est difficile de se représenter la masse de rochers granitiques dont nous nous occupons, cette terrasse protégée contre les rayons du soleil par un santal embaumé, sans penser en même temps qu'il s'y trouve un être vivant pour jouir de cette ombre odorante, du charme répandu autour de cette solitude, et pour animer la scène, qui sans lui serait incomplète.

Mais l'ombre du santal ne se versait pas inutilement sur la terrasse qu'elle abritait; Hans venait d'apercevoir un groupe de créatures qui semblaient faites tout exprès pour donner de la vie à ce tableau, à la fois gracieux et sauvage, et pour le compléter.

Ce groupe charmant se composait de trois individus, appartenant à une espèce que nos amis n'avaient pas encore rencontrée depuis qu'ils étaient en chasse.

Tous les trois, c'étaient des quadrupèdes, avaient une robe olive, teintée de jaune, mais différaient quant à la taille. Le plus grand était à peine de la grosseur d'un chien d'arrêt, et le plus petit n'était pas même de la dimension d'un chevreau; quant à celui qui se trouvait entre les deux, il était à peu près de la taille du premier, seulement il n'avait pas de cornes, tandis que l'autre en portait ; malgré cette différence, il était clair que ces trois animaux faisaient partie de la même espèce. C'était effectivement une famille de *klipspringers* ou sauteurs de rochers (*Oreotragus saltatrix*).

Hans les reconnut aussitôt, ses compagnons également, car on trouve cette antilope sur le territoire de la colonie du Cap, dans tous les endroits où des rochers inaccessibles et des montagnes rocailleuses lui fournissent un abri contre les chiens, les chasseurs et les hyènes.

Parmi les nombreux représentants de la tribu des antilopes que l'on trouve dans l'Afrique méridionale, le klipspringer n'est pas l'un des moins intéressants. Bien qu'il soit de petite taille et d'une valeur insignifiante, il s'éloigne tellement de ses congénères, par son séjour et par sa manière de vivre, qu'il est un objet de curiosité même dans la région qu'il fréquente. Jamais on ne le rencontre dans la plaine où paissent le gnou, l'oryx, l'élan, le blesbok et tant d'autres animaux de la même famille. Il habite exclusivement la montagne et surtout la région des abîmes, où la nature des lieux le protège contre les grands carnassiers ; le léopard lui-même ne peut pas l'y poursuivre, malgré ses ongles crochus qui lui permettent de gravir comme un chat.

Le klipspringer n'a pas de rival dans le midi de l'Afrique pour escalader les rocs, pour bondir sur la crête des précipices, à des hauteurs vertigineuses, où nul quadrupède ne saurait l'atteindre ; et les seuls ennemis qu'il ait à redouter, sont l'aigle de Verreaux, l'aigle cafre et le gypaëte.

Il peut avoir cinquante centimètres de hauteur ; son corps vigoureux est trapu, et ses membres sont plus robustes que ceux des petites antilopes de la plaine. Ses cornes, dont la longueur n'est que de dix centimètres, se dressent verticalement au-dessus de la tête et s'inclinent un peu en avant dans leur partie supérieure, elles sont ridées à la base et annelées au milieu. Le pelage du sauteur de rochers est long, fourni, rude, et se tient tout droit, ce qui donne à cet animal quelque ressemblance avec le porc-épic. Chacun de ses poils est gris de cendre à la base, brun au milieu, jaune à la pointe, d'où il résulte que la teinte générale de sa robe est d'un olive jaunâtre.

Mais l'un des traits les plus caractéristiques de cette antilope est d'avoir les pieds conformés d'une façon particulière : ses sabots, au lieu d'être allongés et pointus comme chez la plupart des animaux de la famille, sont cylindriques, posés verticalement sur leur base, et dentelés sur les bords, ce qui permet au klipspringer de se cramponner à la surface des roches les plus unies, et d'y adhérer fortement; ainsi qu'il arrive toujours dans les œuvres de la nature, le pied de cet animal est parfaitement adapté au milieu qu'il doit parcourir.

Cette antilope ne vit pas en troupeau ; on la voit seulement par couples isolés ou par familles, comme celle qui avait attiré les regards de nos chasseurs.

Au moment où le naturaliste avait découvert le groupe dont nous parlons, le mâle était debout sur le rocher et regardait la plaine qui se déployait devant lui ; la cime touffue du santal ne lui permettait pas d'apercevoir l'aigle-vautour, et la femelle, couchée sur la plate-forme, allaitait le jeune faon qui était agenouillé auprès d'elle.

Tout à coup l'ombre noire du rapace se dessina dans la plaine, elle s'agita sous les yeux du mâle, qui tressaillit, proféra une espèce de sifflement, frappa du pied la roche où il était posé; la femelle se leva aussitôt, le faon imita sa mère, et tous les trois dirigèrent leurs regards inquiets vers l'ombre qui glissait dans la prairie.

puis ils commencèrent à bondir sans néanmoins quitter la roche d'où ils observaient la plaine; enfin ils aperçurent l'oiseau de proie, qui, s'étant éloigné de la montagne, n'était plus masqué par la cime du santalin.

C'est alors que l'aigle s'arrêta dans son vol et parut cloué dans le ciel; il venait à son tour de découvrir les antilopes et convoitait le pauvre petit qui cherchait à se cacher derrière sa mère. En un clin d'œil il se rapprocha de la montagne, et quand il eut diminué la distance qui le séparait du rocher, il fondit sur sa proie. Mais quelle que fût la rapidité de sa chute, il ne réussit pas à saisir sa victime, et se releva sans rien avoir dans les serres.

Des trois antilopes, il n'en restait pas une à l'endroit où nos chasseurs les avaient vues; aussi rapides que l'oiseau, elles venaient de lui échapper en sautant de la plate-forme, et l'on aurait pu croire qu'elles s'étaient précipitées dans les fentes de la montagne, comme l'avaient fait les hyrax; mais il n'en était rien; on les revoyait debout à la cime d'un rocher d'où elles guettaient l'oiseau de proie; il était évident qu'elles s'attendaient à une seconde attaque. En effet, après avoir de nouveau calculé la distance, le rapace se précipita vers la victime qu'il s'était désignée.

Le faon bondit à son tour de rocher en rocher, ainsi qu'une balle élastique, et parvint comme la première fois à éviter les serres de l'aigle; mais celui-ci, continuant la lutte, resserra de plus en plus les orbes qu'il décrivait autour du petit sauteur, dont bientôt la fatigue fit trembler et fléchir les membres délicats. Le père et la mère du pauvre petit couraient pendant ce temps-là sur la crête des rochers, dont ils escaladaient et descendaient les pentes abruptes avec autant de facilité que s'ils avaient eu des ailes. Leur désir était évidemment d'attirer sur eux les attaques de l'aigle et de sauver leur petit; mais le ravisseur ne prêtait pas la moindre atten-

L'aigle et le sauteur de rochers (page 220).

tion à leurs manœuvres, et s'acharnait à la poursuite du faon ; il y avait sans doute sur la montagne voisine de jeunes aiglons qui attendaient son retour, et qui avaient besoin de chair tendre.

Il continua donc à chasser le petit animal jusqu'au moment où celui-ci n'eut plus assez de force pour quitter le roc où il venait de retomber. L'aigle se précipita une dernière fois sur la montagne, enfonça comme des grappins ses terribles serres dans l'échine du petit quadrupède et se releva pour fuir avec sa proie.

Un bêlement aigu et douloureux s'éleva des flancs du cône de granit, il fut étouffé par la détonation de plusieurs fusils qui se répéta d'écho en écho, et le ravisseur ailé, tenant toujours sa victime, glissa dans l'air et tomba foudroyé.

CHAPITRE XXXVII

Chasse.

Les chasseurs descendirent en courant jusqu'à l'endroit où gisaient les deux cadavres ; les serres de l'aigle profondément enfoncées dans la chair, embrassaient l'épine dorsale de l'antilope, et n'avaient pas lâché prise, même après la mort du rapace.

Il est des personnes qui envisageront la mort de l'aigle comme un juste châtiment ; mais quel était son crime ? Il venait de tuer, il est vrai, le petit d'une antilope, un animal inoffensif, le plus innocent de tous les êtres ; mais pouvait-il s'en dispenser ? La nature a voulu qu'il n'eût pas d'autre moyen d'existence. Il était possible qu'à la crête sourcilleuse d'un précipice (car cet aigle-vautour niche au sommet des rochers et non pas sur les arbres), il était possible qu'il eût dans son aire deux aiglons affamés, dont l'estomac insatiable attendait pour pâture le jeune faon de l'antilope; la faim les aurait tués s'ils ne l'avaient pas eu. Que pouvait donc faire le pauvre aigle, si ce n'est de pourvoir aux besoins de sa famille, bien que ce fût aux dépens d'un père et d'une mère tout aussi attachés à leur petit qu'il pouvait l'être aux siens? Qui donc peut lui en faire un crime? Ce n'était pas pour s'amuser que l'aigle avait tué la jeune antilope; c'était pour satisfaire aux exigences de la faim, pour obéir à l'une des lois les plus impérieuses d'ici-bas.

Cette loi paraît cruelle; mais si les faits qu'elle impose sont des crimes, c'est la nature seule qui en est responsable. Hélas! nous ne pouvons comprendre pourquoi les êtres qui peuplent la terre ont été créés pour vivre les uns des autres; c'est une énigme indéchiffrable pour le cœur que cette chaîne de destruction.

Tuer sans but, simplement pour détruire, est une faute, sinon un crime; et nos chasseurs pourraient encourir le reproche de l'avoir commise, s'ils n'avaient pas eu en tirant sur l'aigle-vautour une intention fort honorable; cet oiseau appartenait à une espèce rare et peu connue, et le désir de se procurer sa dépouille, dans un but scientifique, avait motivé sa mort; c'étaient les deux balles du naturaliste qui l'avaient frappé.

Les antilopes se trouvaient ainsi vengées; toutefois, ce n'était pas pour cela que nos amis avaient tiré sur l'aigle; ils ne pensaient pas le moins du monde à protéger les sauteurs de rochers, bien au contraire; car, cinq minutes après la mort du rapace, tous nos chasseurs, y compris les chiens, poursuivaient les deux antilopes avec autant d'empressement qu'ils en avaient mis à détruire l'oiseau de proie.

Ce n'était pas non plus sans motif et par amour pur et simple de la chasse que nos boërs voulaient tuer les antilopes, bien qu'il y en eût dans les six un ou deux qui n'auraient pas pu donner de leur conduite une autre explication. Mais le plus grand nombre éprouvait le désir d'examiner de plus près ces curieux animaux et d'en ajouter la dépouille aux trophées qu'ils rapporteraient de leur voyage.

Vous me demandez quel intérêt ils pouvaient avoir à se procurer les cornes de ces antilopes, puisque les sauteurs de rochers sont assez communs dans certains districts de la province du Cap. Ces animaux, il est vrai, se trouvent en assez grand nombre dans plusieurs régions de la colonie ; mais il est rare que l'un d'eux soit frappé par la balle d'un chasseur ; ils ne sont ni moins farouches ni moins avisés que le chamois, et n'habitent que les lieux les plus inaccessibles ; d'où il résulte que l'on regarde comme un fait assez remarquable d'avoir tué l'une de ces antilopes, et que, malgré leur petitesse, leurs cornes ont de la valeur au milieu d'un trophée de chasse.

C'est pour cela que nos amis voulaient se procurer celles du mâle qui bondissait au-dessous d'eux.

La première chose à faire était de s'entendre sur la méthode à suivre pour en prendre possession.

Aux coups de fusil qui avaient tué l'oiseau de proie, les deux sauteurs avaient bondi d'étage en étage, et se trouvaient maintenant sur un quartier de roche situé près de la base de la montagne.

Hendrik proposait de les rejoindre immédiatement et de les chasser dans la plaine, où ils seraient bientôt pris par les chiens ; car, en terrain plat, ces antilopes sont de fort pauvres coureurs.

La proposition paraissait excellente ; il suffisait aux boërs de descendre la montagne pour faire prendre la fuite aux deux sauteurs. Une fois dans la prairie, ce serait l'affaire des limiers ; et, de l'endroit où ils seraient placés, les jeunes gens ne perdraient pas le plus petit détail de cette chasse intéressante.

La chose convenue, les chiens furent découplés, et chasseurs et limiers s'élancèrent en avant. Ils allaient aussi vite que la nature des lieux pouvait le leur permettre, et seraient arrivés en dix minutes à portée de fusil des antilopes, si ces dernières avaient eu l'obligeance de rester à la même place; mais nos amis n'étaient pas à moitié chemin, que les bêtes agiles avaient déjà fait le tour de la montagne et s'étaient mises à voler d'un rocher à l'autre, comme si elles avaient été des oiseaux.

Ce qu'il y avait d'étrange dans leur mode de progression, c'est qu'au lieu de suivre les passages qui s'ouvraient entre les quartiers de granit, ils franchissaient les roches elles-mêmes; de sorte que leur course était formée d'une série de bonds prodigieux qui les faisaient retomber parfois sur des crêtes de rocher si étroites, qu'ils avaient à peine la place nécessaire pour y poser les pieds.

Les chasseurs avaient cru tout d'abord qu'ils n'éprouveraient aucune difficulté à rejoindre ces animaux. La montagne était si peu étendue que rien ne paraissait plus simple que d'obliger les deux sauteurs à s'enfuir dans la plaine; mais cette entreprise avait complétement échoué; les antilopes avaient évité sans efforts l'approche de leurs ennemis, dont elles étaient maintenant plus éloignées que jamais.

Les chasseurs rappelèrent les chiens, passèrent de l'autre côté de la montagne et aperçurent de nouveau les antilopes sur la pointe aiguë d'un rocher. Ils se dirigèrent une seconde fois vers celles-ci, en cherchant à les cerner; mais les deux sauteurs recommencèrent la manœuvre qu'ils venaient d'employer, et, bondissant au-dessus de l'abîme, se trouvèrent en un clin d'œil de l'autre côté des jeunes gens. Les chiens, fort maladroits sur un pareil terrain, n'étaient pas même un sujet d'inquiétude pour le gibier qu'ils poursuivaient ; et, en supposant que les antilopes se fussent trouvées par hasard à portée des tireurs, le plus habile d'entre eux n'aurait pas pu les viser, tant il y avait de rapidité dans les mouvements de ces animaux ; les toucher seulement avec du plomb, c'eût été plus difficile que de frapper au vol une bécasse avec une balle.

Les chasseurs essayèrent une troisième fois de contraindre les antilopes à déboucher dans la plaine, mais sans être plus heureux. Impossible de décider les fines bêtes à quitter leurs rocailles, et il fallut chercher un autre moyen de parvenir jusqu'à elles. On n'avait pas pu, en descendant, forcer les antilopes à s'éloigner de la montagne ; mais si, au lieu de se diriger vers la plaine, on remontait au contraire de la base du cône au sommet, il était probable que les antilopes n'échapperaient pas aux boërs.

« Nous sommes bien sûrs de les tenir, disait l'auteur de la proposition ; car si elles montent toujours, le terrain finira par leur manquer, et si elles redescendent, il faudra nécessairement qu'elles passent assez près de nous pour recevoir une balle. »

Ce plan fut adopté ; nos amis se séparèrent de façon à entourer la montagne, chacun se fit accompagner d'un chien, excepté Klaas, qui fut obligé d'aller tout seul, car vous vous rappelez que depuis l'affaire du blawbolk, la meute ne comptait plus que cinq membres.

Ainsi placés, les jeunes gens recommencèrent leur ascension ; ils montaient lentement sans perdre de vue leurs voisins de gauche et de droite, et s'avertissaient de temps en temps de la position des antilopes. Celles-ci fuyaient devant les chasseurs, tantôt d'un côté, tantôt de l'autre, décrivaient des zigzags ou se dirigeaient en droite ligne vers le sommet de la montagne.

Lorsque nos amis furent à mi-côte, les antilopes commencèrent à s'alarmer ; elles se voyaient cernées de toutes parts, et bondirent çà et là comme auraient fait deux sauterelles.

De plus en plus inquiètes, elles résolurent de franchir le cercle des chasseurs et se précipitèrent audacieusement vers le naturaliste. Hans, bien qu'il n'eût aucune prétention en fait de chasse, n'en était pas moins un excellent tireur, et, portant son fusil à l'épaule, il fit feu sur les deux bêtes.

La femelle tomba sur le roc, et le mâle, faisant une pirouette, continua son escalade ; les chiens, pendant ce temps-là, avaient gagné du terrain et poursuivaient l'antilope, qu'ils pressaient avec ardeur. La pauvre bête ne semblait pas pouvoir éviter ses ennemis. Elle s'était posée sur un quartier de granit situé près de la base de la tourelle qui terminait la montagne ; les cinq limiers se précipitant vers elle, la gueule ouverte, lui montraient des dents étincelantes qui paraissaient devoir la dévorer, quand tout à coup, poussé comme par un ressort, le vigoureux animal atteignit la lisière étroite d'un rocher qui se dressait verticalement devant la meute et où les chiens ne pouvaient pas arriver ; c'est tout au plus si une belette aurait pu tenir sur cette rampe où l'antilope paraissait être à l'aise ; mais celle-ci ne resta pas longtemps à la place qu'elle occupait ; effrayée par les cris des chasseurs qui se rapprochaient de plus en plus, elle continua sa marche ascendante, et, profitant des moindres saillies du rocher, elle ne s'arrêta que lorsqu'elle fut arrivée sur la pointe même de l'aiguille de granit dont la finesse avait frappé l'attention des voyageurs.

A la vue de ce bond prodigieux, un cri de surprise s'échappa des lèvres des boërs. Comme nous l'avons dit dans l'une des pages précédentes, la pointe de cette aiguille n'avait pas plus de dix centimètres de diamètre, et c'est là que, replié sur lui-même, les poils hérissés, les quatre pieds rapprochés les uns des autres, se tenait le pauvre sauteur parvenu au terme de sa course.

Bien qu'il fût maintenant assez près des boërs pour recevoir une balle, le spectacle qu'il offrait à leurs regards les avait tellement saisis que pas un d'eux n'avait songé à poser le doigt sur la détente de son arme.

D'ailleurs, à quoi bon se presser, l'animal était en leur pouvoir, les chiens entouraient la base de l'aiguille où perchait l'animal; ils pouvaient donc la contempler tout à leur aise, car ils étaient bien sûrs qu'il ne leur échapperait pas.

Ils ne connaissaient guère la puissance de cette curieuse antilope. Tandis qu'ils se félicitaient de l'avoir acculée comme dans un piége, elle s'élança dans l'espace, et, fendant l'air avec le bruit d'un aigle qui tombe sur sa proie, vint se poser sur le quartier de granit qui était derrière les chasseurs, rebondit comme une balle de rocher en rocher, et fut en quelques secondes à la base de la montagne.

Cette fuite avait été si rapide et tellement imprévue, que les chasseurs n'avaient pensé à tirer sur la bête qu'au moment où celle-ci n'était plus à leur portée. Ils regardaient avec une surprise mêlée de stupeur cette retraite impossible, quand un peu de fumée parut au bas de la montagne; au même instant, la détonation d'une arme à feu se fit entendre, et l'antilope tomba, la tête la première, du roc où elle était posée.

« Qui donc a tiré ce coup de fusil ? » s'écrièrent les chasseurs, plus étonnés que jamais. Ils se comptèrent et ne se trouvèrent plus que cinq : l'un d'eux manquait; c'était Klaas. Notre collégien venait de donner la preuve que le prix de la course n'appartient pas nécessairement au plus agile.

Klaas, un peu lourd de sa nature et fatigué de toutes

ces allées et venues du haut en bas de la montagne, se reposait sur une pierre en attendant ses compagnons, lorsqu'il aperçut l'antilope devant lui; la bête ne le voyait pas; croyant être en sûreté, elle reprenait haleine et restait immobile. Notre collégien tenait son fusil, qui était chargé de chevrotines, il visa l'animal, et celui-ci tomba pour ne plus se relever.

Jan, dont cet exploit réveillait la jalousie, insinua que c'était un coup de hasard qui ne méritait pas qu'on s'en vantât. Que ce fût adresse ou bonheur, il n'en était pas moins vrai que c'était Klaas qui avait tué l'antilope; et celui-ci était fier de sa victoire.

CHAPITRE XXXVIII

Oiseaux d'une hardiesse sans pareille.

Il y avait trois jours que nos voyageurs traversaient les plaines du Zuur-Veldt lorsqu'ils arrivèrent auprès d'un fleuve dont ils suivirent les bords en remontant vers sa source. Le paysage qui se déployait à leurs regards différait complétement de celui qu'ils laissaient derrière eux. Des saules et des roseaux couvraient les rives du fleuve, et de l'autre côté de la rivière s'étendait une vaste prairie parsemée de bouquets d'arbres, dont la verdure paraissait d'autant plus belle à nos amis qu'ils venaient de traverser des plaines excessivement arides. L'apparition des massifs verdoyants et des eaux transparentes n'était plus un effet du mirage, et des tableaux aussi gracieux que variés frappaient à chaque instant les yeux des voyageurs.

L'herbe qui tapissait les abords du fleuve était parfaite; nos amis, voulant en faire profiter leurs bœufs, s'arrêtèrent de bonne heure, s'établirent dans une petite prairie située au bord de l'eau, et coupèrent des saules pour entretenir leur feu.

Pendant tous ces préparatifs, Jan et Klaas remarquèrent une bande considérable d'oiseaux qui, planant au-dessus de la rivière, en effleuraient de temps en temps la surface, comme le font les hirondelles par une soirée d'été.

Ces oiseaux n'étaient pas bien grands; c'est tout au plus si leur taille égalait celle du pigeon, et la nuance de leur plumage n'avait rien de remarquable; ils étaient d'un brun lavé de rouge et mêlé de gris et de blanc, ce qui formait un costume assez terne pour des oiseaux qui avoisinent le tropique; mais, s'ils avaient été plus près des collégiens, Klaas et Jan auraient vu qu'ils avaient le pied, le tarse et la cire d'un orangé brillant. Ils offraient toutefois une particularité qu'on apercevait de loin et qui frappa nos jeunes amis: tous ces oiseaux avaient la queue fourchue, caractère qui les rapprochait des hirondelles; et, bien que chez eux les deux pointes caudales fussent beaucoup moins prononcées que chez ces dernières, ce trait distinctif, joint à la forme du corps et à la nuance du plumage, suffisait pour déterminer la famille à laquelle appartenaient ces volatiles, et pour faire reconnaître que c'étaient des milans.

Restait à savoir quelle espèce de milans, car il y en a plusieurs. Nos deux collégiens avaient bien vu tout d'abord que c'étaient des oiseaux de proie; Hans, qu'ils avaient interrogé à cet égard, leur avait répondu que c'étaient des milans, et avait ajouté un peu plus tard que c'était le *milan parasite* (*Milvus ater*), que l'on rencontre dans toute l'Afrique, et dont la taille est un peu moins grande que celle du milan royal.

Ce renseignement avait doublé l'intérêt de nos collégiens pour ces rapaces à queue fourchue; et, se glissant au bord de la rivière, les deux oiseleurs, qui tenaient leurs fusils à la main, guettèrent avec la plus grande attention tous les mouvements de la troupe ailée.

On aurait pu croire, au premier abord, que les milans jouaient entre eux; ils flottaient doucement dans l'air, s'y arrêtaient comme suspendus par un fil invisible, et de temps à autre se précipitaient vers le fleuve, dont ils rasaient la surface et où même ils se plongeaient de temps en temps. On découvrait bien vite quel était le but des milans: chaque fois que l'un d'eux sortait de l'eau, il était facile de voir qu'il tenait dans ses serres un petit poisson, dont le soleil faisait briller les écailles; c'était donc à la pêche que se livraient les parasites, et non pour leur plaisir, comme le font certains pêcheurs, mais par nécessité.

Ce n'est pas que le poisson constitue la seule nourriture du milan parasite; au contraire, il est presque omnivore, mange de petits quadrupèdes, des oiseaux, des reptiles, et ne dédaigne pas la charogne quand il n'a point autre chose. Mais il est très-friand de poisson, et toutes les fois qu'il habite un pays bien arrosé, où la pêche est abondante, il ne manque pas d'embrasser l'état de pêcheur.

Klaas et Jan espéraient tuer quelques-uns de ces oiseaux; mais, après avoir attendu vainement que les parasites s'approchassent de la rive, ils renoncèrent à leur espoir et revinrent au bivac, où le dîner les rappelait.

Nos voyageurs, assis en rond sur des caisses qu'ils avaient prises dans les chariots, mangeaient de bon appétit; leur menu se composait d'une grande outarde que les boërs ont nommée *paon sauvage*; c'était le gros Willem qui avait tué le matin même cet excellent gibier, grâce à la portée de son énorme fusil ; autrement, il ne l'aurait pas eu, car il est peu d'oiseaux plus circonspects que la grande outarde, et il est très-rare qu'elle s'approche d'un endroit où le chasseur pourrait se cacher et l'attendre. Malgré son volume, c'est l'un des oiseaux du midi de l'Afrique dont la chair est le plus estimée. Je ne vois guère que la dinde sauvage de l'Amérique du Nord qui soit plus délicate.

Nos chasseurs avaient fait rôtir ce précieux gibier avec le plus grand soin ; Arend venait de le découper, et tous nos amis tenaient leur part à la main ; celui-ci avait une aile, celui-là mordait dans un pilon, tel autre était armé de la lunette, un quatrième d'une partie de la carcasse, et chacun se félicitait du morceau qui lui était échu.

Tandis que nos voyageurs se livraient à cette douce occupation, les milans vinrent s'abattre à côté d'eux ; Jan et Klaas furent d'autant plus surpris, que pendant une heure ils s'étaient vainement efforcés de s'approcher de ces oiseaux qui avaient paru les fuir. C'est maintenant qu'il aurait été facile de leur tirer un coup de fusil ; les audacieux venaient se poser à quelques pas des mangeurs, s'arrêtaient dans l'air, faisaient une pirouette, se mettaient sur le dos, et finirent par exécuter des évolutions tellement bizarres que nos amis éclatèrent de rire et que non-seulement Facetanné, mais le grave Zoulou, ne purent s'empêcher de faire chorus avec eux, tant cette vue était désopilante.

Toutefois les milans ne devaient pas en rester là ; de plus en plus audacieux, ils se rapprochaient des dîneurs chaque fois qu'ils terminaient une cabriole, et plusieurs d'entre eux finirent par enlever les morceaux d'outarde que nos amis tenaient à la main, prouvant à ceux-ci la vérité de cet adage, qu'il y a loin entre la coupe et les lèvres.

Les chiens eux-mêmes furent victimes de ces impudents voleurs, qui s'abaissèrent jusqu'à leur ôter de la gueule les os qu'ils étaient en train de ronger.

Si Klaas et Jan avaient été les maîtres, l'insolence des parasites n'aurait pas duré longtemps. A l'approche des oiseaux, les deux collégiens avaient sauté sur leurs fusils, mais leurs compagnons les avaient empêchés d'en faire usage, surtout Hans, qui désirait observer les mouvements de ces curieux parasites.

On permit enfin aux collégiens de tirer sur les milans, et, chose étrange, ils en tuèrent plusieurs sans parvenir à éloigner les autres ; ceux même qui avaient été blessés revenaient auprès du bivac, et fixaient des yeux avides sur les bribes de viande qui restaient du dîner.

Il arriva sur ces entrefaites un curieux incident qui vint accroître la gaieté de la bande joyeuse.

Le naturaliste avait tué ce jour-là un admirable pigeon qui est particulier à l'intérieur du midi de l'Afrique, et dont les ailes, ainsi que le corps, sont d'un vert très-foncé. L'espèce en étant assez rare, Hans avait l'intention d'en conserver la peau et de la monter ; aussitôt qu'il eut dîné il prit donc son pigeon, le dépouilla, en jeta la viande aux chiens et se mit en mesure d'extraire la cervelle de cet oiseau. Klaas et Jan, fatigués de tirer des coups de fusil, avaient déposé les armes, d'où il résulta que les parasites s'empressèrent de revenir et déployèrent plus d'audace que jamais.

L'un d'eux, voyant le naturaliste occupé de son pigeon, et supposant que le corps du volatile était toujours dans la peau, fondit sur la brillante dépouille, la saisit dans ses serres et l'enleva tout triomphant. Notre préparateur, absorbé par son travail, n'avait pas vu l'oiseau s'approcher, et pensa que c'était l'un ou l'autre des collégien qui lui avait fait cette niche ; ce ne fut qu'en levant les yeux qu'il aperçut le vrai coupable, et, bien que tous nos chasseurs courussent prendre leurs fusils, la dépouille du pigeon n'en fut pas moins perdue ; car le milan, après s'être élevé à une assez grande distance, avait fui à tire-d'aile de l'autre côté de la rivière, emportant cette peau vide où il ne restait pas même un atome de cervelle.

CHAPITRE XXXIX

L'antilope aquatique.

L'endroit où nos chasseurs étaient campés s'élevait environ à deux mètres au-dessus du bord de l'eau ; la rive opposée dominait également la surface de la rivière, mais il y avait des deux côtés une brèche formant escale, et qui s'inclinait en pente douce jusque dans le lit du fleuve. Ces deux brèches, qui se trouvaient en face l'une de l'autre, n'étaient pas l'œuvre de la nature ; elles avaient été faites, sans aucun doute, par de grands quadrupèdes, tels que les rhinocéros, qui avaient pris l'habitude de venir boire en cet endroit ou d'y passer la rivière. On distinguait sur les deux rives la piste de nombreux animaux qui confirmait cette opinion.

Il était probable qu'après le soleil couché une certaine quantité de bêtes sauvages se rendaient à cette espèce d'abreuvoir, et Willem résolut avec Hendrik de s'y placer à l'affût et d'épier les animaux qui viendraient s'y désaltérer. Nos chasseurs comptaient sur une nuit magnifique, la lune était pleine et le ciel avait été depuis le matin d'une pureté sans égale ; mais ils n'eurent pas besoin d'attendre que le soleil eût disparu pour commencer leur chasse.

Les deux amis s'occupaient des préparatifs du soir, lorsque certains mouvements qui eurent lieu sur l'autre rive attirèrent leur attention. La berge s'ouvrait également en cet endroit des deux côtés de la rivière, et l'une de ces ouvertures correspondait à la place où leur camp était situé. Autour de la brèche croissait une épaisse muraille d'énormes roseaux entremêlés de saules et d'arbres peu élevés : c'était là que se passaient les mouvements qui avaient éveillé l'attention des chasseurs.

Quelques minutes après, un fort bel animal se dégagea du fourré et s'avança fièrement dans la clairière où l'herbe rase permit de le voir depuis les cornes jusqu'aux sabots, et de reconnaître qu'il appartenait à la famille des antilopes.

C'était un animal aux formes élégantes, à la démarche noble, et que nos boërs n'avaient jamais vu.

Il pouvait avoir un mètre cinquante de hauteur et plus de deux mètres soixante de longueur. La teinte générale de sa robe était d'un brun de sépia, lavé de gris, dont la nuance était plus foncée autour de la base des cornes et sur le front, où elle se mélangeait de roux ; le mufle était blanc, une tache blanche s'étendait sur la gorge, une raie de la même couleur se dessinait devant chaque œil, et une bande ovale, également blanche, se voyait autour de la queue, dont la longueur était de quarante à quarante-cinq centimètres, et qui se terminait par un bouquet de poils. Sur tout le corps de cet animal, le pelage était rude et avait plus de ressemblance avec de la râpure de baleine qu'avec du poil ordinaire ; il s'allongeait sur le cou et s'y tenait tout droit comme la crinière de certains animaux. Les cornes, d'un vert blanchâtre, avaient environ quatre-vingt-dix centimètres ; elles se courbaient d'abord en s'élevant, puis s'inclinaient un peu en dedans, et portaient des anneaux, très-rapprochés, depuis leur base jusqu'à peu près quinze centimètres de leur extrémité.

L'antilope d'eau (page 236).

A la démarche élégante de cette antilope, à la forme et à la courbure de ses cornes, aussi bien qu'au poil rigide qui garnissait le poitrail et le cou de cette noble bête, le naturaliste reconnut l'antilope aquatique, appelée par les savants *egocerus ellipsiprymus*, et qui est une des plus vantées et des plus belles de la tribu tout entière.

On pourrait croire, d'après le nom que porte cette antilope, qu'elle vit habituellement dans l'eau; cependant il n'en est rien; on l'appelle antilope aquatique ou antilope d'eau, parce qu'elle ne s'éloigne jamais des rivières ou des lacs, où elle se plonge avec délices et où elle passe les heures les plus chaudes de la journée; c'est une excellente nageuse, et telle est sa confiance dans ce moyen de salut, que lorsqu'elle est poursuivie par un ennemi quelconque, elle se dirige immédiatement vers la rivière et s'y précipite sans s'inquiéter de la profondeur de l'eau ou de la rapidité du courant. Cette habitude appartient également à beaucoup de plénicornes; mais le but de ceux-ci, en prenant l'eau, est de détourner les chiens, et lorsqu'ils ont traversé la rivière ou l'étang qu'ils rencontrent, ils se rejettent dans la forêt et y poursuivent leur course. L'antilope dont nous parlons ne se borne pas à franchir la rivière; elle la descend à la nage pendant plus ou moins de temps, et si elle aborde sur la rive opposée, elle y revient presque aussitôt, après avoir fait un léger détour dans le bois. L'eau est pour elle un asile, un refuge où elle se trouve plus en sûreté qu'ailleurs, et quand elle est rejointe par ceux qui la poursuivent, c'est au milieu du courant qu'elle fait tête à l'ennemi.

Elle habite de préférence les rives marécageuses, couverte de roseaux, de grandes herbes aquatiques, et il est rare qu'on l'aperçoive à l'époque de l'année où les rivières débordent, car elle séjourne au cœur même des fondrières et des marais, où il est impossible au chasseur de pénétrer. Ses longs pieds, dont les sabots acquièrent d'énormes dimensions, lui permettent de courir sans danger sur la vase, où d'autres antilopes disparaîtraient complétement.

L'antilope d'eau a été classée par les naturalistes avec les *egocerus* [1], mais elle diffère de tous les animaux de ce groupe, tant par les cornes que par les habitudes, et mérite de former un genre à part, où d'ailleurs elle ne serait pas isolée, car une seconde espèce d'antilope aquatique a été découverte, il y a peu de temps, sur les bords du lac Ngami; cette espèce, que les indigènes appellent *léché*, se rapproche tout à fait, par la forme de ses cornes et par sa manière de vivre, de l'*egocerus ellipsiprymnus*.

On a même depuis lors trouvé, sur les rives du lac Ngami, une troisième espèce d'antilope aquatique; mais, bien qu'elle ressemble aux deux autres par ses habitudes, elle s'en éloigne par ses caractères extérieurs. Ses cornes en spirale, par exemple, offrent une grande ressemblance avec celles du Condou, et les naturalistes l'ont placée parmi les *tragélaphes*. Elle est appelée *Nakong* par les naturels du pays qu'elle habite.

Nos chasseurs, avons-nous dit, ne connaissaient pas l'antilope d'eau, par la raison que cet animal ne se trouve dans aucune des régions qu'ils avaient visitées. C'est un habitant des contrées chaudes, dont la demeure commence aux environs du tropique et dont le parcours ne s'étend pas jusqu'aux frontières de la colonie du Cap. Il est possible qu'il y ait d'autres espèces du même genre sur les bords des rivières qui baignent le centre du continent; car depuis l'endroit où les derniers explorateurs de l'Afrique australe ont pénétré, jusqu'au désert du Sahara, que de pays et d'animaux curieux dont les géo-

---

[1]. Antilopes à cornes de chèvre.

graphes et les naturalistes ne connaissent rien encore !

Si vous désirez un jour acquérir la gloire des Bruce, des Mungo-Park, des Denham, des Clapperton, des Caillé, des Lander, des Livingstone et des Barth, ne craignez pas que ce soit l'occasion qui vous manque. Il reste encore en Afrique assez de régions inconnues pour employer les esprits aventureux pendant un siècle. Je garantis, dans tous les cas, au naturaliste ardent une abondante récolte de faits nouveaux à découvrir jusqu'à l'année 2000, et c'est plus qu'il n'en faut pour remplir votre existence.

CHAPITRE XL

Le reptile vorace.

Tous nos chasseurs avaient les yeux fixés sur le bel animal qui s'approchait de la rivière. Celui-ci avança d'un pas majestueux et léger, descendit la pente qui conduisait au bord du fleuve et entra dans l'eau sans la moindre hésitation.

Les jeunes gens espéraient que l'antilope franchirait la rivière; si elle restait sur la berge opposée, la distance était trop grande pour qu'une balle pût l'y atteindre; mais si elle traversait l'eau, ce serait bien différent; et, pour être plus sûrs de leurs coups, Hendrik et Willem se glissèrent au milieu des roseaux et parvinrent jusqu'à la brèche que nous avons signalée.

Mais l'antilope n'avait pas l'intention de passer à l'autre bord; elle était venue tout simplement pour boire, fit quelques pas dans la rivière, s'arrêta et plongea ses lèvres dans l'eau afin de se désaltérer.

Il se trouvait par hasard qu'une sorte de poutre gisait à l'endroit où l'antilope venait d'entrer dans le fleuve ; elle était couchée parallèlement à la rive et paraissait flotter, bien qu'on n'en aperçût que la partie supérieure ; saturée d'eau, elle était probablement trop lourde pour ne pas enfoncer ; nos jeunes amis n'y attachèrent aucune importance ; c'était quelque tronc d'arbre, peut-être celui d'un acacia dont l'écorce est noire, et qui, entraîné par le courant lors de l'inondation, s'était arrêté au pied de l'escale dont nous avons parlé. Rien n'était plus ordinaire, et l'antilope elle-même ne s'en inquiéta nullement. Sécurité fâcheuse ! mieux aurait valu pour elle un sentiment de frayeur, qui lui aurait fait examiner cette poutre à demi plongée dans l'eau ; car, en dépit de son écorce noire, ce n'était pas le tronc ébranché d'un acacia.

Au grand étonnement de nos chasseurs, et sans doute à la plus grande surprise de l'antilope, ce tronc immobile s'agita tout à coup et s'élança comme une flèche vers la place où se désaltérait la pauvre bête. Ce n'était plus une pièce de bois inerte, mais un hideux crocodile aux dents aiguës, à la peau écailleuse.

Hendrik et Willem s'attendaient à voir fuir l'antilope ; et certainement elle l'aurait fait si le reptile avait été moins adroit ; mais l'affreux monstre avait saisi le mufle de sa victime entre ses mâchoires puissantes, et cherchait à entraîner la noble bête.

L'antilope se débattit vaillamment ; elle plongea, revint sur l'eau, s'efforça d'échapper à l'étreinte de son effroyable ennemi ; trois fois elle s'agenouilla sous la pression du crocodile, et, se relevant toujours, elle finit par attirer l'amphibie sur la rive. La pauvre bête ne cessait de frapper son bourreau de toute la force de ses bras vigoureux ; mais que pouvait-elle sur l'épaisse cuirasse de son horrible adversaire ! Prise par les lèvres, il lui était impossible de faire usage de ses cornes, qui constituent ses armes défensives.

Le crocodile n'était pas l'un des plus grands de son espèce ; la lutte aurait, sans cela, duré bien moins longtemps. Il est de ces reptiles qui atteignent jusqu'à six mètres de longueur, et dont la puissance est assez grande pour entraîner au fond de l'eau un buffle qui est quatre fois plus fort que l'antilope qui nous occupe. Celui dont nous parlons n'avait guère que trois mètres, et sa victime aurait pu lui échapper si elle n'avait pas été mordue à l'endroit où le monstre l'avait saisie. Le reptile le comprenait sans doute et se gardait bien de desserrer les mâchoires, où le mufle de l'antilope se trouvait pris comme dans un étau.

Maintenant que le monstre était à moitié sorti de la rivière, nos chasseurs distinguaient sa poitrine, ses pieds de devant étalés comme une main, et pouvaient suivre tous les incidents de la lutte. Le reptile, se servant de sa queue puissante comme d'un point d'appui, entraîna la tête de l'antilope au-dessous de la surface de l'eau et parvint à l'y maintenir pendant assez longtemps, sans que la pauvre bête cessât de se débattre au milieu des flots d'écume et des bouillonnements qui marquaient la scène du combat.

La lutte se ralentit ; l'geocerus fut entraîné par le reptile à une certaine distance de la rive, et dès qu'il eut perdu pied, il lui devint impossible de se défendre plus longtemps. Quelle que fût son habileté comme nageur, il ne pouvait pas rivaliser à cet égard avec l'odieux amphibie ; ses cornes s'enfoncèrent peu à peu, l'eau s'agita sous les derniers efforts que faisait le crocodile pour triompher de l'antilope, et le bourreau et la victime disparurent au fond de la rivière.

Les chasseurs restèrent pendant quelques instants au

bord du fleuve, les yeux fixés à l'endroit où ils avaient vu disparaître l'egocerus. Une écume sanglante rougit la surface de l'eau; mais le courant l'eut bientôt emportée, et la rivière glissa tranquille et silencieuse comme si nul événement ne s'était passé dans son sein.

Hendrik et Willem retournèrent au bivac et la conversation tomba naturellement sur les crocodiles de cette partie de l'Afrique. Le Zoulou y prit part; il avait chassé pendant longtemps sur les rives du Limpopo, qui se trouve au nord-est de l'endroit où nos chasseurs étaient campés, et les crocodiles sont très-nombreux dans cette rivière, où ils atteignent des proportions monstrueuses. D'après Congo, il est de ces reptiles qui ont jusqu'à neuf mètres de longueur, et dont le corps est aussi gros que celui d'un rhinocéros; ils attaquent les buffles, qu'ils vont attendre à l'endroit où ceux-ci viennent boire, les saisissent aux lèvres, comme nous l'avons décrit tout à l'heure à propos de l'antilope, et les asphyxient en les attirant sous l'eau.

Parmi les habitudes de ces monstres, il en est une dont le Zoulou entretint ses auditeurs; suivant lui, le crocodile ne dévorerait jamais sa proie avant qu'elle ne fût entièrement décomposée. Lorsque l'un de ces reptiles a tué un buffle ou tout autre animal de grande taille, disait Congo, il le traîne sur la rive et le laisse exposé à l'action du soleil jusqu'au moment où la chair est *putréfiée à point*. Nos jeunes amis l'avaient déjà entendu dire, et n'en voulaient rien croire, en dépit des protestations du Zoulou, qui leur affirmait que cette habitude du crocodile était parfaitement connue des riverains du Limpopo.

Malgré les railleries de certains naturalistes, qui n'ont pourtant pas intérêt à nier le fait, le nègre avait raison, et nos chasseurs en eurent bientôt la preuve.

J'ai dit que le crocodile et sa victime avaient disparu au fond de l'eau, mais non pas pour toujours : nos boërs devaient les revoir avant peu, le gros Willem devait tuer l'amphibie, et Congo, Facétanné et les chiens devaient faire un excellent souper de la venaison de l'antilope.

Voici comment la chose arriva : Hans avait entamé une dissertation sur les crocodiles en général. A propos des espèces nouvelles qui ont été découvertes dans ces derniers temps, il parlait à ses compagnons des progrès que les sciences ont faits depuis un demi-siècle ; et, revenant aux sauriens qui avaient amené cette digression, il leur disait que les naturalistes modernes ont divisé les crocodiles en plusieurs genres ; qu'en y comprenant les gavials d'Asie, les alligators et les caïmans d'Amérique, cette famille ne compte pas moins d'une douzaine d'espèces vivantes, tandis qu'il y a quelques années on n'en connaissait que trois. Il ajoutait qu'indépendamment des alligators, l'Amérique possède de véritables crocodiles, et que le nombre des espèces américaines dépasse même celui que forment ensemble les espèces de l'Asie et de l'Afrique. Il faisait remarquer à ses auditeurs qu'il n'existe pas de ces grands reptiles en Europe et en Australie, et s'étendait sur la difficulté que présente la détermination des genres et des espèces de cette famille, lorsque le Zoulou, qui avait les yeux fixés sur la rivière, se retourna vers le jeune savant et lui désigna un massif de roseaux dont la pointe s'élevait au-dessus du fleuve.

Tous les chasseurs regardèrent dans la direction indiquée et virent que les roseaux s'agitaient en craquant, s'écartaient et se brisaient sous une pression violente. Quelle pouvait être la cause d'un pareil désordre ? Un animal sauvage, même en les traversant, glisse au milieu des grandes herbes sans faire tout ce vacarme : son allure est facile, et il dérobe autant qu'il peut les mouvements qu'il est obligé d'effectuer. Il se passait donc là-bas quelque-chose d'insolite ; et nos chasseurs, voulant savoir ce que c'était, se rapprochèrent de la rive. Ils se traînèrent dans l'herbe en gardant un profond silence, afin de ne pas effrayer l'individu qu'ils cherchaient à reconnaître.

Par bonheur, les roseaux n'étaient pas tellement serrés qu'on ne pût voir à travers; et quand nos amis furent arrivés près du fleuve, ils aperçurent à l'endroit où le fracas avait eu lieu un grand objet de couleur foncée qui devait être un crocodile.

Était-ce le même qui avait tué l'antilope? Nos chasseurs n'auraient pu le dire; mais, au bout de quelques instants, il ne leur resta pas le moindre doute à cet égard; le crocodile attirait le cadavre de l'antilope, avec l'intention évidente de le sortir de la rivière. Il employait, pour arriver à ce but, ses mâchoires, ses bras et son museau, tantôt traînant le corps de l'animal, tantôt le poussant et le roulant vers la rive.

Les boërs regardaient cette manœuvre en silence pour ne pas l'interrompre; mais le gros Willem avait apporté son fusil, et, profitant d'un moment où le saurien se reposait, il lui envoya dans l'œil une balle qui lui traversa le crâne.

Le reptile plongea immédiatement, laissant derrière lui une teinte sanglante. Bientôt il reparut à la surface de l'eau, sortit à moitié du fleuve, en proie aux convulsions d'une affreuse agonie, cacha sa tête sous les vagues qu'il soulevait, fouetta l'air de sa queue, montra de nouveau sa gueule béante, puis retomba au fond de l'eau comme une pierre, et cette fois pour ne plus en sortir.

Les deux nègres coururent au milieu des roseaux, s'emparèrent de l'antilope, quelque peu lacérée par les dents du reptile, et la traînèrent jusqu'au bivac en poussant des cris de triomphe.

CHAPITRE XLI

Les pintades.

Facetanné et Congo soupaient médiocrement d'une tranche d'antilope aquatique, dont la venaison est loin d'être délicate. Nos jeunes amis faisaient en revanche un souper délicieux ; ils avaient un excellent rôti de pintades, qui ne le cèdent en rien à la perdrix ou au coq de bruyère.

La pintade, qui est connue depuis longtemps, est fréquemment citée dans les ouvrages des anciens auteurs sous le nom de *meleagris gallina numidica*. Tout le monde a vu ce charmant oiseau, que les Allemands ont nommé *poule perlée*, à cause de son plumage tacheté de blanc, et qui, pour la même raison, est désignée sous le nom de *pintade* par les Espagnols et les Français. Il est originaire d'Afrique et s'appelle, en Angleterre, *poule de Guinée*, parce que c'est de ce pays que dans les temps modernes on l'a fait venir en plus grand nombre ; mais il est maintenant domestiqué partout, et il n'est pas rare de le rencontrer dans nos basses-cours. Aux États-Unis, principalement dans la région du sud, où le climat lui convient à merveille, la pintade est fort estimée non-seulement comme volaille, mais aussi comme pondeuse; et il est certain que la chair du pintadeau est bien préférable à celle du poulet ordinaire.

Apportée d'Afrique dans la plupart des Antilles, la pintade y est devenue sauvage, et les habitants de la

Jamaïque lui font la chasse comme à tout autre gibier, elle se multiplie très-rapidement dans ces îles et, dans tous les endroits où elle abonde, c'est un véritable fléau pour les planteurs, qui lui ont déclaré une guerre active, moins pour la manger que pour la détruire.

La pintade se rencontre dans toutes les parties de l'Afrique, et il en existe plusieurs espèces ; la pintade commune, qui est la *numida meleagris*, diffère peu à l'état sauvage de l'espèce apprivoisée ; néanmoins elle varie souvent dans nos fermes, où l'on en voit de très-pâles, de non tachetées et d'un blanc pur. Cette diversité de plumage est le résultat de la domesticité, et se produit également chez la dinde, le canard, et tous les autres oiseaux qui peuplent nos basses-cours. La nature elle-même se fait quelquefois un jeu de varier la robe des animaux sauvages ; il n'est guère d'espèces d'animaux parmi lesquelles on ne rencontre de temps en temps des albinos.

Pour en revenir à nos pintades, on trouve dans le midi de l'Afrique la *numida cristata*, ou pintade à crête ; elle est un peu moins grande que l'autre, d'une couleur plus foncée, mais tachetée comme la précédente ; les plumes de ses ailes sont d'un brun lavé de jaune, et les bords des secondaires sont d'un blanc pur qui tranche agréablement sur le reste du plumage, dont la teinte générale est sombre.

Toutefois, c'est la parure de tête qui établit entre ces deux espèces une différence réelle. La pintade commune a sur le bec une membrane verruqueuse ayant la forme d'un casque, et chez elle deux caroncules sont attachées à la partie inférieure du bec. Ces ornements n'existent pas chez la *numida cristata*, et sont remplacés par une crête d'un bleu noirâtre, composée de petites plumes linéaires qui ressemblent à des poils, et qui ajoutent singulièrement à l'élégance de cet oiseau.

Les pintades vivent en société et forment quelquefois

d'immenses troupeaux; elles sont presque toujours à terre, mais elles se perchent sur les arbres aussitôt qu'on les effraye, et dorment sur les branches. Leur principale nourriture se compose de graines, de baies et de limaces.

Le matin du jour où nos chasseurs avaient assisté à la mort de l'antilope que le crocodile avait tuée, ils se demandaient réciproquement ce qu'ils auraient pour leur repas du soir, quand une bande de pintades à crête apparut dans la plaine où ils étaient campés. On courut aux armes, et les jeunes gens se préparèrent à chasser les pintades.

Mais il est beaucoup plus difficile qu'on ne pourrait le croire de tuer l'un de ces animaux. Il est rare qu'ils s'envolent, à moins d'être serrés de près par un chien ou par un animal agile; et néanmoins leur course est tellement rapide, qu'en terrain plat il est impossible à un homme de les atteindre; d'autant plus qu'ils s'effarouchent très-vite et ne permettent pas qu'on les approche.

Il y a cependant un moyen de chasser la pintade avec succès; on y arrive en se servant d'un chien qui les poursuit, comme il ferait à l'égard d'un lapin ou d'un lièvre; quand elles se voient près d'être rejointes, elles s'envolent et ne tardent pas à se percher sur un arbre voisin. Le chien, lorsqu'il est bien dressé, accourt au pied de l'arbre, où il aboie jusqu'à ce que le chasseur ait tiré son coup de fusil. Les pintades sont fort tranquilles sur la branche, où elles savent qu'elles n'ont rien à craindre de ce terrible aboyeur, et pendant qu'elles se réjouissent de s'être mises en sûreté, leur véritable ennemi, qu'elles ne voient même pas, absorbées qu'elles sont par le chien, s'approche sans bruit, les vise à son aise et les tue à loisir.

Nos voyageurs connaissaient tous cette manière de chasser la pintade, et, comme ils avaient précisément un chien dressé pour cet usage, ils se mirent à la poursuite des oiseaux avec la certitude de manger une volaille à leur souper.

Tout se passa comme ils l'avaient prévu. Les pintades s'envolèrent dès qu'elles furent poursuivies, et les aboiements du chien conduisirent les tireurs à l'endroit où les oiseaux s'étaient perchés sur des acacias de la girafe situés au bord du fleuve. Les chasseurs eurent le temps de décharger leurs fusils plusieurs fois, et sept pintades furent rapportées au bivac; autant qu'il en fallait pour le souper du jour et le dîner du lendemain.

Le massif d'acacias où les pintades s'étaient branchées paraissait être un lieu d'élection pour les oiseaux, car nos chasseurs, pendant les quelques instants qu'ils y restèrent, en aperçurent un grand nombre de différentes espèces. Il croissait aux environs de ce massif une quantité de plantes dont les graines servent de nourriture à une infinité de gros-becs; et des légions d'insectes, résultant du voisinage de l'eau, y attiraient un nombre considérable de gobe-mouches et de pies-grièches.

Il s'en trouvait un, parmi tous ces oiseaux, que le naturaliste fit observer à ses camarades et qui volait au-dessus de la prairie en proférant de temps en temps le mot *édolio*, d'où il a tiré son nom, ainsi que le coucou d'Europe, qui s'est nommé lui-même.

Il se trouve précisément que l'édolio de l'Afrique est aussi un coucou [1]; et, bien qu'à certains égards il diffère de celui que nous connaissons, il n'en a pas moins avec lui beaucoup de points de ressemblance.

Comme le coucou d'Europe, il dépose ses œufs dans le nid d'autres oiseaux qu'il charge de les couver, et sa manière de vivre est pareille à celle du coucou ordinaire.

Il y a pourtant dans son histoire des traits assez cu-

---

1. Edolio, *Cuculus Serratus*.

rieux qui lui sont particuliers. Ainsi les boërs, qui l'ont nommé l'*oiseau du jour de l'an*, sont persuadés qu'il ne se montre qu'au commencement de janvier; ils ajoutent qu'il se met à crier quand il a faim, et que les petits oiseaux du voisinage s'empressent de lui apporter à manger.

Tous nos chasseurs, y compris le Bushman et le Zoulou, avaient entendu plus d'une fois raconter cette histoire, et tous, à l'exception de Hans, croyaient à son authenticité; mais le naturaliste, qui savait à quoi s'en tenir à cet égard, expliqua ce fait étrange à ceux qui l'entouraient.

L'oiseau du jour de l'an, dit-il, n'est autre chose que le jeune de l'édolio; les boërs n'en veulent rien croire, parce qu'il ne ressemble à ses parents ni par la taille, ni par le plumage, et ils en font une espèce distincte. Il est assez vrai qu'il se montre le premier jour de l'an, puisque c'est à peu près l'époque où les jeunes édolios sortent du nid et commencent à voler aux alentours. Qu'il se mette à crier quand il a faim, rien n'est plus simple et nous n'en doutons pas; mais que tous les petits oiseaux du voisinage s'empressent d'accourir à cet appel, voilà qui n'est pas exact ou plutôt qui est exagéré. Il est certain que les parents nourriciers du jeune édolio viennent à sa voix et lui apportent à manger. On les a vus, et telle est l'origine de la fable qui s'est accréditée dans la province du Cap.

Les Hindous partagent la même croyance à l'égard d'un autre coucou, l'*Eudynamis*, et la doivent à la même cause.

L'édolio, ajouta Hans, dépose ses œufs dans les nids des petits oiseaux, et parvient à les y placer en les prenant dans son large bec ainsi que le font tous les coucous pour les introduire dans le berceau qu'ils choisissent à leurs petits. Le fait est maintenant avéré.

CHAPITRE XLII

L'antilope rouge.

En amont de la rivière, la plaine que suivaient nos voyageurs se rétrécissait graduellement et finissait par ne plus former qu'une bande étroite sur les deux rives où des montagnes, couvertes de bois, s'étendent parallèlement aux bords du fleuve. A différents intervalles, les éperons de cette double chaîne s'avançaient jusqu'à la berge, et divisaient la plaine en une série de vallées qui s'échelonnaient au-dessus les unes des autres.

Presque toutes ces vallées étaient peuplées de nombreux animaux de la même espèce que tous ceux que nous avons déjà rencontrés, et il eût été facile de faire une chasse abondante; mais, à l'exception des quelques bêtes qu'il était indispensable de tuer pour avoir de la viande fraîche, nos voyageurs ne s'arrêtèrent pas à poursuivre le gibier qu'ils apercevaient chaque jour. Congo leur avait dit qu'au delà des montagnes qu'ils côtoyaient, commençait la région où l'on trouve le buffle, l'éléphant, la girafe, et cette pensée faisait que nos chasseurs n'attachaient pas plus d'intérêt à la vue des springboks, des gnous, des blawboks et même des élans, que s'ils avaient trouvé sur leur chemin des bœufs ou des moutons.

Cependant, comme ils venaient d'atteindre une vallée supérieure, formant une espèce de terrasse au bord de la rivière, ils se trouvèrent subitement en face d'un troupeau d'antilopes qui, par la forme et la couleur, différaient d'une manière notable de toutes celles qu'ils avaient vues jusqu'alors. Il n'en fallut pas davantage pour décider nos amis à faire arrêter les chariots et à se préparer pour la chasse.

Que les animaux en question appartinssent à la famille des antilopes, cela ne faisait pas le moindre doute; ils avaient la grâce et la légèreté qui caractérisent ces charmantes créatures; leurs cornes, d'ailleurs, rendaient toute méprise impossible.

Ils étaient de moyenne taille, c'est-à-dire à peu près de celle du cerf, et par conséquent beaucoup plus petits que le blawbok ou l'élan; bref ils mesuraient environ quatre-vingt-dix centimètres du sabot au-dessus de l'épaule, et un peu plus sur la croupe; il y a bien quelques antilopes, telles que le tsessébé, le kaama, et tous ceux que renferme l'espèce des *acronontins*, dont la croupe est moins élevée que les épaules, mais le contraire se voit beaucoup plus souvent, et les antilopes qui se trouvaient maintenant sous les yeux de nos amis, avaient, comme la plupart de leurs congénères, la partie postérieure plus élevée que le garrot.

Pour nos chasseurs, cette espèce était nouvelle, et cependant, au premier coup d'œil, Hendrik et Willem s'écrièrent :

« Des rooyeboks¹ ! » C'est ainsi que les boërs appellent ces animaux.

« A quoi les reconnaissez-vous? leur demanda le naturaliste.

— A leur couleur, » répondirent les deux jeunes gens.

La robe de ces antilopes est, en effet, d'un rouge fauve sur la tête, le cou et les parties antérieures du corps; elle est moins foncée sur les flancs; et l'abdomen est

---

1. Rooye-bok, red-buck, antilope rouge.

d'un blanc pur. Une raie noire descend sur la première moitié de la queue, une autre sur chaque fesse; mais la teinte générale de ces animaux est un roux brillant qui leur a valu le nom qu'ils portent chez les boërs, et qui les fit reconnaître par Hendrik et Willem.

« Ce n'est pas un caractère infaillible que la couleur d'un animal, fit observer le naturaliste aux deux chasseurs. Il est trop variable et trop peu déterminé pour servir de criterium. A la nuance de leur poil, vous auriez pu tout aussi bien prendre ces animaux pour des grisboks ou des steinboks ; je vois cependant à leurs cornes que vous avez dit vrai ; ce sont bien des rooyeboks, des *pallahs*, comme les appellent les indigènes, ou, d'après les savants, des *antilopes melampus*. »

Tous nos amis regardèrent les cornes des pallahs, puisque c'était le caractère distinctif de ces animaux; elles avaient à peu près cinquante centimètres de longueur et dessinaient une lyre dans le genre de celles des springboks, mais d'une forme moins régulière ; elles s'écartaient l'une de l'autre de plus de trente centimètres vers le milieu, et se rejoignaient presque à leur extrémité; rien n'était plus facile que de se rappeler cette forme étrange, et nos chasseurs étaient bien sûrs de ne pas oublier cette courbe particulière, grâce à laquelle le naturaliste avait reconnu avec certitude l'espèce de ces antilopes.

Chose bizarre, on n'apercevait dans toute la horde qu'une paire de cornes ayant acquis son entier développement ; c'était la preuve que la bande ne renfermait qu'un mâle adulte; car le pallah ne vit pas en société, mais en famille, et les femelles de cette espèce n'ont pas de cornes. Le groupe dont il s'agit était composé d'un vieux mâle, de ses femelles, et de jeunes faons des deux sexes, qui formaient ensemble une douzaine d'individus.

D'après ce que nos chasseurs avaient entendu dire, les pallahs sont défiants et rapides ; il en résulte qu'on a beaucoup de peine à les approcher ou à les forcer, et qu'il est nécessaire d'employer la ruse quand on veut les atteindre et s'emparer de leur venaison.

Nos jeunes gens s'étaient mis dans la tête de joindre à leurs trophées les cornes du vieux pallah, et se consultèrent sur les moyens à prendre pour arriver à ce but.

On arrêta les chariots ainsi que nous l'avons dit, mais les bœufs ne devaient être dételés que si la chasse était heureuse. On camperait alors dans le vallon, afin d'avoir le temps de faire sécher la viande et de préparer les cornes de l'animal.

C'est du sommet d'un éperon de la montagne qui fermait la vallée que nos chasseurs avaient aperçu les pallahs. Du haut de cette éminence ils dominaient la plaine où paissaient les antilopes et en découvraient toute la surface, à l'exception d'une bande étroite qui se trouvait immédiatement au-dessous d'eux, et qui leur était cachée par le rebord de la montagne.

Des bouquets d'arbres étaient disséminés tout autour du vallon ; une herbe longue et touffue croissait dans les intervalles qui séparaient ces massifs, et devait permettre aux chasseurs de ramper de l'un à l'autre, sans être aperçus des antilopes.

Il fut donc décidé qu'Hendrik et Willem iraient se placer de l'autre côté du vallon, dont ils feraient le tour en glissant dans l'herbe, et en gagnant successivement les massifs d'où ils guetteraient les pallahs sans éveiller leur défiance. Une fois parvenus à leur poste, les deux chasseurs attaqueraient les antilopes, qui, placées entre deux feux, essayeraient vainement de leur échapper. A droite s'élevaient les flancs abrupts de la montagne, à gauche la rivière roulait ses eaux profondes ; il n'était pas probable que les pallahs prissent l'une ou l'autre de ces deux directions, et le plan de campagne des voyageurs paraissait être bien conçu.

Nos amis attachèrent leurs montures à quelques arbres situés sur la rampe où ils étaient alors, et descendirent la corniche qui surplombait la vallée.

Ils marchaient vite et découvrirent peu de temps après la partie du vallon qu'ils n'avaient point encore aperçue ; quelle ne fut pas leur surprise en y voyant d'autres animaux couchés çà et là au milieu des grandes herbes ! le pelage de ces derniers était fauve et ressemblait par la couleur à celui de certaines antilopes ; mais leur tête ronde, leur corps allongé, leurs membres courts et robustes, leur queue nerveuse, terminée par un bouquet de poils, révélaient à première vue que ce n'était pas une troupe de ruminants paisibles, mais une bande de carnassiers redoutables.

CHAPITRE XLIII

Chasseurs à quatre pattes.

C'étaient douze lions qui venaient d'apparaître aux regards de nos amis ; de vieux mâles, des lionnes et des lionceaux de différents âges ! Terrible spectacle à voir pour celui qui n'en est éloigné que de six cents mètres, et que ne protégent ni barreaux de fer, ni murailles.

Je n'ai pas besoin de vous dire que nos chasseurs s'arrêtèrent tout à coup et se sentirent plus ou moins effrayés. Bien que les lions, en général, n'attaquent pas l'homme sans y être provoqués, il était possible qu'il en

Embuscade de lions (page 256).

fût autrement quand ils sont réunis. Douze lions ! Mais ils n'auraient fait qu'une bouchée de nos voyageurs. Je ne suis donc pas étonné du trouble qui s'empara des jeunes gens à la vue de ce formidable congrès ; la rampe descendait brusquement dans la plaine, et en quelques bonds les terribles félins seraient arrivés près d'eux.

Le premier effroi passé, nos amis réfléchirent à ce qu'ils avaient à faire. Quand je dis qu'ils réfléchirent, pas un n'en prit la peine, et du reste aucun d'eux n'avait besoin de réflexion ; ils ne songeaient plus aux pallahs, et toute idée de chasse s'était effacée de leur esprit. Descendre dans le vallon, c'eût été courir à sa perte ; de plus vieux chasseurs auraient fui sans vergogne, et c'est du côté de leurs chevaux que se dirigèrent nos jeunes gens.

Deux minutes après, tous nos amis étaient en selle et ne craignaient plus rien de cette terrible rencontre. Les buissons qui garnissaient le rebord de la montagne empêchaient qu'on ne les vît d'en bas, et le vent soufflait contre eux en passant sur la vallée ; dans le cas contraire, les lions, avertis par leur odorat, se seraient aperçus de quelque chose ; mais, grâce aux deux circonstances qui favorisaient nos amis, les félins ne se doutèrent même pas de la proximité des chasseurs.

Une fois à cheval, tous nos jeunes gens oublièrent leur épouvante ; ils savaient que leurs montures les emporteraient en un clin d'œil hors des atteintes de l'ennemi, et que même les poneys de Klaas et de Jan sauraient échapper par la fuite au plus rapide de tous les lions.

Toutefois, Hendrik et Willem regrettaient d'abandonner la partie sans même connaître ce qui allait arriver. Mais ne pouvaient-ils pas, du haut de la rampe, et sans quitter leurs montures, regarder une seconde fois les dangereux animaux dont ils n'avaient plus rien à craindre ? Hans n'était pas moins curieux d'étudier les mouvements des lions au point de vue de l'histoire naturelle, et Arend partageait ce désir par simple curiosité. Quant aux deux collégiens, il n'était pas prudent de les engager dans une pareille aventure, et on les renvoya sans plus de cérémonie à l'endroit où les bœufs attendaient leur retour.

Pendant ce temps-là, les quatre aînés de la bande revinrent en silence à la place où, du haut de la corniche, ils avaient aperçu les lions.

Les pallahs paissaient toujours tranquillement au milieu de la vallée, sans avoir le moindre soupçon de la présence de leurs voisins. Ils n'auraient pas montré cette quiétude profonde s'ils avaient pu se douter qu'un pareil ennemi était à quelques pas d'eux. Mais la direction du vent, qui avait préservé les chasseurs d'être sentis par les félins, empêchait les antilopes, qui se trouvaient dans la même position relativement à ces derniers, d'éventer leurs ennemis, qu'un bois touffu dérobait à leurs regards.

Il n'en était pas moins évident que les lions connaissaient la présence des pallahs dont ils convoitaient la chair. De temps en temps, l'un d'eux se traînait jusqu'au bord du taillis, guettait les antilopes et revenait auprès de ses compagnons, absolument comme un éclaireur qui vient faire son rapport. Les adultes, mâles et femelles, se tenaient rassemblés dans un étroit espace, et l'on eût dit qu'ils étaient en conseil. Nos quatre spectateurs ne doutèrent pas un instant qu'ils ne fussent réunis pour s'entendre, et que le troupeau d'antilopes ne fût le sujet de leurs délibérations.

La séance fut enfin terminée, les membres du conseil se séparèrent, et chacun d'eux prit une route différente. Quelques-uns se dirigèrent vers le fond de la vallée, tandis que les autres se rapprochaient de la montagne; lorsque ceux-ci furent arrivés aux bouquets d'arbres dont nous avons parlé plus haut, ils changèrent de direction et gagnèrent successivement tous les massifs en rampant dans l'herbe, avec l'intention évidente de se dérober à la vue des pallahs.

Leur projet devenait facile à deviner ; il était clair qu'ils ne remontaient le vallon que pour rabattre les antilopes du côté de leurs camarades ; bref, ils suivaient exactement la méthode que nos chasseurs voulaient employer pour parvenir au même but. Ceux-ci n'en revenaient pas de cette singulière coïncidence, et ne pouvaient s'empêcher d'admirer avec quelle adresse leurs rivaux exécutaient leur tactique.

Les trois lions, faisant l'office de rabatteurs, disparurent bientôt dans le fourré qui était en face de nos amis. Les neuf autres, pendant ce temps-là, s'étaient écartés au fond du val, où chacun d'eux, caché sous bois, attendait à son poste que la bête lui fût lancée.

Pendant quelques minutes, on n'aperçut aucun mouvement de la part des lions, ni de celle des antilopes, qui continuaient à brouter avec calme.

Tout à coup, les pallahs semblèrent avoir un soupçon du danger qui les menaçait ; le mâle releva la tête, jeta les yeux autour de lui, fit entendre un sifflement analogue à celui du daim, et frappa vivement du pied une ou deux fois. Les autres pallahs s'arrêtèrent, et quelques-uns bondirent à la façon des springboks.

Ils venaient de sentir les trois lions qui se trouvaient en haut du val, et dont la brise leur apportait les effluves.

Le vieux mâle répéta le signal qu'il venait de donner à sa famille, sauta lui-même à plusieurs pieds en l'air et prit la fuite entraînant derrière lui tous les membres du troupeau, qui entremêlaient de bonds leur galop rapide.

Ainsi que les chasseurs griffus l'avaient pensé, les antilopes descendirent le vallon et coururent vers l'endroit où était caché l'ennemi ; elles fuyaient sous le vent et rien ne pouvait les avertir de cette dangereuse embuscade. Bientôt elles approchèrent des massifs qui renfermaient les lions ; quand elles furent à la lisière du fourré, neuf grands chats en sortirent, comme s'ils avaient été mus par un ressort, et, d'un bond prodigieux, ils s'emparèrent chacun de la victime qu'ils s'étaient désignée. Un seul coup de griffe suffit pour arrêter les pallahs et pour les étendre sur l'herbe. L'attaque avait été si soudaine et la mort si prompte, que deux secondes après leur sortie du bois, chaque lion était couché sur le cadavre d'une antilope, dont il lacérait la chair avec ses griffes et ses dents.

Trois pallahs avaient échappé au massacre et fuyaient vers l'autre bout de la vallée ; mais chacun devint à son tour la proie d'un lion embusqué dans le massif où il croyait trouver asile.

De ces douze antilopes qui tout à l'heure bondissaient dans la plaine, confiantes dans la rapidité de leur course, pas une n'avait pu traverser la ligne que leurs ennemis, pleins de ruse, avaient tracée autour d'elles.

Nos voyageurs regardèrent pendant quelques instants les douze félins se repaître de leurs victimes. Hendrik et Willem éprouvaient le désir d'approcher de la vallée et d'envoyer leurs balles à une couple de lions ; mais le naturaliste s'y opposa de toutes ses forces. « Jamais, dit-il, le lion n'est plus dangereux pour le chasseur qu'au moment où il se gorge de sang. Malheur à qui le dérange alors ! » et la prudence la plus élémentaire commandait non-seulement de ne pas troubler les félins dans leur orgie sanglante, mais de s'éloigner au plus vite de cette scène de carnage.

Hendrik et Willem se rendirent, bien qu'à regret, aux conseils du naturaliste, appuyés des instances d'Arend ; et tous les quatre retournèrent à l'endroit où les attendaient les wagons.

Arrivés là, nos amis délibérèrent sur le parti qu'ils devaient prendre. Il était dangereux de s'engager dans cette étroite vallée, dont une semblable garnison défendait les abords. La première chose à faire était de chercher un gué et de passer de l'autre côté de l'eau. Nos chasseurs découvrirent ce qu'ils cherchaient et allèrent camper sur l'autre rive, l'heure étant trop avancée pour continuer leur route.

Ils avaient été bien inspirés de traverser la rivière ; car pendant toute la nuit, des rugissements nombreux retentirent sur l'autre bord, où il était probable que les lions avaient fixé leur demeure.

CHAPITRE XLIV

Les veuves.

Nos amis s'empressèrent de quitter ce voisinage effrayant, et le lendemain, au point du jour, ils étaient en marche et remontaient le bord du fleuve.

De même que sur l'autre rive, ils avaient à franchir une succession de vallées parsemées de bouquets d'arbres, et qui se rétrécissaient de plus en plus. A mesure qu'avançaient les voyageurs, les éperons de la montagne se rapprochaient plus fréquemment du bord de l'eau et multipliaient les difficultés de la route. Une ou deux fois même, la pente devint tellement roide que les bœufs refusèrent de la gravir, et nos amis crurent un instant qu'ils ne pourraient pas aller plus loin. Mais Congo finit par triompher de la résistance des bœufs, et les wagons arrivèrent sains et saufs de l'autre côté du ravin, non sans efforts de leur part et de celle de leurs conducteurs qui, à force de crier, s'étaient déchiré la gorge, et qui avaient complétement usé la mèche de leurs grands fouets.

Quant au moyen que le Zoulou avait employé pour faire marcher les bœufs, c'est un procédé bien simple : il consiste à marcher devant ces animaux et à barbouiller de leur propre bouse les pierres du ravin où ils sont engagés ; croyant alors que d'autres bœufs ont fait le même trajet peu de temps auparavant, l'attelage en conclut que ce chemin est praticable, puisqu'il vient d'être suivi par des individus de son espèce, et, reprenant courage à cette vue qui les rassure, les bœufs franchissent le mauvais pas d'où ils croyaient ne jamais sortir.

La vallée où nos voyageurs pénétrèrent, après avoir escaladé cette pente abrupte et rocailleuse, avait à peine deux acres[1] d'étendue, et comme en cet endroit la rivière n'était plus qu'un ruisseau, on pouvait la traverser dans toute la longueur de la prairie où nos jeunes gens venaient de s'établir. Une pointe de la montagne qui fermait ce petit vallon se projetait de l'autre côté de la rivière, dont les eaux torrentielles s'étaient frayé un passage à travers le granit ; le seul moyen de franchir cette muraille était de s'engager dans le lit du torrent et de le remonter jusqu'à la vallée suivante. Si la rivière avait été grosse, il aurait fallu nécessairement abandonner ce projet, mais c'est à peine si elle avait assez d'eau pour baigner les cailloux dont son lit était couvert ; il était donc possible à nos voyageurs de suivre ce canal qui les conduirait de l'autre côté de la montagne, où ils trouveraient ensuite de grandes plaines faciles à parcourir. En attendant, comme ils rencontraient dans cette petite vallée un excellent pâturage pour leurs bêtes, une

---

1. L'acre vaut un peu plus de 40 ares.

eau limpide et du bois en abondance, trois choses qui en pareil cas sont de première nécessité, nos amis s'y installèrent pour y passer la nuit.

C'était un endroit curieux que le petit vallon où campaient nos voyageurs ; la forme en était à peu près circulaire, et de tous côtés les flancs abrupts de la montagne s'élevaient à une hauteur de trois ou quatre cents mètres. Il ne s'y trouvait pas un arbre, du moins dans le fond de la vallée même, car il en croissait beaucoup, et d'espèces différentes, au pied de l'enceinte et au versant des rochers. On voyait au bord du torrent quelques arbustes, mêlés à des roseaux, mais ces buissons étaient si peu élevés, qu'un homme les dépassait de la tête.

C'est au milieu de ce bel amphithéâtre que nos voyageurs avaient établi leur bivac, c'est-à-dire qu'ils avaient arrêté leurs wagons, car les chevaux et les bœufs n'étaient pas attachés et vaguaient à l'aventure.

Il était bien certain que les pauvres bêtes ne penseraient pas à s'échapper ; d'abord elles étaient accablées de fatigue, ensuite le chemin qui permettait de sortir de la vallée n'était pas facile à découvrir, et l'herbe était si fine et si tendre, l'eau si pure et si fraîche, que les bœufs et les chevaux n'avaient pas de motifs pour s'éloigner d'un endroit où ils étaient si bien.

Klaas et Jan, suivant leur habitude, n'avaient pas mis pied à terre qu'ils furetaient déjà dans les broussailles pour y trouver des nids. Ils avaient aperçu, en entrant dans le vallon, plusieurs volatiles d'une espèce curieuse, dont la couvée ne devait pas être bien loin.

En effet, toute une colonie d'oiseaux était installée au milieu des broussailles et des grandes herbes qui bordaient la rivière. Ils ressemblaient à des moineaux, et s'introduisaient dans leurs nids, qui avaient la forme d'un rognon, par une ouverture circulaire analogue à celle que le roitelet commun fait à la demeure de ses petits. Ces nids étaient faits avec de l'herbe et doublés d'une substance cotonneuse qui provenait bien certainement de quelque plante du voisinage, mais que nos collégiens n'apercevaient nulle part.

Du reste, ces petits oiseaux n'étaient pas inconnus aux voyageurs; ils les avaient rencontrés plus d'une fois et savaient qu'ils faisaient partie de la famille des tisserands, famille qui renferme beaucoup de genres, ou plutôt d'espèces, dont la taille, la couleur et les habitudes sont différentes, mais qui toutes ont une manière très-curieuse de construire leurs nids; elles les *tissent*, à vrai dire, et c'est à cette particularité qu'elles doivent leur nom vulgaire. Les nids de tisserands, néanmoins, n'ont pas tous la même forme; il en est de sphériques, d'autres qui ressemblent aux cornues dont se servent les chimistes; les uns décrivent une spirale, les autres sont taillés comme un rognon, ainsi que nous venons de le voir; enfin le tisserand social construit une espèce de ruche énorme qui couvre parfois toute la cime d'un gros acacia, et que vous prendriez pour une meule de foin établie sur les branches d'un arbre.

Les tisserands que nos collégiens venaient d'apercevoir étaient des *amadinas squammifrons*, et cette découverte enchanta nos oiseleurs, non pas qu'ils y trouvassent un intérêt de curiosité, puisqu'ils avaient eu souvent l'occasion d'observer la nichée de ces oiseaux; mais la substance cotonneuse qui sert de doublure au nid de l'amadina est excellente pour bourrer les fusils; et, comme précisément nos deux tireurs avaient épuisé toute leur provision de bourres, ils étaient fort contents de pouvoir la remplacer. Il ne fallait rien moins que cette nécessité impérieuse pour que le naturaliste leur permît de dévaliser les pauvres amadinas. Mais la bourre étant pour les chasseurs un objet indispensable, nos deux collégiens se livrèrent sans remords à la récolte dont ils avaient besoin.

La chose paraît bien simple; toutefois il fallut défaire les nids pour obtenir la matière cotonneuse dont ils étaient doublés, et ce n'est pas sans difficulté que Jan et Klaas parvinrent à détruire l'ouvrage de ces tisserands; car les brins d'herbe qui formaient l'extérieur du nid étaient enlacés avec autant d'art qu'un habile vannier aurait pu le faire.

Il fut impossible à Jan d'introduire sa petite main dans l'ouverture qui servait de porte à l'amadina, tant cette ouverture était petite elle-même, et, chose singulière, lorsque l'oiseau n'était plus dans son nid, cette porte se trouvait si bien close, qu'il était difficile de la découvrir.

Aussitôt que les deux oiseleurs eurent fait leur provision de bourre, et deux nids suffirent à la leur procurer, ils se gardèrent bien de déranger les autres nids et revinrent auprès de leurs camarades. Néanmoins ils ne furent pas longtemps sans apercevoir un oiseau plus rare et plus curieux que l'amadina, dont il avait à peu près la taille, mais pas du tout la couleur.

Cet oiseau n'attira pas seulement l'attention des collégiens, il éveilla celle de tous les boërs; il avait en effet quelque chose de très-remarquable : sa taille, disons-nous, était à peu près celle de l'amadina, ou, si vous voulez, d'un canari; mais les plumes de sa queue, dont la longueur excédait plusieurs fois celle de son corps, le faisaient paraître beaucoup plus grand qu'il ne l'était en réalité.

Il était coiffé d'un brun lustré, presque noir, qui s'étendait sur toute la partie supérieure, portait un collier orange, teinté de rouge, qui pâlissait sur la poitrine où il formait plastron et se confondait avec la teinte chamois foncé qui couvrait l'abdomen et les cuisses.

Mais c'étaient surtout les pennes caudales qui caractérisaient cet oiseau singulier. Deux de ces plumes, d'une longueur énorme, qui s'incurvaient à la fois en bas et en dehors, étaient placées verticalement, c'est-à-dire que la tranche en était parallèle au manteau. Deux autres pennes plus courtes, et placées comme les précédentes, leur étaient superposées; très-larges à la base, qui n'avait pas moins de 7 à 8 centimètres, elles se terminaient en une pointe aiguë, formée par la tige même qui dépassait les barbules de 8 à 10 centimètres. Outre ces deux paires de plumes verticales, il s'en trouvait quatre autres de chaque côté de la queue, toutes graduées, d'à peu près 6 millimètres, et d'une belle couleur noire.

Klaas et Jan étaient auprès de leurs frères, et c'est du bivac même qu'ils avaient aperçu l'oiseau que nous venons de décrire : celui-ci n'était pas seul; un oiselet, vêtu mi-partie de blanchâtre et de brun rouillé, et dont la queue n'avait rien d'extraordinaire, l'accompagnait partout. Ce n'était ni plus ni moins que la femelle de ce brillant personnage à collier orange et à longues pennes caudales.

La science du naturaliste fut mise en réquisition, car nos chasseurs ne connaissaient pas cet oiseau, et se demandaient à quelle famille il pouvait appartenir. Hans leur répondit que c'était un tisserand de l'espèce que les ornithologistes ont appelée *vidua*, c'est-à-dire *veuve*. Tous nos amis se regardèrent avec surprise; ils ne comprenaient pas le rapport qu'il pouvait y avoir entre ce nom et l'oiseau qui le portait. Par bonheur Hans pouvait leur donner à cet égard tous les détails qu'ils désiraient, ce que le savant Brisson, qui a baptisé la veuve, n'aurait jamais pu faire.

« Brisson nomma cet oiseau *vidua*, répondit notre jeune naturaliste, parce qu'il avait entendu dire que les Portugais l'appelaient ainsi, en raison de sa couleur et de sa queue. MM. Brisson et de Buffon ne restent jamais à court, et ne manquent pas d'excellents motifs pour justifier leur dire. Malheureusement la queue de la veuve et la teinte de son plumage n'ont rien à voir dans cette affaire ; les Portugais, qui les premiers découvrirent cet oiseau, l'ont appelé *whidah*, tout simplement parce qu'il leur avait été envoyé du royaume de ce nom, qui est situé dans la partie occidentale de l'Afrique. L'enjouement de la veuve, et surtout la singularité de sa queue, la font rechercher de tous les amateurs d'oiseaux ; on la voit souvent en cage, où elle parcourt en sautillant avec gaieté les échelons de son perchoir, et agite la queue par un mouvement rapide. On la nourrit, en général, de graines et de différentes espèces d'herbes. Elle aime passionnément à se baigner, et mue deux fois par an.

« À l'une de ces époques de l'année, le mâle se dépouille de ses grandes plumes caudales et change tellement de couleur qu'il est très-difficile, en pareille circonstance, de le distinguer de la femelle. Ce n'est qu'au moment où elle s'apparie que la veuve[1] prend sa belle queue et les teintes orange et noir qui embellissent son plumage. »

Les naturalistes connaissent deux espèces de veuves : celle du paradis (*vidua paradisea*), que nous venons de décrire, et la veuve à bec rouge (*vidua erythrorhyncha*), plus petite que la précédente, et dont la queue est disposée différemment. Son bec est d'un rouge foncé ; elle est vêtue d'un noir bleuâtre sur les parties supérieures et porte un collier blanc ; les couvertures des ailes sont également blanches, et le dessous du corps est blanchâtre.

Malgré cette différence de plumage, ses habitudes ressemblent complètement à celles du paradis, et toutes les deux habitent la même région, c'est-à-dire l'Afrique oc-

---

1. Pour bien faire il faudrait dire le *veuf*, puisque c'est le mâle seul qui revêt le costume auquel on attribue l'origine de son nom ; et jamais oiseau n'aurait été plus mal nommé, si l'on considère que cette prétendue livrée de veuvage est son costume de noces. (*Note du traducteur.*)

cidentale. Jamais elles ne descendent jusqu'à la province du Cap ; mais l'une d'elles se rencontre parfois dans les contrées qui se trouvent au nord de la rivière d'Orange.

Comme la veuve est très-rare dans le midi de l'Afrique, nos amis, et principalement le naturaliste, avaient le plus grand désir de se procurer sa dépouille; aussi les deux veuves furent-elles abattues sans pitié par l'un des voyageurs.

CHAPITRE XLV

Les pique-bœufs.

Hans, aidé par ses camarades, dépouilla immédiatement les deux veuves, avec l'intention de les préparer. Il trouvait surtout chez Arend un concours précieux, car celui-ci était fort adroit, et de plus un excellent taxidermiste. Arend s'inquiétait peu de savoir à quelle espèce appartenait tel ou tel oiseau, mais lui donniez-vous l'oiseau même, il le dépouillait et le montait sans que la moindre plume parût avoir été dérangée.

Tout à coup un bruit, insignifiant par lui-même, vint frapper les oreilles de nos voyageurs de faire tomber des mains des deux naturalistes les peaux de veuves dont ils étaient occupés.

Ce n'était pourtant que le cri d'un oiseau; et d'un oiseau de petite taille, qui alarmait nos préparateurs. La note qu'ils venaient d'entendre ressemblait à l'appel de la grive du gui, et l'oiseau qui la proférait n'était pas plus gros que la draine. Néanmoins, nous le répétons, au premier cri de cet oiseau, les voyageurs furent tous saisis d'effroi :

les chiens eux-mêmes se levèrent en bondissant et poussèrent des hurlements affreux.

Vous ne comprenez pas comment un oiseau de la grosseur d'un merle pouvait effrayer à ce point des jeunes gens aussi braves que l'étaient nos chasseurs, et vous demandez des renseignements à cet égard; rien n'est plus naturel.

J'ai dit que les chiens étaient épouvantés, aussi bien que leurs maîtres, du cri qu'ils venaient d'entendre; je dois ajouter que les chevaux et les bœufs n'en furent pas moins alarmés. Aussitôt que la note en question eut frappé leurs oreilles, les chevaux secouèrent la tête, coururent au hasard comme des fous, renaclèrent avec effroi, et les bœufs mugirent en témoignant d'une frayeur non moins vive. Facetanné, Congo, Willem, Hendrik, tous nos amis étaient frappés de terreur, car ils venaient de reconnaître l'avertissement du *pique-bœuf*.

Quelques détails sur cet oiseau singulier vous feront comprendre cette énigme. Décrivons d'abord l'extérieur du pique-bœuf :

C'est un oiseau à peu près de la taille du sansonnet; la teinte de son plumage est grisâtre, la queue est un peu plus foncée et les ailes sont courtes. Il a les pieds conformés pour saisir et les ongles déprimés et crochus; mais ce qu'il y a de remarquable chez le pique-bœuf, c'est la forme de son bec; celui-ci est quadrangulaire, la mandibule inférieure en est beaucoup plus forte que l'autre, et toutes deux s'élargissent vers la pointe, de façon à constituer des tenailles. Cette forme bizarre ne vous étonnera plus quand nous aurons parlé des habitudes de l'oiseau en question.

Les pique-bœufs ont, en effet, un genre de vie qui les distingue de tous les autres volatiles. Levaillant, un célèbre ornithologiste français, qui fut en même temps un voyageur illustre, a décrit ainsi les mœurs de ces oiseaux :

« Leur bec, dit-il, est fait en forme de pinces, pour leur donner la faculté d'extraire de la peau des quadrupèdes des larves de mouches qui s'y trouvent. C'est pour cela qu'ils recherchent avec empressement les troupeaux de buffles, d'antilopes, de tous les quadrupèdes sur lesquels ces insectes vont déposer leurs œufs. Fermement attachés, au moyen de leurs griffettes, au cuir de ces animaux, ils en arrachent avec force les larves dont un gonflement de l'épiderme leur annonce la présence. Le quadrupède, accoutumé à cette opération, supporte patiemment le petit oiseau et paraît comprendre le service que lui rend celui-ci, en le débarrassant des parasites qui vivent à ses dépens. »

D'autres oiseaux que les pique-bœufs se nourrissent également des larves et des insectes dont la peau des grands quadrupèdes est plus ou moins infestée. En Amérique, le *traquet de la vache* tire son nom de l'habitude qu'il partage avec le pique-bœuf, et suit constamment les troupes immenses de bisons qui pâturent dans les vastes prairies américaines. Une autre espèce d'ictérus accompagne aussi les troupeaux des plaines de l'Amérique du Sud.

Le tisserand à bec rouge [1] est, en Afrique, le compagnon ordinaire du buffle, et tous ceux qui ont quelquefois visité de grands pâturages ont vu l'étourneau commun sur le dos des moutons. La corneille à col blanc [2] et diverses espèces de *corvidées* [3] et de *sturnidées* [4] ont la même habitude. A l'exception de la corneille, que nous venons de citer, tous ces animaux se contentent de saisir l'insecte qui s'attache à la peau des quadrupèdes, ou qui vit dans le poil ou dans la laine de ceux-ci, car ils n'ont

---

1. *Textor erythrorhynchus*.
2. *Corvus albicollis*.
3. Famille des corbeaux.
4. Famille des étourneaux.

pas assez de force dans le bec pour extirper les larves qui sont logées profondément dans les chairs. Mais pour les pique-bœufs, la chose est différente [1]. Ainsi que nous l'avons vu plus haut, leur bec, en forme de tenailles, leur permet d'arracher leur proie du cuir le plus épais; et, bien qu'ils se nourrissent volontiers des parasites qui vivent à la surface, ils préfèrent les larves qui sont cachées sous la peau. C'est en raison de ce caractère particulier que les naturalistes ont fait des oiseaux dont nous parlons un genre séparé, qu'ils désignent sous le nom de *buphagas*, c'est-à-dire *mangeurs de bœuf*.

Nous ne ferons pas ressortir l'absurdité d'un pareil nom. Il semblerait indiquer une ignorance complète des habitudes de l'oiseau qui s'en trouve affublé. Le textor dont nous nous occupons ne mange pas le bœuf qu'il délivre de ses parasites; mais il arrive fréquemment à M. Brisson, qui l'a baptisé du nom de *buphaga*, de prêter aux animaux des habitudes de fantaisie.

Néanmoins, servons-nous du mot *buphaga*, puisqu'il est consacré.

On ne connaît que deux espèces de ces oiseaux : le *buphaga erythrorhynchus*, c'est-à-dire le mange-bœuf à bec-rouge, ainsi nommé de la couleur de son bec [2], dont

---

[1]. Ce n'est pas, croyons-nous, la dureté de la peau des quadrupèdes qu'ils opèrent, et la force que demande l'extirpation de l'insecte, qui a nécessité la forme du bec de l'erythrorhynchus; des mandibules acérées pénétreraient plus facilement le cuir du rhinocéros, que les pinces dont le bec-rouge est pourvu ; c'est la nature molle des larves, et la ténacité des tiquets, dont le suçoir avide resterait dans les chairs où il est inséré, qui a exigé cette conformation particulière au moyen de laquelle l'oiseau entoure l'insecte et l'emporte *en le saisissant de toutes parts;* autrement il n'arracherait qu'une portion du parasite, qui se déchire avant de quitter sa proie.
(*Note du traducteur*).

[2]. Cette phrase complémentaire, qui paraît empruntée au chantre de M. de La Palisse, est moins naïve qu'on ne pourrait le croire tout d'abord; dès qu'il y a dans le vocabulaire ornithologique une foule de *becs-croisés à bec droit* et un *rouge-gorge à gorge bleue*, il n'est pas superflu de dire que le bec-rouge n'a pas le bec noir ou violet. (*Note du traducteur.*)

le rouge est aussi vif que celui du corail ; et le *buphaga africana* qui a le bec jaune.

Tous les deux sont des oiseaux d'Afrique, bien que le premier se rencontre aussi dans l'île de Madagascar. Le bec de corail est plus petit que le *buphaga africana*, dont il diffère un peu par la couleur ; d'une teinte plus sombre, il a la tête, la gorge, les parties supérieures d'un brun cendré à reflets bleus, et la poitrine et le ventre d'une teinte de rouille lavée de jaune. Son bec est plus petit et moins fort que celui de son congénère.

Les pique-bœufs vont en général par compagnies, mais ne se réunissent jamais en grand nombre ; il est rare qu'on en voie plus de six ou huit ensemble. Ce sont des oiseaux farouches qu'il est très-difficile d'approcher. La seule chance que l'on puisse avoir de les tuer, est de faire marcher devant soi un bœuf ou quelque autre animal que l'on dirige tout doucement vers les bêtes sur lesquelles ils sont posés ; le chasseur, dans ce cas-là, en se montrant tout à coup, parvient quelquefois à les tirer au vol.

Telles sont les habitudes des pique-bœufs ; mais tout cela, direz-vous, n'explique pas l'épouvante que le cri de l'un de ces oiseaux avait répandue au milieu de nos amis. Rien, cependant, je vous assure, n'était plus naturel que leur effroi, et vous allez le comprendre.

De tous les quadrupèdes auxquels s'attachent les buphagas, il n'en est pas qu'ils suivent avec plus de constance que le rhinocéros blanc ou noir. La masse énorme que présente cet animal, sa peau ridée, d'une si vaste étendue, offrent aux larves et aux tiquets une pâture abondante, et par conséquent fournissent aux pique-bœufs une quantité d'insectes pour ainsi dire inépuisable.

Il en résulte que les quatre espèces de rhinocéros qui habitent l'Afrique australe sont toujours accompagnées de buphagas, et c'est pour cela que les chasseurs ont appelé ces derniers : *oiseaux du rhinocéros*. Que l'affreux quadrupède aille ou bon lui semblera, les pique-bœufs resteront sur son dos, sur sa tête, sur n'importe quelle partie de son corps, et y paraîtront tout aussi à leur aise que si cet animal était leur perchoir naturel. Le rhinocéros ne songe nullement à se débarrasser d'eux; bien au contraire, il sait que leur présence lui est excessivement utile; effectivement, le buphaga ne se borne pas à le délivrer des parasites qui l'assiégent, il l'avertit de l'approche du chasseur ou de tout autre danger. Dès qu'un ennemi se présente, le rhinocéros est réveillé tout à coup s'il dort, ou averti s'il mange, par la voix rauque de son oiseau qui le met ainsi sur ses gardes; si, par hasard, le buphaga ne parvient pas à l'éveiller par ses cris, il voltige autour de la tête du pachyderme et lui donne des coups de bec dans les oreilles jusqu'à ce qu'il ait réussi à lui faire prendre la fuite. Il agit de la même façon à l'égard de l'hippopotame et de l'éléphant; si bien que l'une des difficultés que rencontre le chasseur dans la poursuite de ces animaux vient de la vigilance de leur petite sentinelle.

Nos amis et leurs serviteurs, y compris les chiens, les chevaux et les bœufs, n'ignoraient pas cette particularité, et si la voix du buphaga leur causait tant d'épouvante, c'est parce que le cri de cet oiseau leur annonçait l'approche de l'un des animaux les plus dangereux qui existent.

CHAPITRE XLVI

Charge des mouchochos.

Tous nos chasseurs dirigèrent leurs regards du côté où se faisait entendre le cri du buphaga, et aperçurent en effet deux rhinocéros de la plus grande taille. Ces derniers entraient dans le vallon par la brèche dont nous avons parlé, et descendaient la rivière, où ils avaient de l'eau jusqu'à mi-jambe. Ils étaient blancs, et à leur grande corne, dont la pointe s'inclinait légèrement vers les yeux, Hans reconnut qu'ils appartenaient à l'espèce que les indigènes appellent *mouchocho* et les naturalistes *rhinoceros simus*.

La seconde espèce de rhinocéros blancs est le *kobaoba*, qu'on a dernièrement qualifié du nom de *rhinoceros Oswellii*, bien que, suivant moi, il eût été plus juste de l'appeler *rhinoceros Cummingii*, non-seulement parce que M. Cumming, le grand chasseur, a décrit le premier cette espèce rare, mais parce qu'il a contribué plus qu'aucun autre à faire connaître la faune de l'Afrique méridionale.

C'est la taille et la disposition des cornes qui distinguent entre elles les deux espèces de rhinocéros blancs. Chez toutes les deux la corne postérieure n'est autre chose qu'une protubérance conique de quinze à vingt centimètres de longueur, mais la plus rapprochée des lèvres est beaucoup plus grande que celle du rhinocéros noir ; elle atteint près d'un mètre chez le mochocho, et celle du kobaoba arrive quelquefois à plus d'un mètre vingt ;

chez celui-ci elle se projette en avant de manière à former avec le museau un angle de quarante-cinq degrés, tandis que chez le mouchocho, elle est droite et s'incurve légèrement en arrière.

La taille de ces deux espèces dépasse de beaucoup celle des rhinocéros noirs ; elle est au moins aussi élevée que chez le rhinocéros d'Asie, dont la peau excessivement dure forme des plis profonds, et que l'on voit souvent dans les musées et dans les jardins zoologiques. Bref, le mouchocho et le kobaoba sont, après l'éléphant, les plus gros de tous les quadrupèdes qui existent de nos jours. Leurs habitudes diffèrent également de celles de leurs congénères ; ils se nourrissent d'herbe, ainsi que le témoigne la forme de leur mufle, tandis que les noirs, qui broutent divers arbustes et les buissons d'acacias, ont la lèvre supérieure extensible et prenante, afin de pouvoir saisir plus facilement les branches et les ramilles dont ils mangent les feuilles et les bourgeons.

Les deux espèces sont aussi d'un caractère bien différent ; la violence du rhinocéros noir est extrême, sa nature est vicieuse et la rapidité de sa course en fait un ennemi qui n'est pas moins dangereux que le lion. En général, au contraire, les blancs ont une certaine lenteur et ne se précipitent jamais sur l'homme sans y avoir été provoqués. Néanmoins, lorsqu'ils sont blessés ou qu'ils ont des petits, ils montrent la même brutalité que leurs congénères ; et maints chasseurs indigènes sont tombés victimes du mouchocho et du kobaoba.

La chair de ces derniers est excellente, et se rapproche beaucoup de celle du cochon, tandis que la viande du rhinocéros noir est amère et d'une saveur forte et rance.

Nos voyageurs, à qui tous ces détails étaient parfaitement connus, se rassurèrent en voyant qu'il ne s'agissait que de mouchochos ; ils coururent prendre leurs fusils et se préparèrent à chasser les deux pachydermes.

Si, au contraire, ils avaient aperçu un borélé ou un kéitloa, ils auraient sauté sur leurs chevaux ou se seraient blottis dans les wagons, afin d'éviter l'attaque dont ils auraient été menacés.

Les deux rhinocéros avaient franchi la brèche qui donnait accès dans la vallée; ils sortirent du ruisseau et se trouvèrent tous les deux au centre de la prairie. Ainsi exposés de toute part à la vue des jeunes gens, ils parurent à ceux-ci d'une grosseur prodigieuse; l'un surtout qui, beaucoup plus grand que l'autre, était au moins de la taille d'une femelle d'éléphant, car il avait près de cinq mètres depuis l'extrémité du museau jusqu'à la touffe de poils qui terminait sa petite queue.

Nos chasseurs se dirigèrent du côté des mouchochos et découvrirent à leur grande surprise qu'un troisième rhinocéros accompagnait les deux qu'ils avaient aperçus. Celui-ci pouvait avoir la taille d'un cochon ordinaire, et semblait être la miniature des deux autres, à cette différence près qu'il n'avait pas sur le nez la grande corne qui caractérise son espèce. Il était impossible, malgré cela, de ne pas reconnaître en lui un jeune mouchocho; c'était évidemment le petit du mâle et de la femelle qui l'avaient précédé.

Cette découverte enchanta nos amis; la charité du jeune rhinocéros est beaucoup plus délicate et plus tendre que celle des adultes, et nos chasseurs, principalement Facetanné et Congo, se réjouissaient d'avance du bon repas qu'ils allaient faire.

Nos étourdis ne pensaient pas au danger qu'il y a toujours d'attaquer le mouchocho en compagnie de son jeune. Dans leur ardeur ils avaient tout oublié. Le prudent naturaliste avait bien un pressentiment fâcheux: mais, entraîné par l'enthousiasme irréfléchi de ses compagnons, il s'abstint de leur communiquer ses craintes: quelques instants après, une volée de coups de fusils faisait retentir la montagne, et les mouchochos étaient assaillis de projectiles, variant depuis une balle de la grosseur d'un pois, jusqu'à celle de Willem qui ne pesait pas moins d'une once.

Le seul effet qui résulta de cette décharge d'artillerie fut de transformer l'allure paisible des mouchochos en un galop furieux qui se dirigea vers l'endroit où nos chasseurs étaient placés. Le regard étincelant de ces animaux, leur voix retentissante, leur souffle bruyant comme celui des marsouins, leur tête baissée présentant la corne à l'ennemi, témoignaient de la rage dont ils étaient animés. Le jeune suivait de loin les deux adultes et imitait les cris et les mouvements que la fureur inspirait à ses père et mère.

Nos amis ne s'attendaient à rien de pareil; qu'un rhinocéros noir revienne sur le chasseur, c'est un fait qui n'a rien d'imprévu; mais devait-on le supposer de la part du mouchocho que la voix d'un chien ou la détonation d'un fusil met d'ordinaire en fuite?

Les imprudents s'étaient trompés quand ils avaient cru pouvoir attaquer sans péril les trois rhinocéros, trompés surtout en se réjouissant de la présence du jeune, dont ils convoitaient la chair; c'était précisément à cause de celui-ci que les mouchochos, faisant trêve à leurs habitudes paisibles, chargeaient les assaillants avec autant de fureur; ils avaient, de plus, reçu quelques blessures qui ajoutaient à leur colère.

Nos amis n'attendirent pas de pied ferme le choc de cette masse effroyable; jamais gamins, en contravention de police, n'ont fui le sergent de ville avec plus d'empressement que nos chasseurs n'en mettaient à se sauver des deux rhinocéros. Les pans de leur veste faisaient, je vous assure, un angle considérable avec la ligne de leur dos tandis qu'ils traversaient la prairie en courant à toutes jambes.

Le Bushman et le Zoulou, qui avaient pris part à l'attaque, ne restaient pas en arrière, et les huit imprudents formaient un pêle-mêle qui ne s'était jamais vu dans cette vallée déserte.

CHAPITRE XLVII

Course à dos de rhinocéros.

Fort heureusement pour nos fuyards qu'ils n'étaient pas loin des wagons quand ils avaient tiré sur les rhinocéros; ils n'avaient ainsi qu'un léger espace à franchir pour se réfugier dans leurs énormes chariots. S'il leur avait fallu prolonger leur course seulement pendant quinze ou vingt mètres, il était sûr qu'au moins deux des leurs auraient été saisis, enlevés par la corne des rhinocéros, et foulés aux pieds par ces brutes enragées.

Le dernier de la bande l'échappa belle, car il n'était pas dans le wagon, que les cornes des mouchochos se heurtèrent violemment contre les planches du véhicule.

C'était faute de mieux qu'ils s'étaient précipités dans les chariots; ils savaient bien que s'il prenait fantaisie aux rhinocéros de détruire les wagons, rien ne leur serait plus facile. La seule espérance des jeunes gens était de voir les deux brutes se désister de leur poursuite. Mais quelle ne fut pas la consternation de nos malheureux amis, quand, du fond de leur retraite, ils aperçurent le plus grand des mouchochos qui baissait la tête et se précipitait vers l'un des wagons où plusieurs d'entre eux avaient cherché un asile.

Le choc fut effroyable; la corne du rhinocéros traversa la planche qui fermait le devant du chariot; le timon fut mis en pièces, et le pesant véhicule soulevé de terre et transporté à quelques mètres de l'endroit qu'il occupait. Un cri d'épouvante s'échappa de l'intérieur du wagon et se répéta bientôt, quand les pauvres jeunes gens qui s'y trouvaient enfermés virent le monstrueux animal se préparer à une nouvelle attaque.

Mais, au moment où la brute se dirigeait une seconde fois vers l'objet de sa fureur, deux des limiers lui sautèrent sur les flancs tandis qu'un troisième se suspendit à sa queue. Or la queue du rhinocéros est l'une des parties les plus sensibles de la bête, et cette attaque imprévue déconcerta notre mouchocho ; il se retourna aussi vite que le lui permettaient ses proportions massives, et, soufflant de rage et de douleur, il essaya de se délivrer des chiens qui le harcelaient. Vains efforts ! Ceux-ci tenaient bon et continuaient de le faire sauter comme un chevreau qui veut attraper sa queue, en supposant toutefois que l'on puisse comparer deux créatures de forme et de taille aussi différentes.

Le mouchocho se secoua enfin avec tant de violence qu'il envoya les chiens rouler sur l'herbe, où l'un d'eux fut écrasé sous les pieds du mâle, tandis qu'un autre, attaqué par la femelle, fut éventré d'un coup de corne.

Mais les vaillantes bêtes avaient réussi par leurs morsures et par leurs clameurs, à entraîner les mouchochos dans une partie écartée du vallon ; et il était probable que ceux-ci ne reviendraient pas attaquer les chariots, à moins que, par hasard, les chiens ne les fissent rentrer sur la voie des chasseurs. Il est rare que le rhinocéros, tant par la faiblesse de ses yeux que par son absence de mémoire, se précipite une seconde fois sur l'objet qu'il vient d'abandonner.

Cependant nos voyageurs n'étaient pas exempts d'inquiétude, non pas pour eux, mais à l'égard de leurs chevaux. Ces derniers paissaient en liberté, ainsi que nous l'avons dit dans l'une des pages précédentes, et avaient pris la fuite, de concert avec les bœufs, dès que les rhinocéros avaient fait leur apparition. Guidés par un vieux chef plein de ruse et d'expérience, les bœufs s'étaient dirigés vers le ravin qu'ils avaient franchi pour entrer dans la vallée ; tandis que les chevaux, après avoir lancé des ruades et fait des caracoles tout autour des wagons, ne s'étaient éloignés qu'à l'approche des mouchochos ; ils avaient alors traversé la rivière, et s'élançant en quelques bonds jusqu'au pied de la falaise, ils y étaient restés tout tremblants pendant une partie de la lutte que les chiens avaient soutenue avec les rhinocéros. Mais c'était précisément du côté où ils se trouvaient que les limiers avaient conduit leurs puissants adversaires, et les chevaux s'étaient enfuis en les voyant arriver. Les rhinocéros, découvrant alors ce nouvel ennemi, qu'ils jugeaient sans doute plus digne de leur fureur, se mirent à charger les nobles bêtes, et ce fut pendant quelques instants une course effrénée de part et d'autre, jointe à des cris de rage, auxquels se mêlaient des hennissements d'effroi.

Par bonheur, le diamètre de la vallée où cette course avait lieu était assez restreint pour permettre à nos amis de faire usage de leurs armes ; tous les fois que l'un des rhinocéros s'arrêtait un instant, la détonation d'un fusil retentissait dans la montagne, et une balle venait frapper le cuir épais des mouchochos.

Ce serait une erreur de croire que la peau du rhinocéros est à l'épreuve des coups de fusil. Malgré son épaisseur, elle se laisse pénétrer par une balle de plomb[1] ; et

---

[1]. La peau est infiniment plus dure chez le rhinocéros des Indes que chez celui d'Afrique ; si le premier n'avait pas le cuir véritablement divisé par les plis énormes qui le caractérisent, il lui serait impossible de se mouvoir. C'est moins une peau qu'une véritable armure qui le recouvre ; le rhinocéros de Java est même plastronné de tubercules pentagones, figurant une série de boucliers, et nous ne croyons pas que l'on puisse traverser une semblable carapace avec une balle de plomb. (*Note du traducteur.*)

Charge des rhinocéros (page 282).

ce n'est pas sans résultat que nos amis tirèrent sur les deux mouchochos. Hendrik et Willem surtout, les plus habiles de la bande, visèrent au défaut de l'épaule, afin d'atteindre le cœur et les poumons, où la blessure est mortelle. On obtiendrait le même effet en atteignant le cerveau ; mais cet organe est tellement petit chez cet affreux pachyderme, qu'il est très-difficile d'y loger une balle et qu'il est beaucoup plus sûr de frapper à l'endroit que visaient nos deux chasseurs.

Bref, grâce à l'adresse de Willem et d'Hendrik, les deux mouchochos finirent par mordre la poussière. Le jeune rhinocéros ne tarda pas à partager le même sort ; car, au lieu de s'enfuir, le pauvre petit resta auprès de sa mère, agitant la queue et ne se rendant pas compte de ce qui venait d'arriver.

C'est alors que se produisit une scène très-curieuse qui, après avoir effrayé nos amis, les plongea dans un fou rire, qui se renouvela plus tard chaque fois qu'ils y songèrent.

Il est rare que le rhinocéros qui vient d'être frappé d'une balle tombe sur le côté, comme la plupart des animaux. Ordinairement, ainsi que le bison d'Amérique, il s'affaisse sur lui-même, se pose sur sa poitrine, et reste ainsi même après qu'il est mort.

Les deux mouchochos que venaient de tirer nos voyageurs ne firent pas exception à la règle et tombèrent sur le ventre à peu de distance des wagons, où ils restèrent le dos tourné vers le ciel.

Or, il est d'usage parmi les Bushmen, dès qu'on a tué un rhinocéros, de sauter sur le dos de la bête et de lui enfoncer une lame dans la chair, afin de savoir à quoi s'en tenir sur l'état de graisse de l'animal, par conséquent sur sa valeur.

Il en résulta qu'au moment où le plus grand des deux mouchochos tomba sous les coups d'Hendrik et de Willem, notre ami Facetanné, obéissant à la coutume de son pays, s'élança hors du wagon, courut auprès de l'énorme bête, lui sauta sur le dos, et, poussant un cri de victoire, lui plongea son asségaï dans la chair, à une profondeur de plus de trente centimètres.

L'animal, qui respirait encore, se releva tout à coup et se précipita devant lui, emportant le Bushman dans sa course furieuse.

Les acclamations que Facetanné proférait dans l'ivresse du triomphe s'arrêtèrent sur ses lèvres, et des cris d'épouvante retentirent dans la vallée; tandis que le mouchocho, rappelé à la vie par l'effroyable douleur que lui causait la lance du Bushman, fuyait aussi rapidement que s'il n'avait pas même été blessé.

Facetanné, d'autre part, n'osait pas mettre pied à terre, dans la crainte d'être empalé par la corne du mouchocho, et se cramponnait à la lame, qui, toujours enfoncée dans les chairs, lui servait de point d'appui.

Comment cet épisode se serait-il terminé si les forces du rhinocéros avaient duré plus longtemps? Personne ne pourrait le dire; mais peu à peu la course du mouchocho se ralentit, et le colosse retomba sur les genoux pour ne plus se relever.

Le Bushman, lancé par la violence de cette chute à plusieurs mètres du rhinocéros, ne resta pas longtemps par terre et courut à toutes jambes du côté des wagons, où il fut accueilli par des rires inextinguibles. On alla chercher les bœufs, qui furent bientôt retrouvés et ramenés au bivac. Le gros Willem s'occupa immédiatement de dépecer le petit mouchocho; et le soir même nos voyageurs se régalèrent d'une côtelette du jeune rhinocéros.

CHAPITRE XLVIII

Jan et les Kourhaans.

La première fois que nos voyageurs s'arrêtèrent, ils s'établirent dans une admirable vallée, pareille à celle où ils avaient rencontré les lions, mais d'une plus grande étendue, et complètement émaillée de fleurs. Les montagnes qui l'entouraient de toutes parts semblaient n'avoir pas d'autre destination que de lui servir de cadre et de la protéger contre le vent du désert. Un ruisseau, pareil à un serpent aux écailles argentées, décrivait mille détours au milieu de la prairie; et çà et là, dans les endroits où l'eau assoupie formait un bassin à la surface transparente, se déployaient les feuilles et les fleurs du nénufar bleu de cette partie de l'Afrique (*nymphea cærulea*). Des arbres et des plantes d'espèces variées, particulières à la flore du pays, croissaient dans cette vallée délicieuse, où le regard des voyageurs rencontrait à chaque pas des formes dont il était charmé. Les saules inclinaient leurs branches sur les bords du ruisseau; l'*acacia eburnea* déployait au pied de la montagne son parasol de verdure, à l'ombre duquel ses grappes de fleurs dorées versaient leur parfum dans l'atmosphère. On y voyait le *myrica cerifera*, dont les fruits sont enveloppés de cire blanche; l'*arbuste aux perles*, dont la racine parfumée fournit la matière des colliers que recherchent si avidement les élégantes de cette contrée sauvage. Le *protée mellifère*, aux larges fleurs roses et blanches, dont la forme est celle d'une coupe, enfin des géraniums écarlates, des soucis, des jasmins étoilés, formaient dans cette vallée déserte un jardin qui charmait à la fois la vue et l'odorat.

De nombreux oiseaux, dont le brillant plumage s'apercevait à travers la feuillée, unissaient leurs chants joyeux au bourdonnement des abeilles, que l'on voyait par myriades butiner sur les fleurs.

Le jour était peu avancé, lorsque nos amis arrivèrent dans cet endroit délicieux; mais ils furent tellement ravis de la scène qui se déployait à leurs regards, qu'ils n'hésitèrent pas à s'arrêter bien avant l'heure où ils avaient l'habitude de préparer leur camp.

Ils choisirent donc un massif de lauriers-roses à feuilles de saule qui se trouvait au bord de l'eau, et s'installèrent sous ses branches. Comme ils s'étaient fatigués en aidant les bœufs à gravir quelques pentes rocailleuses, nos voyageurs se couchèrent à l'ombre, et plusieurs d'entre eux s'endormirent bercés par la voix des oiseaux, le bourdonnement des abeilles et le murmure de la petite rivière, qui, en cet endroit, coulait sur des rochers.

Quant à nos deux collégiens, qui n'avaient pas poussé à la roue comme les autres, ils n'étaient pas plus fatigués qu'à l'ordinaire; d'ailleurs ils venaient d'apercevoir un objet qui les aurait tenus éveillés quand même C'étaient deux oiseaux qui traversaient la vallée, à peu de distance des wagons, et qui de temps en temps faisaient apparaître leur toupet noir au-dessus de l'herbe, en proférant un cri dont le timbre se rapprochait du croassement d'un corbeau. Ils n'étaient pas très-grands, leur taille pouvait être celle de la poule commune; mais la chair de ces volatiles est parfaite, et cela suffisait pour es rendre extrêmement intéressants.

Du reste, leur forme était pleine d'élégance, et ils avaient dans la démarche quelque chose du port majestueux de l'outarde. C'est qu'en effet ces oiseaux, qu'on appelle *floricans* dans l'Inde et *kourhaans* dans le midi de l'Afrique, sont d'une espèce ambiguë qui rattache les outardes à la série des tétras.

Ce n'était pas cela, néanmoins, qui excitait si vivement l'intérêt de nos collégiens ; la grande affaire était que Jan connaissait un procédé curieux pour s'emparer de ces oiseaux, et il brûlait littéralement, car il en avait la fièvre, du désir de mettre sa méthode en pratique sous les yeux de son rival. Depuis le jour où Klaas s'était distingué d'une manière si brillante à propos du sauteur de rochers, le petit Jan ne rêvait plus que d'accomplir quelque prouesse non moins glorieuse ; mais l'occasion ne s'en était jamais présentée. La vue des kourhaans, qu'il connaissait de longue date, ranima son espoir en lui donnant la chance de s'illustrer à son tour ; il montrait à Klaas la véritable manière de prendre ces oiseaux ; il était sûr de réussir, et le triomphe, se disait-il, n'allait pas se faire attendre.

Il commença par se procurer des crins d'une certaine longueur, qu'il prit à la queue de son cheval, et dont il fabriqua une espèce de collet, qui offrait une grande résistance ; puis il alla trouver Facetanné et lui emprunta son fouet ou plutôt le manche de son fouet, car le nègre eut la bonté d'en retirer la lanière pour faire plaisir à son jeune maître. N'oublions pas que Jan et Facetanné s'entendaient à merveille ; c'était même le Bushman qui avait appris au collégien cette méthode de capturer les kourhaans, et il était naturel qu'il s'intéressât au triomphe de son élève. Rappelons-nous aussi que le manche du fouet en question était quelque chose d'énorme. Une canne de bambou de cinq à six mètres de longueur, et qui ressemblait beaucoup plus au manche d'une ligne qu'à celui d'un fouet.

Jan, après avoir ajusté son piége à l'extrémité du bambou, précisément à la pl... ... fouet se trouvait attaché, monta sur son poney et la... ... bête au galop.

Klaas, fort intrigué par cette manœuvre, épiait les mouvements de son cousin, avec un air d'ignorance qui ravissait notre petit Jean. Il ne devinait pas ce que voulait faire celui-ci, et l'embarras qu'il en éprouvait se trahissait sur son visage sans qu'il eût besoin d'en rien dire.

Jan prétendait-il jeter son filet sur les oiseaux, comme on prend les papillons? mais c'était impossible, il ne pourrait jamais y parvenir; les kourhaans sont extrêmement farouches; Klaas venait lui-même de chercher à se glisser auprès d'eux et les avait vus fuir avant de pouvoir les tirer.

Notre chasseur ne disait rien, mais comprenant les réflexions qui se passaient dans l'esprit de son rival, il s'éloignait d'un air satisfait, non sans avoir jeté un regard triomphant à Klaas en passant devant lui comme il sortait du bivac.

Lorsqu'il fut environ à cent mètres des kourhaans, il tira sur la bride de son cheval et fit décrire à sa bête un cercle dont les oiseaux formaient le centre.

Klaas s'attendait à chaque minute à voir ces derniers prendre la fuite; mais les outardes restaient à la même place; le cavalier décrivit un second cercle, puis un troisième, un quatrième, un cinquième, en ayant soin de les rétrécir de plus en plus et de se rapprocher ainsi des oiseaux qu'il convoitait.

« J'y suis! murmura Klaas; je vois maintenant ce qu'il veut faire. » Et il continua de guetter son cousin avec le plus vif intérêt. Le chasseur tournait toujours ainsi qu'un cheval de manége dont les yeux sont bandés.

Mais le cavalier voyait clair et son regard perçant ne quittait pas les oiseaux: ceux-ci l'observaient de leur côté, non pas sans inquiétude, mais comme de stupides créatures, sans faire usage ni de leurs ailes ni de leurs pattes, pour éviter le danger. Bref, ils permirent au poney d'arriver si près d'eux qu'au moyen du bambou de Facetanné, Jan put saisir l'une des outardes et lui passer son collet autour du cou.

L'oiseau se débattit pendant huit ou dix secondes à l'extrémité du manche de fouet ; puis notre habile chasseur dirigea sa monture du côté des wagons, et tenant toujours le kourhaan au bout de sa longue perche, il le rapporta au bivac d'un air de triomphe qui empêcha le pauvre Klaas de trouver un mot à dire pendant tout le reste de la journée.

CHAPITRE XLIX

Le gros Willem et le serpent python.

Des quatre voyageurs qui s'étaient endormis, le gros Willem fut le premier qui se réveilla. Comme en ouvrant les yeux il aperçut au loin un objet rougeâtre qui lui parut être un animal, et qu'il y avait encore à peu près deux heures avant le coucher du soleil, Willem prit son fusil, emmena celui des chiens qui, parfaitement dressé, l'accompagnait toujours, même quand il voulait surprendre le gibier, et se dirigea vers la bête qu'il venait de découvrir.

Celle-ci était à l'extrémité du vallon, précisément au pied d'une montagne rocailleuse dont la base se trouvait garnie d'un bouquet d'arbres, et le chasseur avait l'intention d'atteindre ce massif, avec l'espérance de s'y cacher et de décharger son fusil sur l'animal rougeâtre.

Lorsqu'il fut arrivé près du bouquet d'arbres en question, Willem put voir distinctement la bête qui l'y avait attiré ; c'était une petite antilope à peu près de la taille du sauteur de rochers, mais qui pour la couleur différait de celui-ci : elle avait les parties supérieures d'un rouge foncé, le dessous du corps blanc et toute la face noire, y compris le museau. Ses cornes étaient droites, et n'avaient pas plus de dix centimètres de longueur ; quant à sa queue on pouvait fort bien ne pas la voir, car c'est à peine si elle mesurait deux ou trois centimètres.

Notre chasseur reconnut le steenbok dans cette petite créature ; il l'avait souvent rencontrée, car elle n'est pas rare dans toute la province du Cap, où elle habite les plateaux parsemés de buissons. Elle appartient au genre *Tragulus*, dont il existe trois autres espèces dans le midi de l'Afrique, toutes les trois de petite taille. Ce sont le *grysbok* (*Tragulus melanotis*), le *vlackte steenbok* (*Tragulus rufescens*), le *bleekbok* (*Tragulus pediotragus*). Quelques naturalistes prétendent que ce sont tout simplement des variétés du *steenbok* (*Tragulus rupestris*) ; mais le gros Willem ne pensa pas un instant à résoudre cette question ; il ne songeait qu'à s'approcher de l'antilope dont il convoitait les côtelettes, et qui d'ailleurs ne paraissait pas très-farouche. Il le pouvait du reste sans aucune difficulté, grâce à la position qu'occupait l'animal à côté du massif ; ce dernier était seul ; on voit rarement plus d'un steenbok à la fois, jamais plus de deux ensemble, car cette antilope est monogame et vit isolée comme toutes celles qui font partie du genre *Tragulus*.

Willem se trouvait enfin à belle portée du petit animal, lorsque la singulière conduite de celui-ci l'empêcha de le tirer. L'antilope ne mangeait pas, elle ne s'enfuyait point, et cependant elle s'agitait d'une manière continue.

Elle se trouvait, je le répète, à la lisière d'un bois, où de petits lauriers-roses formaient quelques buissons épars. C'était en face de l'un de ces massifs que l'antilope exécutait les mouvements dont la bizarrerie avait frappé Willem. Elle courait tantôt à gauche, tantôt à droite, se reculait tout à coup, et revenait immédiatement du côté des lauriers-roses, conservait toujours les yeux tournés vers un point fixe, et témoignait par l'éclat de ses regards de l'excitation particulière où elle se trouvait alors.

Il était évident qu'il y avait, parmi les lauriers-roses, un objet quelconque dont la présence captivait l'attention de l'animal; qu'est-ce que cela pouvait être? Le chasseur étonné fut pendant quelque temps sans pouvoir le découvrir; il apercevait bien au pied d'un arbre une masse brillante; mais cette masse lui paraissait informe, elle restait immobile, et Willem ne devinait pas quel rapport cette chose inerte pouvait avoir avec l'agitation de l'antilope. Cependant, à force de regarder cet objet qui brillait dans l'ombre, il finit par en distinguer la forme et par reconnaître les replis nombreux d'un serpent.

Il fallait que ce reptile fût d'une bien grande dimension, puisque, roulé sur lui-même, il couvrait un espace de plus d'un mètre carré; sa tête reposait au sommet de la spirale que décrivait son corps, et celui-ci était aussi gros que la cuisse d'un homme. Enfin, notre chasseur, qui n'avait pas cessé d'examiner le serpent, s'aperçut que la queue du reptile était repliée autour d'un laurier-rose qu'elle serrait avec force, au moyen de deux crochets dont elle était munie à son extrémité. C'est l'un des traits qui caractérisent la famille des *pythons*, et le reptile que voyait le gros Willem était précisément le *python de Natal*, qui est proche parent du boa. Les indigènes le désignent tout simplement sous le nom de serpent de rochers, parce qu'il habite au milieu des rocs et dans les endroits pierreux; on pourrait l'appeler *boa des rochers*; l'anaconda, l'un de ses cousins d'Amérique, se nommerait alors *boa des eaux*, et le constrictor, qui vit au milieu des arbres, porterait le nom de *boa des forêts*.

Bien qu'ils habitent, comme vous voyez, des lieux très-différents, les pythons et les boas ont la même manière de vivre ; ils attendent leur proie dans l'inaction, la saisissent avec leurs dents rétractiles, l'entourent de leurs replis, l'écrasent en contractant leurs muscles et l'avalent tout entière, bien qu'il arrive souvent que l'animal avalé soit beaucoup plus gros qu'eux. L'élasticité de leur gueule et celle de leur corps, jointe à la salive gluante dont ils enduisent cette masse alimentaire, leur permet de résoudre ce problème dont la solution paraît d'abord impossible.

Nous avons dit que l'énorme reptile avait la tête appuyée sur les anneaux que formait son corps ; mais, au bout de quelques instants, il se dressa de plusieurs pieds, s'agita comme sous l'impulsion d'un mouvement vibratoire et se balança doucement. Sa gueule ouverte laissait apercevoir ses dents recourbées en arrière, et sa langue fourchue qu'il dardait vivement, tandis que ses yeux lançaient des étincelles. Il était effrayant à voir, et cependant l'antilope ne semblait pas le redouter ; au contraire elle s'en rapprochait de plus en plus soit qu'elle y fut poussée par la curiosité, soit qu'elle y fût entraînée par une force irrésistible.

Il est des personnes qui tournent en ridicule cette puissance de fascination que l'on attribue au serpent ; mais quels que soient les motifs que l'on puisse avoir pour ne pas admettre qu'elle existe, il est impossible de nier que les oiseaux et même les quadrupèdes ne soient attirés par les serpents et par les crocodiles, au point de venir se placer à portée des mâchoires qui s'ouvrent pour les saisir. Le fait est confirmé par des observateurs les plus habiles et les plus dignes de foi.

C'est de ce phénomène étrange que le gros Willem

jut témoin. L'antilope s'était peu à peu rapprochée du python; lorsqu'elle ne se trouva plus qu'à cinq ou six mètres de l'endroit où se balançait le reptile, celui-ci profeta sa tête vers la charmante créature, la saisit au moyen de ses dents, et l'attira vers le laurier-rose où sa queue était accrochée.

Willem ne vit d'abord qu'une série de contorsions rapides; mais bientôt la robe rouge de l'antilope disparut sous les anneaux tachetés du python, qui, en se contractant, broyèrent les os de l'innocente créature.

CHAPITRE L

Combat du gros Willem et du python.

Il se trouvait précisément que la rencontre de l'énorme reptile était beaucoup plus agréable à notre chasseur que celle de tout autre animal; en voici la raison : un jeune docteur de ses amis qui habitait Graaf-Reinet, et qui se livrait avec passion à l'étude de l'erpétologie, l'avait prié de lui rapporter des peaux de reptiles, principalement celle du *python natalensis*, qui n'habite pas la province du Cap, et ne se voit pas même sur le bord septentrional de la rivière d'Orange.

Willem avait cherché vainement jusqu'ici la peau du moindre python, et désespérait de satisfaire à la demande du docteur; c'était donc une véritable trouvaille. Quelle gloire, s'il pouvait réussir à tuer le monstre ! Quel trophée qu'une semblable dépouille ! Ce n'est pas un exploit ordinaire que de s'emparer de la peau d'un serpent qui a six mètres de longueur et quarante centimètres de tour. Auprès d'une pareille victoire les hauts faits d'Fendrik ne seraient plus que des jeux d'enfants.

L'antilope fut complétement oubliée pour le reptile, qui devint aussitôt le point de mire de notre chasseur.

Willem ne connaissait pas d'autre moyen d'attaquer ce nouvel ennemi que d'agir à son égard comme il eût traité un quadrupède, c'est-à-dire qu'après l'avoir bien visé, il lui envoya une balle dans la partie du corps la plus volumineuse.

Le reptile se déroula immédiatement, abandonna le cadavre de l'antilope qui n'était plus qu'une masse informe, et s'enfuit en rampant avec une vitesse qui prouvait que sa blessure n'avait pas de gravité.

Willem se disposait à recharger son fusil, lorsqu'il s'aperçut que le reptile se dirigeait en toute hâte vers un monceau de rochers qui avoisinait la montagne ; c'était là que le python faisait sa demeure ; et s'il parvenait à gagner son repaire, il était certain qu'il ne reparaîtrait plus.

Notre chasseur ne prit pas le temps de recharger son fusil, et courant parmi les arbres, il suivit la direction que le python avait prise. Malgré la rapidité de sa marche, le reptile n'allait pas aussi vite qu'un homme, et en une minute le gros Willem fut tellement près du serpent qu'il aurait pu lui marcher sur la queue.

Toutefois il ne savait comment faire pour engager l'attaque. Il se mit à le frapper avec la crosse de son fusil ; mais, bien que ses coups fussent appliqués d'une main vigoureuse, le talon de son arme glissait sur la peau du reptile, qui n'en éprouvait aucun mal, et dont la marche n'en était pas même ralentie.

L'énorme python ne cherchait nullement à répondre à l'attaque du chasseur, et ne paraissait avoir d'autre désir que d'atteindre son gîte.

Il y allait arriver, car, en dépit des efforts de Willem, il avait gagné les rochers, et déjà la moitié de son corps disparaissait dans une crevasse, qui, sans aucun doute, formait l'entrée de sa caverne.

Le moment était critique; une seconde de plus et la dernière partie du serpent s'éclipsait aux yeux du gros Willem. Notre chasseur était désolé. Que répondrait-il à son ami de Graaf-Reinet? que dirait-il à Hendrik? Adieu ses rêves de gloire!

Cette pensée décupla son énergie; plus que jamais il eut envie de réussir. Le serpent n'était pas venimeux, la lutte ne serait pas très-dangereuse. Il est vrai que le python pouvait le mordre, mais notre chasseur s'était battu plus d'une fois avec des animaux dont la morsure est cruelle et s'en était rendu maître. Pourquoi n'essayerait-il pas de lutter de vigueur avec l'énorme reptile?

Cette détermination prise, Willem jeta son fusil de côté, saisit la queue du serpent à deux mains et la tira de toutes ses forces.

Il réussit du premier coup à faire sortir une portion du reptile de la fissure où le corps de celui-ci était engagé; mais il lui fut impossible de faire rétrograder de nouveau son terrible adversaire. Le monstre avait rencontré sans doute un angle du rocher qui lui servait de point d'appui et lui permettait de résister à la traction du jeune homme.

Willem tirait toujours sur la queue du python; jamais, par la tempête, un marin n'a pesé plus fortement sur les cordages attachés à la grande voile. Mais impossible de rien gagner; la première moitié du reptile restait toujours plongée dans la crevasse ténébreuse. Les vertèbres du serpent craquaient sous les efforts de notre ami, et cependant le brave chasseur ne gagnait pas un centimètre; au contraire, il en avait perdu huit ou dix; chaque fois qu'il relâchait un peu son étreinte, le python en profitait pour reprendre quelques pouces de terrain qu'il ne cédait plus au jeune homme. Il avait d'ailleurs l'avantage : il est plus facile d'entraîner que de retenir.

Le gros Willem avait la certitude que le reptile ne lui échapperait pas, tant qu'il aurait lui-même la facilité de rester debout; mais à quoi bon rester dans cette position ridicule? Ce n'est pas ainsi qu'il se procurerait la dépouille du python, et cependant que pouvait-il faire? Il n'y avait pas de milieu : il fallait tenir ou lâcher. S'il prenait ce dernier parti, le serpent aurait disparu avant une seconde. Il ne pouvait pas se résoudre à le perdre volontairement; le reptile se fatiguerait d'une aussi longue résistance, et impatienté à la fin sortirait de la crevasse.

Si notre chasseur avait eu l'un de ses compagnons avec lui, la chose eût été différente; son camarade aurait frappé sur le corps du reptile, et il est probable que celui-ci aurait mieux aimé sortir de son gîte que de se laisser battre impunément. Par malheur, Willem était loin du bivac, et personne ne pouvait ni l'apercevoir ni l'entendre.

Tout à coup une idée lumineuse traversa l'esprit du chasseur : un arbre se trouvait auprès de lui ; par un moyen quelconque, s'il pouvait y attacher la queue du monstre, il n'aurait plus qu'à se procurer un gourdin pour assommer le python. Il fallait peu de temps à Willem pour mûrir ses projets; c'était l'un de ces hommes qui ont la main prompte à exécuter le plan qu'ils ont formé. Il avait, par hasard, dans l'énorme poche de son ample jaquette, une corde solide qui ferait précisément l'affaire, si toutefois il parvenait à la fixer à la queue du serpent. Dans tous les cas, il pouvait essayer.

Se mettant à cheval sur le corps du reptile, Willem serra le python entre ses genoux, réussit à lui passer la corde qui avait un nœud coulant, et finit par attacher l'autre bout de cette corde à l'arbre qui se trouvait auprès de lui.

Quand il eut terminé cette double opération, il cassa une branche assez grosse, et, bien résolu qu'il était de mettre la partie postérieure du reptile en marmelade ou de contraindre le python à montrer les dents, il se mit à frapper à tour de bras sur le corps de l'ophidien. Mais le troisième coup n'avait pas été donné que le reptile sortit de la crevasse avec tant de rapidité que le pauvre Willem fut entouré de ses replis nombreux avant d'avoir pu prendre la fuite. Il ne savait même pas comment la chose s'était faite; il avait vu tout à coup la tête du monstre darder vers lui sa gueule menaçante, et, comme il se jetait de côté pour fuir cette horrible vision, il avait senti contre ses jambes la peau écailleuse du reptile qui le rapprochait de l'arbre d'où il venait de s'éloigner.

Les anneaux se multiplièrent autour de lui, embrassant à la fois et son corps et celui de l'arbre, contre lequel il se sentait pressé comme dans un étau; puis l'horrible tête reparut en face de son visage, les mâchoires largement distendues, et les yeux flamboyants attachés sur les siens.

La situation était affreuse; mais le gros Willem ne perdit ni son courage ni sa présence d'esprit; de ses deux mains, qui étaient libres, il saisit le monstre à la gorge et s'y cramponna avec toute l'énergie du désespoir. La queue du python, fort heureusement, se trouvait fixée par la corde, et le reptile était pris par les deux extrémités; autrement il lui aurait suffi de quelques secondes pour écraser Willem, comme il avait broyé l'antilope; mais, ne pouvant disposer ni de sa tête, ni de sa queue, il perdit sa puissance de constriction, et ses anneaux entouraient les membres de son ennemi sans parvenir à les étreindre. Il tordait son cou, repliait son corps, agitait vivement sa spirale frémissante, et ne pouvait rien contre son vigoureux adversaire.

La durée de cette lutte effrayante dépendait de celle

des forces des deux antagonistes. Willem ne pouvait ni s'éloigner, puisqu'il avait les jambes retenues par le corps du serpent, ni lâcher la tête du python sans être immédiatement broyé ; le reptile, à son tour, ne pouvait pas se dégager des mains de son adversaire, puisqu'il était pris par les deux bouts. Comment donc se terminerait ce duel étrange, et qui en sortirait vainqueur ?

Le reptile finirait nécessairement par triompher du jeune homme ; il était impossible à Willem d'étrangler son ennemi, quelle que fût la pression qu'il exerçât sur la gorge du serpent ; et, lorsque le temps aurait épuisé ses forces, il deviendrait victime du monstre, qu'il ne pourrait plus contenir.

Jusqu'à présent, Willem n'avait pas songé à son couteau de chasse ; il ne se rappelait même pas qu'il l'avait emporté ; heureusement qu'il l'avait à sa ceinture ; il en découvrit le manche au-dessous des anneaux du reptile qui lui entouraient le corps. Le saisir d'une main et le tirer de la gaine fut l'affaire d'une seconde.

Cela suffit au python pour se dégager de l'étreinte du boër ; mais, avant qu'il eût pu serrer ses plis nombreux autour de sa victime, l'arme tranchante du jeune homme lui avait fait une blessure profonde ; la tête du reptile se trouvait à moitié séparée du corps. Le chasseur frappa de nouveau son terrible adversaire, et vit enfin la spirale menaçante se relâcher peu à peu et tomber à ses pieds.

Quelques instants après le monstre avait cessé de vivre, et Willem, bien qu'il eût la conscience de la gloire qu'il s'était acquise en triomphant d'un pareil ennemi, n'en regretta pas moins d'avoir gâté la peau du serpent qu'il voulait rapporter au docteur.

CHAPITRE LI

Le guide au miel.

L'aventure de Willem avec l'énorme python fut reconnue par tout le monde pour la plus merveilleuse de toutes celles qui étaient arrivées pendant ces vacances. Elle surpassait même l'histoire d'Hendrik et du rhinocéros, et fut pendant longtemps le sujet des entretiens du soir.

Chacun d'ailleurs, à l'exception d'Arend, s'était signalé par quelque prouesse éclatante ou avait à raconter quelque aventure périlleuse dont il avait failli être victime. Arend se trouvait le seul qui ne rapportât ni trophée, ni récit qui lui fût personnel, non pas qu'il eût moins de courage ou moins de capacité que ses camarades, mais il aimait peu la chasse, et d'autre part les occasions ne l'avaient pas favorisé. Une fois, son cheval était tombé avec lui dans l'une de ces trappes que les sauvages établissent pour prendre les rhinocéros, et qu'ils recouvrent avec soin. Fort heureusement que l'épieu qu'ils placent au fond de ces larges fosses avait été enlevé, sans quoi le pauvre Arend et son cheval auraient eu beaucoup à souffrir de leur chute. C'était le seul événement dont Arend pût faire la narration, et, grâce à l'heureux caractère que chacun se plaisait à lui reconnaître, il riait de bon cœur avec les autres de sa mésaventure. Il avouait, du reste, qu'il n'était pas fait pour explorer le désert. Et, au lieu de parcourir les vastes solitudes, il avait hanté les salons d'une grande ville, son charmant visage, sa tournure élégante, ses manières distinguées lui auraient valu de grands éloges; mais il ne se souciait pas plus des triomphes qu'il aurait obtenus dans le monde, que des victoires que son courage et son adresse auraient pu lui faire remporter à la chasse. Il ne désirait qu'une chose, revenir à Graaf-Reinet; et Willem ne manquait pas de faire entendre à cet égard que certains yeux bleus n'étaient pas étrangers aux goûts sédentaires du beau jeune homme.

Arend devait cependant, avant de revenir au foyer paternel, prendre part, avec tous les autres, à une aventure, qui non-seulement termina leur expédition, mais qui fût bien près d'être la dernière de leur existence.

Ils n'avaient quitté leur vallon émaillé de fleurs que pour aller s'établir dans une plaine également fleurie, dont toutefois les plantes n'avaient pas le même caractère. Il s'y trouvait bien des géraniums et des soucis, mais les cactus et les euphorbiacées y occupaient la plus grande partie du sol.

L'*euphorbia grandidens* s'y élevait au-dessus de la tête de nos amis; et la variété dont la forme est à peu près celle du melon, y croissait à fleur de terre. On remarquait dans le nombre plusieurs espèces vénéneuses; l'*euphorbia antiquorum*, par exemple, s'épanouissait à côté de l'*amaryllis toxique*. Bref, nos chasseurs avaient établi leur camp au milieu d'un terrain presque entièrement occupé par des plantes dont le suc est un poison mortel.

Et cependant toutes ces fleurs reposaient agréablement la vue; elles étaient aussi fraîches, aussi belles que les autres. Des oiseaux voltigeaient parmi les branches; des abeilles effleuraient, en bourdonnant, toutes ces corolles ouvertes; elles animaient le paysage et rappelaient le toit paternel, dont le souvenir commençait à être bien doux à nos voyageurs fatigués.

Nos amis venaient de finir de préparer leur camp et se reposaient à l'ombre, quand leurs regards furent attirés par un oiseau qui alla se percher sur un buisson, à peu de distance de leur bivac.

De la taille d'un moineau, le pauvre petit ne présentait rien de remarquable ni dans la voix, ni dans le plumage; il avait le dessus du corps brun cendré, la poitrine et l'abdomen de couleur grise, et son babil pouvait se traduire par un *koui koui koui kit* d'une harmonie douteuse. Ce n'était pas la beauté de sa parure ni le charme de sa voix qui provoquaient l'attention des voyageurs; mais ceux-ci n'ignoraient pas que ce petit oiseau, qui sautillait d'une branche à l'autre en agitant la queue, et dont ils entendaient le cri monotone se répéter avec insistance, était le célèbre *guide au miel*.

Ils avaient eu plusieurs fois, pendant leur voyage, l'occasion de l'apercevoir, et le naturaliste en avait profité pour les mettre au courant d'une habitude singulière qui caractérise cet oiseau. Celui-ci ne manque jamais, lorsqu'il vient à rencontrer un homme, de le conduire à l'endroit où les abeilles ont fixé leur demeure; il voltige de buisson en buisson, de rocher en rocher, répétant son cri d'appel jusqu'à ce qu'il soit arrivé sur les lieux où est située la ruche; il attend que le voyageur ait dépouillé les abeilles de leurs trésors, et va se repaître ensuite des larves que l'effraction lui permet d'atteindre et des restes de miel qui lui ont été laissés.

On a pendant longtemps révoqué en doute ce merveilleux instinct du guide au miel. Quant à nos chasseurs, ils avaient la preuve du fait, ayant suivi déjà ce petit oiseau qui les avait conduits, sans hésiter, où il y avait une ruche.

Hans leur avait appris également que le guide au miel partage avec les coucous la singulière habitude de déposer ses œufs dans le nid d'un autre oiseau; c'est pour cela qu'il a été classé parmi les *cuculidés* sous le nom de *coucou indicateur*; il y a même des naturalistes qui en ont fait le type du genre *indicator*, dont on connaît plusieurs espèces.

La nature, en donnant à l'indicateur un goût prononcé pour le miel, et surtout pour les larves d'abeilles, l'a protégé contre l'aiguillon des défenseurs de la ruche en le couvrant d'une peau épaisse et dure qui lui sert de cuirasse. Néanmoins Facetanné prétendait que cette précaution n'était pas toujours suffisante, et qu'il avait souvent trouvé, à côté d'une ruche nouvellement pillée, le cadavre de l'indicateur dont les abeilles avaient causé la mort.

Tous ces points d'histoire naturelle étaient connus des jeunes boërs avant l'apparition du petit oiseau qui venait de se poser dans leur voisinage, aussi nos jeunes gens furent-ils ravis de la présence de l'indicateur; ils avaient d'autant plus besoin de miel que leur provision de sucre était épuisée, et qu'ils n'avaient rien pour adoucir leur café, dont l'amertume leur était fort désagréable.

Ils se levèrent immédiatement et résolurent d'accompagner le guide au miel, quel que fût l'endroit où celui-ci les conduirait.

Chacun prit son fusil, sella son cheval et mit le pied à l'étrier. Cela vous étonne; mais quand je vous aurai dit que l'oiseau du miel entraîne souvent le chasseur à six ou sept milles du point de départ, et l'amène quelquefois auprès d'un lion ou d'un rhinocéros, au lieu de le conduire à la ruche promise, vous avouerez que les précautions de nos jeunes gens n'étaient pas inutiles.

Comme ils allaient se mettre en marche, un singulier animal vint à paraître; il était bas sur jambes, plantigrade[1] par derrière, et avait le museau et la queue d'un

---

1. Qui marche sur la plante des pieds comme les ours.

blaireau, avec lequel il offrait une certaine ressemblance. Son pelage gris sur le corps, noir en dessous, portait une raie blanche qui s'étendait des deux côtés, depuis les oreilles jusqu'à la naissance de la queue. Il était plus grand que le blaireau, et se rapprochait à cet égard du *wolvérenne glouton d'Amérique:* bref, il avait cet air de famille, qui de prime abord caractérise la tribu des plantigrades. C'était, en effet, le *ratel* ou *mangeur de miel*, qui est le représentant de ces animaux dans l'Afrique méridionale.

Nos chasseurs connaissaient également ce quadrupède; ils savaient qu'il a pour le miel un goût très-vif, et qu'il passe la plus grande partie de son temps à découvrir les nids d'abeilles; que toutes les fois que la ruche est formée dans la terre, il lui est facile de la piller au moyen de ses ongles, destinés à creuser le sol; mais qu'il lui est impossible de prendre le miel quand celui-ci est placé à une certaine hauteur, car il n'a pas la faculté de grimper aux arbres. Il n'en fait pas moins de vains efforts pour atteindre la ruche dont l'accès lui est interdit, et lorsqu'un Hottentot aperçoit l'empreinte des ongles du ratel sur l'écorce inférieure d'un arbre, il ne manque pas d'y chercher le miel que cette marque lui indique.

C'étaient Congo et Facetanné qui avaient donné tous ces détails à nos amis. Hans avait ajouté que le ratel se trouve dans toutes les parties de l'Afrique et forme un genre particulier dans la famille des plantigrades; que sa peau était assez épaisse pour que les abeilles ne puissent pas la percer de leur aiguillon; enfin qu'il doit à son odeur extrêmement désagréable le surnom de *blaireau puant*.

Mais ce qu'il y a de plus singulier dans l'histoire du ratel, c'est l'habitude qu'a celui-ci d'accourir à la voix du guide au miel; de son côté l'oiseau agit à l'égard du quadrupède de la même manière que lorsqu'il rencontre un homme, et, d'après M. Verreaux, l'indicateur, en pareille circonstance, vole plus bas et s'arrête plus fréquemment, dans la crainte que le ratel ne vienne à le perdre de vue.

Il était certain pour nos amis que c'était le cri du coucou indicateur qui leur valait la présence du nouvel arrivant. Toutefois, dès que le ratel eut aperçu les cavaliers, il tourna les talons et s'en fut au plus vite.

Le guide s'impatientait ; mais la caravane s'ébranla, et notre coucou, battant des ailes, prit son vol et fut suivi de toute la bande.

L'oiseau s'en allait d'arbre en arbre proférant son koui koui koui kit avec une satisfaction non équivoque, et les chasseurs trottinaient derrière lui en jasant de l'aventure

Bientôt l'appel du coucou s'entendit plus fréquemment, et l'animation croissante du petit indicateur annonça aux cavaliers qu'ils s'approchaient d'un nid d'abeilles. Quelques minutes après, l'oiseau s'arrêta sur un arbre, d'où il ne voulut pas s'envoler : c'était précisément dans cet arbre qu'était située la ruche. L'écorce en était lacérée à la base, de façon à prouver que plus d'un ratel avait été conduit en cet endroit, où il était arrivé plein d'espoir, et n'avait trouvé qu'une amère déception.

Facetanné et Congo sapèrent à coups de hache l'arbre qui renfermait la ruche ; ils enfumèrent les abeilles, et les rayons, pleins de miel, furent emportés au bivac, non sans avoir laissé quelques fragments pour payer les services du petit indicateur. La provision des abeilles était considérable, et nos chasseurs, y compris les deux nègres, se donnèrent le soir même une indigestion de miel.

CHAPITRE LII

Conclusion.

Il eût été bien plus heureux pour nos amis de ne pas rencontrer l'indicateur, bien plus heureux de ne l'avoir pas suivi, ou d'avoir abandonné au ratel le contenu de toute la ruche.

A peine une heure s'était-elle écoulée depuis l'instant où ils avaient terminé leur repas, qu'ils éprouvèrent la plus vive inquiétude. Un feu dévorant leur brûlait la gorge et la poitrine, et d'affreuses nausées leur soulevaient l'estomac. Les abeilles dont ils avaient pillé la ruche avaient recueilli leur butin sur les euphorbes et les amaryllis, et leur miel était empoisonné.

Il me serait impossible de vous décrire la consternation qui régna parmi nos chasseurs. Depuis longtemps au régime exclusif de la viande, ils avaient eu beaucoup de plaisir à manger du miel, et en avaient absorbé une assez grande quantité. Raison de plus pour en être malades, et chacun d'eux l'était assez pour ne pas pouvoir soigner les autres.

Le naturaliste, qui néanmoins avait conservé toute sa présence d'esprit, chercha dans le coffre du wagon les quelques drogues qu'il avait emportées, et fit prendre immédiatement à nos pauvres malades de fortes doses d'émétique dont il obtint les meilleurs résultats.

Nos amis étaient sauvés; mais ils continuèrent pendant plusieurs jours à souffrir, à se traîner languissamment aux environs de leur bivac, ou à rester en silence autour du feu, réduits à un état de maigreur excessive, et ne paraissant plus être que leurs propres fantômes.

Cette crise avait tellement ébranlé leur santé qu'ils jugèrent impossible de continuer leur voyage; ils attendirent seulement qu'ils fussent assez forts pour revenir à Graaf-Reinet, et ils se préparèrent à rentrer dans la maison paternelle.

Le désir d'Arend allait être exaucé; il reverrait bientôt Gertrude et prêterait l'oreille à sa voix harmonieuse; Hendrik lui-même, quelle que fût sa passion pour la chasse, n'était pas moins content de rentrer dans sa famille et de déposer les trophées de ses victoires aux pieds de Wilhelmine qui en rougirait de plaisir. Klaas et Jan rêvaient de galette et de confitures, et le naturaliste avait hâte de placer dans son herbier les nombreuses plantes qu'il rapportait de cette excursion.

Seul entre tous, l'infatigable Willem aurait voulu franchir les montagnes qui le séparaient de l'habitation des éléphants, de la girafe et des buffles, et il aurait certainement continué son voyage, si ses camarades avaient pu l'accompagner; mais la chose était impossible, et notre hercule fut obligé de revenir avec ses compagnons. Ce n'est pas sans un vif chagrin qu'il accepta cette dure nécessité; depuis bien longtemps il nourrissait l'espoir d'essayer son adresse sur les énormes quadrupèdes qui séjournent de l'autre côté de la frontière; et si quelque chose put diminuer ses regrets, c'était la certitude qu'avant peu, il ferait partie d'une autre expédition qui devait aller chasser l'éléphant sur les rives du Limpopo.

Chaque jour, nos chasseurs recouvraient de nouvelles forces, et quand ils arrivèrent à Graaf-Reinet, tous les effets du poison avaient complétement disparu.

Je n'ai pas besoin de vous dire avec quelle effusion de tendresse ils furent accueillis dans la maison paternelle, combien Gertrude et Wilhelmine furent charmantes, et quel dîner splendide fut donné à tous les riches boërs du pays pour célébrer le retour de nos heureux chasseurs.

FIN.

TABLE DES MATIÈRES

Chapitres.		Pages.
I.	Le camp des jeunes boërs.	1
II.	Bushman et Zoulou.	8
III.	Manière de traverser un gué.	17
IV.	De l'autre côté de la rivière d'Orange.	23
V.	Lions et Oryx.	29
VI.	Une lionne furieuse.	37
VII.	Lutte de Congo et de la lionne	41
VIII.	Causerie à propos de lions	49
IX.	La licorne	54
X.	L'oiseau-chameau.	58
XI.	Le plus petit des renards.	62
XII.	Les oiseaux qui n'ont pas d'ailes.	70
XIII.	Le fennec et les œufs d'autruche.	81
XIV.	Les blawboks.	91
XV.	Attaque des blawboks.	96
XVI.	Poursuite du blawbok.	101
XVII.	Lutte opiniâtre.	105
XVIII.	Flèches empoisonnées.	114
XIX.	Manœuvre du Bushman pour attirer l'autruche mâle.	120
XX.	Poursuite d'un gnou rayé.	128
XXI.	Un rhinocéros.	138
XXII.	Le déjeuner interrompu.	144
XXIII.	Chasse à l'autruche.	149
XXIV.	Une singulière autruche	153
XXV.	Blesboks et bonteboks.	157
XXVI.	Où les blesboks sont traqués.	162
XXVII.	Suite de la chasse aux blesboks	167
XXVIII.	Course effrénée d'Hendrik.	172

TABLE DES MATIÈRES.

Chapitres.		Pages.
XXIX.	Chassé par un kéitloa.	175
XXX.	Hendrik en état de siège.	181
XXXI.	Surprise du rhinocéros.	185
XXXII.	Un immense troupeau d'antilopes.	193
XXXIII.	La montagne isolée.	199
XXXIV.	Exploration de la montagne.	204
XXXV.	L'hyrax.	210
XXXVI.	Les sauteurs de rochers.	215
XXXVII.	Chasse.	223
XXXVIII.	Oiseaux d'une hardiesse sans pareille.	230
XXXIX.	L'antilope aquatique.	235
XL.	Le reptile vorace.	241
XLI.	Les pintades.	247
XLII.	L'antilope rouge.	252
XLIII.	Chasseurs à quatre pattes.	256
XLIV.	Les veuves.	263
XLV.	Les pique-bœufs.	270
XLVI.	Charge des mouchoches.	276
XLVII.	Course à dos de rhinocéros.	280
XLVIII.	Jan et les kourhaans.	287
XLIX.	Le gros Willem et le serpent python.	291
L.	Combat du gros Willem et du python.	295
LI.	Le guide au miel.	301
LII.	Conclusion.	307

FIN DE LA TABLE DES MATIÈRES.

3150-96. — Corbeil. Imprimerie Éd. Crété.

LIBRAIRIE HACHETTE ET Cie
BOULEVARD SAINT-GERMAIN, 79, A PARIS

LE
JOURNAL DE LA JEUNESSE

NOUVEAU RECUEIL HEBDOMADAIRE
TRÈS RICHEMENT ILLUSTRÉ

POUR LES ENFANTS DE 10 A 16 ANS

Les vingt-trois premières années (1873-1895),
formant
quarante-six beaux volumes grand in-8, sont en vente.

Ce nouveau recueil est une des lectures les plus attrayantes que l'on puisse mettre entre les mains de la jeunesse. Il contient des nouvelles, des contes, des biographies, des récits d'aventures et de voyages, des causeries sur l'histoire naturelle, la géographie, les arts et l'industrie, etc., par

Mmes S. BLANDY, COLOMB, GUSTAVE DEMOULIN, EMMA D'ERWIN, ZÉNAÏDE FLEURIOT, ANDRÉ GÉRARD, JULIE GOURAUD, MARIE MARÉCHAL, L. MUSSAT, P. DE NANTEUIL, OUIDA, DE WITT NÉE GUIZOT;
MM. A. ASSOLANT, DE LA BLANCHÈRE, LÉON CAHUN, CHAMPOL, RICHARD CORTAMBERT, ERNEST DAUDET, DILLAYE, LOUIS ÉNAULT, J. GIRARDIN, AIMÉ GIRON, AMÉDÉE GUILLEMIN, CH. JOLIET, ALBERT LÉVY, ERNEST MENAULT, EUGÈNE MULLER, PAUL PELET, LOUIS ROUSSELET, G^{l} STANY, G. TISSANDIER, P. VINCENT, ETC.,

et est

ILLUSTRÉ DE 12 000 GRAVURES SUR BOIS

d'après les dessins de

É. BAYARD, BERTALL, BLANCHARD,
CAIN, CASTELLI, CATENACCI, CRAFTY, C. DELORT,
FAGUET, FÉRAT, FERDINANDUS, GILBERT,
GODEFROY DURAND, HUBERT-CLERGET, KAUFFMANN, LIX, A. MARIE,
MESNEL, MOYNET, MIRBACH, A. DE NEUVILLE, PHILIPPOTEAUX,
POIRSON, PRANISHNIKOFF, RICHNER, RIOU, RONJAT,
SAHIB, TAYLOR, THÉROND, TOFANI,
VOGEL, B. VULLIEMIN, TH. WEBER, E.-ZIER.

CONDITIONS DE VENTE ET D'ABONNEMENT

Le **JOURNAL DE LA JEUNESSE** paraît le samedi de chaque semaine. Le prix du numéro, comprenant 16 pages grand in-8, est de 40 centimes.

Les 52 numéros publiés dans une année forment deux volumes.

Prix de chaque volume : broché, 10 francs ; cartonné en percaline rouge, tranches dorées, 13 francs.

PRIX DE L'ABONNEMENT
POUR PARIS ET LES DÉPARTEMENTS

Un an (2 volumes). . . . . **20** francs
Six mois (1 volume). . . . . **10** —

Prix de l'abonnement pour les pays étrangers qui font partie de l'Union générale des postes : Un an, 22 francs ; six mois, 11 francs.

Les abonnements se prennent à partir du 1ᵉʳ décembre et du 1ᵉʳ juin de chaque année.

MON JOURNAL

NOUVEAU RECUEIL HEBDOMADAIRE

Illustré de nombreuses gravures en couleurs et en noir

A L'USAGE DES ENFANTS DE HUIT A DOUZE ANS

QUINZIÈME ANNÉE

(1895-1896)

DEUXIÈME SÉRIE

MON JOURNAL, à partir du 1er Octobre 1892, est devenu hebdomadaire, de mensuel qu'il était, et convient à des enfants de 8 à 12 ans.

Il paraît un numéro le samedi de chaque semaine. — Prix du numéro, 15 centimes.

ABONNEMENTS :

FRANCE	UNION POSTALE
Six mois............. 4 fr. 50	Six mois............. 5 fr. 50
Un an................. 8 fr. »	Un an................. 10 fr. »

Prix de chaque année de la deuxième série :
Brochée, 8 fr. — Cartonnée, 10 fr.

BIBLIOTHÈQUE DES PETITS ENFANTS
DE 4 A 8 ANS

FORMAT GRAND IN-16

CHAQUE VOLUME, BROCHÉ, 2 FR. 25

CARTONNÉ EN PERCALINE BLEUE, TRANCHES DORÉES, 3 FR. 50

Ces volumes sont imprimés en gros caractères

Chéron de la Bruyère (Mme) : *Contes à l'épía.* 1 vol. avec 21 gravures d'après Grivaz.
— *Plaisirs et aventures.* 1 vol. avec 30 gravures d'après Jeanniot.
— *La perruque du grand-père.* 1 vol. illustré de 30 gr. d'après Tofani.
— *Les enfants de Boisfleuri.* 1 vol. ill. de 30 grav. d'après Somechini.
— *Les vacances à Trouville.* 1 vol. avec 40 gravures d'après Tofani.
— *Le château du Roc-Salé.* 1 vol. illustré de 30 gr. d'après Tofani.
— *Les enfants du capitaine.* 1 vol. ill. de 30 grav. d'après Geoffroy.
— *Autour d'un bateau.* 1 vol. illustré de 30 gravures d'après E. Zier.

Desgranges : *Le chemin du collège.* 1 vol. ill. de 30 grav. d'après Tofani.
— *La famille Le Jarriel.* 1 vol. illustré de 30 gr. d'après Geoffroy.

Duporteau (Mme) : *Petits récits.* 1 vol. avec 23 gr. d'après Tofani.

Erwin (Mme E. d') : *Un été à la campagne.* 1 vol. avec 39 grav.

Favre : *L'épreuve de Georges.* 1 vol. avec 41 gravures d'après Geoffroy.

Franck (Mme E.) : *Causeries d'une grand'mère.* 1 vol. avec 72 grav.

Fresneau (Mme), née de Ségur : *Une année du petit Joseph.* Imité de l'anglais. 1 vol. avec 67 gravures d'après Jeanniot.

Girardin (J.) : *Quand j'étais petit garçon.* 1 vol. avec 52 gravures.
— *Dans notre classe.* 1 vol. avec 26 gravures d'après Jeanniot.
— *Un drôle de petit bonhomme.* 1 vol. illustré de 36 grav. d'après Geoffroy.

Le Roy (Mme F.) : *L'aventure du petit Paul.* 1 vol. illustré de 45 gravures, d'après Ferdinandus.
— *Les étourderies de Mlle Lucia.* 1 vol. ill. de 30 gr. d'après Robaudi.
— *Pipo.* 1 vol. illustré de 36 gravures d'après Nencina Kresz.

Matassex (Mme) : *Sable-Plage.* 1 vol. ill. de 52 grav. d'après Zier.

Holesworth (Mrs) : *Les aventures de M. Baby,* traduit de l'anglais. 1 vol. avec 19 gravures.

Pape-Carpantier (Mme) : *Nouvelles histoires et leçons de choses.* 1 vol. avec 49 gravures d'après Somechini.

Surville (André) : *Les amis de Bertha.* 1 vol. avec 30 gravures d'après Ferdinandus.
— *La petite Girouette.* 1 vol. illustré de 31 gravures d'après Origny.
— *Fleur des champs.* 1 vol. illustré de 32 gravures d'après Zier.
— *La vieille maison du grand-père.* 1 vol. avec 31 gravures d'après Zier.
— *La fille de Saint-Maurice.* 1 vol. illustré de 31 grav. d'après Tofani.

Witt (Mme de), née Guizot : *Histoire de deux petits frères.* 1 vol. avec 45 grav. d'après Tofani.
— *Sur la plage.* 1 vol. avec 55 gravures d'après Ferdinandus.
— *Par monts et par vaux.* 1 vol. avec 54 grav. d'après Ferdinandus.
— *En pleins champs.* 1 vol. avec 45 gravures d'après Gilbert.
— *A la montagne.* 1 vol. illustré de 45 gravures d'après Ferdinandus.
— *Deux tout petits.* 1 vol. illustré de 32 gravures d'après Ferdinandus.
— *Au-dessus du lac.* 1 vol. avec 44 gr.
— *Les enfants de la tour du Roc.* 1 vol. ill. de 56 gr. d'après E. Zier.
— *La petite maison dans la forêt.* 1 vol. illustré de 36 grav. d'après Robaudi.
— *Histoires de bêtes.* 1 vol. illustré de 31 gravures d'après Houssin.
— *Au creux du rocher.* 1 vol. ill. de 43 grav. d'après Robaudi.

www.ingramcontent.com/pod-product-compliance
Lightning Source LLC
Chambersburg PA
CBHW071329150426
43191CB00007B/674